东亚同文书院对华经济调查资料选译（1927～1943年）

金融卷

周建波／主编
张亚光／副主编

李　军　胡竹清／编译
李春利／监修

社会科学文献出版社
SOCIAL SCIENCES ACADEMIC PRESS (CHINA)

总　序

周建波

自近代以来，市场经济是世界经济的主流。市场经济从本质上讲就是一种发达的货币信用经济或金融经济，它的运行表现为价值流导向实物流、货币资金运动导向物质资源运动。近年来，我一直在研究中国市场的商人群体和传统金融，在中世纪的寺院经济方面取得了一定的成果，借此探讨中国古代经济的一个侧面。但是中国古代经济向近代经济的过渡是我一直在关心的一个问题。尤其是近代史的中国，面临着三千年未有之大变局，中国的社会经济发展究竟受哪些因素制约、影响？这些因素中究竟是谁占据了主导地位？中国的经济发展是内生性的还是外生性的？这些问题虽然都是一些宏大叙事，但是通过细致地对某些经济领域具体问题的研究是可以得出一些结论的。

宋元以前，中国经济作为东亚朝贡贸易的中心，与周边国家和地区保持着一定的往来，中国是当之无愧的东亚核心。明清以来，随着西方国家东来，中国日益卷入世界经济的大潮。白银资本对中国经济的影响力日增，东亚的贸易网络也随之增加了更多的内容。尤其是日本这个原本在东亚贸易体系中的配角随着国际政治经济的变迁对中国的影响也在发挥着越来越强烈的作用。日本在明治维新以后，国力增强，试图改变东亚的国际秩序。为实现自己的政治战略，日本对华展开大规模调查，这些调查为日本的历次侵华提供了大量的情报。近代日本对华调查极其细致、广泛，留下了大量的对华调查报告。通过整理、研究这些报告可以补充有关中国近代史的史料。

日本的对华调查可以分为官方调查和民间调查两大类。官方的调查主要是以外务省、农商工省、军部为代表。民间调查的主体非常复杂，有日本国内的工商机构及其派驻中国的各类调查机构、调查员，还有在华扎根的日本团体等，毫无例外地，都受到官方强有力的影响。在日本众多对华调查机构中，北部大连的满铁调查部和南部的上海东亚同文书院最具代表性。日本在上海设立的东亚同文书院对华调查持续时间之长、调查内容之深，堪称日本对华调查之最。研究这些调查不仅可以为研究中国近代政治史、经济史、社会史提供大量的珍贵史料，更可以为我国研究日本调查中国的方法、方式、手段提供借鉴，并进一步为中国研究日本提供借鉴。

2015 年初，我到日本爱知大学做短期讲学，其间了解到爱知大学的前身——东亚同文书院在华经营近半个世纪，对中国社会经济做了大量的调查。这些调查是从日本人的视角对中国经济的一个检视。这些调查资料目前主要保存在爱知大学图书馆和中国国家图书馆，容量巨大，目前还没有被国内的学术界大规模地开发和使用。

国内外的学界陆续根据满铁资料推出了一系列研究成果，对揭示日本对华侵略和研究当时中国华北、东北的经济社会状况有相当的作用。但是相形之下，对另一调查机构东亚同文书院的研究就要少得多。目前国内对东亚同文书院的研究仅有北京、上海、武汉的少数学者，研究规模要小得多，而且不同的学者对东亚同文书院的评价也不尽相同。在资料整理方面，冯天瑜、李少军、刘柏林等翻译出版了《东亚同文书院中国调查资料资料选译》（三卷本），李少军编译了《武昌起义前后在华日本人见闻集》，这些是目前国内看到的少有的资料选编，但是其中选译的内容只有少量经济调查。日本沪友会编、杨华译的《上海东亚同文书院大旅行记录》也主要反映书院学生的旅行记录。近年来仅有三篇博士论文论及东亚同文书院，但流于总体介绍，没有深入研究经济调查的内容。

总体来看目前已有的研究规模只是处于“开启”状态。从整体来看，国内对东亚同文书院的研究还是呈碎片化的状态，研究还很不深入，尤其是东亚同文书院最为看重、价值最大的经济调查部分极少涉及。如果能再进一步深入研究这些报告，不仅可以了解日本东亚同文书院当时经济调查关注的重点，也可以分析出其调查时与中国相关部门和领域的关系，更可以整理出中国当时相关地区的社会经济状况。

2016年6月我牵头申报的“日本东亚同文书院对华经济调查”获批为国家社科基金重点项目。2016年和2017年国家图书馆将馆藏的东亚同文书院的学生调查资料手稿《东亚同文书院中国调查手稿丛刊》（200册）、《东亚同文书院中国调查手稿丛刊》续编（250册）陆续影印出版，该套丛书是对书院学生1916~1943年在华旅行调查的比较全面的汇总，为本研究提供了第一手资料。在接下来的几年中，我和我的研究团队陆续整理、翻译其中的部分内容，计划出版金融卷、物产资源卷、商业流通卷等三卷资料，在此基础上，团队还将展开对东亚同文书院在华经济调查的深度研究。通过这些工作，推动国内对东亚同文书院在华调查的研究。以此为契机，今后还会继续发掘东亚同文书院其他时段对华经济调查的情况，形成较为完整的对其在华调查的整体研究。

就现实而言，本研究也有一定的借鉴意义。东亚同文书院对华经济调查近半个世纪，其形成的调查成果在日本各界对华决策中发挥了重要作用，有些人据此称其为间谍机构，但是细致考察起来，东亚同文书院有些调查资料源自其实地调查，而许多调查资料源自公开的出版物，关键是日本人能将这些情报（日语词“情报”实际上是 information 之意，即信息）的内在价值予以深入分析，从而形成对己有价值的情报，这表现出其强大的分析和利用能力。我们今天再对这些调查进行反分析，可以揭示日本近代对华调查的目的、方式及其在日本对华侵略中产生的作用，亦可以借此从另一个角度研究近代的中国经济，补充近代经济史的研究资料。

当今在“一带一路”倡议背景下，中日两国在推动中日韩自由贸易协定（FTA）方面有着历史的逻辑性和现实的利益，推动双方的了解，加深彼此的沟通有助于实现双赢，学术界应当为此提供一些历史镜鉴。通过一些扎实的工作，促进彼此之间的了解，消除彼此之间的误解，以历史的眼光看待和处理彼此的关切，学术界也应该站在这项工作的前列。

2019年12月于北京大学经济学院

译者前言

《东亚同文书院对华经济调查资料选译（1927~1943年）·金融卷》是“东亚同文书院对华经济调查资料选译”系列丛书的第一册，此后还会陆续推出商业流通、物产资源等方面的资料选译。

东亚同文书院是东亚同文会最主要的事业，而东亚同文会在日本的近代史上声名显赫。东亚同文书院在华办学近半个世纪，培养了四千名左右毕业生。这些学生在日后的中日关系各个领域发挥了相当突出的作用，甚至他们的影响在中日邦交正常化过程中都有所展现。位于东京的霞山会和位于爱知县的爱知大学作为东亚同文会遗产的主要继承人，至今保留着对东亚同文会系统各组织的研究传统。

本册选译的资料主要是从国家图书馆于2016年出版的《东亚同文书院中国调查资料手稿丛刊》（全200册）中选取部分内容翻译而成。国家图书馆出版的这一部分调查手稿主要是东亚同文书院中后期对中国的调查成果，时间是1927年至1943年。这一时期是中日两国关系从紧张到全面恶化的转变时期，通过这些调查报告我们可以了解这一时期中国各方面的经济状况，尤其是日占时期沦陷区的金融状况。

实际上，从“九·一八”事变之后，东亚同文书院在中国的调查就已经受到明确限制，所以调查在时空分布上并不均匀。“九·一八”事变之前的资料比较完善，区域分布几乎在整个中国，“九·一八”事变之后到1937年调查报告主要是在中国的东北地区，代表性不强。1938年以后，调查几乎只在日占区进行。较连续的调查为今天我们了解前后变化的实况提供了颇有价值的史料。

在翻译内容的选择上，我们尽可能挑选能够反映时代和区域特点的金融调查报告，尤其是注重能够反映区域中心状况的金融调查，如上海、香港、天津、武汉、青岛这些大城市的调查。报告中当然也涉及这些城市腹地的金融状况，以及以这些城市为中心构成的金融网络。

在翻译的过程中，我们基本上保留了原文的内容和行文格式，只对个别文字表述、数据呈现形式进行了调整。原稿中不同的作者行文习惯不同，均保持原文状态。文中的纪年方式许多采用日本纪年，并且多种纪年方式混用，译文中均保持原文，只用页下注的方式对可能影响理解的内容做了注解。同时，数据除形式外均遵照原文，因此数据之间的勾连关系可能存在错误，如合计有误等。文字表述中同一名词存在使用不同表达方式的现象。

需要指出的是，东亚同文书院的这些调查资料是在校学生的实地调查报告，尽管这些日本学生在校期间已经接受了一定的专业训练，但是对中国真正深入的了解还不充分。从调查报告的内容上看，一部分是概况综述，另一部分是实时的情况总结，后一部分恰是最具史料价值和研究价值的。这也是我们翻译这些资料的最大价值所在。

自2016年立项以来，历时两年半终于完成第一册的翻译，个中甘苦难以言尽。在翻译的过程中得到朱荫贵、李少军等老师的指点，对此一并表示感谢。尽管译者为本系列丛书的翻译竭尽全力，但是限于学识，乖谬之处仍恳请方家指正。

目　录

太原、大同、张家口、石家庄的金融状况*

第26期学生

二川薰

序

昭和4年①，我作为山西北部纵贯经济调查班的一名成员，调查了山西北部。本文是在此次旅行中获得的资料的基础上完成的有关金融状况的报告。

我原想在调查各地静态的金融状况的同时，也调查一下各地动态的金融状况，结果以失败告终。取而代之的只是在每章的最后设置了“汇兑及金融概况”一节，就物资的流动和金融做了简单的介绍，算是我做的一点点努力吧。

本报告的完成，在很多地方借鉴了前辈们的著作及报告，参照部分都一一标明了出处。

本次所进行的旅行调查，得到了很多人的帮助，特别是以下各位所给予的指导与本调查报告有直接的关系。在此表示衷心的感谢！

---

* 原文见国家图书馆编《东亚同文书院中国调查手稿丛刊》第115册，第445～612页。

① 1929年。

太原　清华洋行高武保藏[①]、兴业钱局张昌炽

大同　金子信贯、德兴永钱庄

口泉　同成煤矿周瑞厚、鸿发炭栈、广德荣当

张家口　荣华清行藤井清

石家庄　总商会张延元

昭和4年12月31日

目　录

① 为译者添加，表示原文此处内容无法识别，原文参见《东亚同文书院中国调查手稿丛刊》第115册，第448页。

第一章　太原的金融状况

第一节　市场概述

太原又称“阳曲”，是清王朝的太原府城，现为山西省省会。位于山西省的中央，西邻汾河，是正太铁路（现石太铁路）的终点。人口近20万[1]，是山西第一大城市，也是山西省政治、军事、教育、交通中心。

其实太原只是政治中心，并不是商业中心。以前，作为太原附近农产品集散地的主要是祁县、太谷、平遥等地，外省市进来的农产品也主要集中在这些地区。当地有名的山西票庄也在这些地方开设了总号，在太原只是设立了分号。从这里可以看出，山西的政治和经济中心是分布在不同的地方的，因此，从前太原金融市场没什么值得提及的地方。1907年正太铁路的开通，从石家庄可以直通天津，反过来由天津到石家庄的往来也渐渐增多了。加之公路的建成，物资可以运到省内大同、运城、碛口镇等各个地方，太原也渐渐变成了省内屈指可数的商业中心。民国革命后，曾经一时独占太原金融市场的票庄渐渐衰败，取而代之的是钱庄及新式银行。钱庄及新式银行都在太原建立了重要的金融机构，再加上交通的日益发达，让太原的金融市场改头换面，获得了迅速的发展。然而，太原目前在商业上还是有输给榆次的地方，太原要想占据山西省中心市场的地位，还是很遥远的事。

总之，太原是省政府所在地，又有机构银行——山西省银行在此设立，还承揽着省金库的事务，所以说太原具有其他地方所不具备的特色。

注：

［1］太原的人口资料来源于太原民政厅科员刘世与。北平大仓组的报告中认为是15万人。

第二节　金融机构

当地的金融机构可大致分为新式金融机构和旧式金融机构，属于前者的只有银行，属于后者的有钱庄、票庄、当铺、钱铺等。

一　新式金融机构

以前在太原，以山西省银行为首，还有中国银行分行、晋胜银行、裕丰银行，共四家银行。晋胜银行在民国2年[1]由阎锡山发起，总行设在太原，注册资本100万元，其中20万已汇入银行（实收资本数），并在大同、忻县等设立分行，承揽军饷及军中各种费用。该银行给予军人特殊待遇，承诺与军人有关的存款付1厘的高息。据民国8年《银行周报》报道，军队的存款达到70余万元，放贷约20万元，另外还发行了约20万元的纸币，法定公积金也达到了50万元，业务达到了最高峰，民国16年受战争的影响停业。[2]裕丰银行是一家私人银行，原来将总行设在了朔县，随后改为股份制并将总行迁移到太原，在朔县、忻县、大同、代县、石家庄、天津等地设有分行，资本达200万元，从事一般银行业务。[3]该行由于放贷过多，经营不景气，在晋胜银行倒闭前后，它也经改组成为一家银号。[4]这样，当时的四家银行就只剩下山西省银行和中国银行分行两家了。这两家银行太原总部的办公地点都设在鼓楼街且相邻，建筑样式气派讲究，而鼓楼街恰好是太原的金融中心。下面我们介绍一下这两家银行。

1. 山西省银行

该银行前身是山西官钱局，民国7年开始经营普通银行业务，以处理全省的金融业务为目的，后改名为山西省银行股份有限公司，于民国8年1月正式开业。山西官钱局成立时，正值辛亥革命，当时票庄相继倒闭，金融界没落。为振兴金融界，省长下令成立了山西官钱局。注册资本为100万元，可发行纸币（最多时达30万元），并处理其他省金库业务。民国7年末，损失达20多万元。于是财政当局废除山西官钱局，重新成立了山西省银行。[5]

该行资本金总额为300万元，一百元一股，在民间广泛融资，但是认购者甚少。于是政府以过去发行的善后公债（总额300万元）及军用手票（总额十五六万元）来充当银行的资本金，不久募集到了银行资本金的四分之一。之后，到账额逐渐增加，民国10年实收资本125万元，民国16年达到176万元。民国18年，根据政府公布的数据，达到700万元。[6]

该行现在在太原楼儿底街①设置了总管理处，总行设在鼓楼街，并在以下地方设置分行或者办事处。当下，该银行的总经理是徐一清。

山西省银行分行所在地：

天津、北平、汉口、张家口、石家庄、归绥、榆次、大同、平遥、汾阳、洪洞、新绛、运城、长治、忻县、太谷。

山西省银行办事处所在地：

阳泉、太原县、范村、沁县、介休、碛口、临汾、曲沃、晋城、代县、朔县、石家庄、保定。

此外在各繁华地带设有代理店。

由此可见，该行不仅在省内，还在省外设立了多个分行、办事处。作为一个省级的银行机构，为了让其更加繁荣，在银行章程中规定其营业范围为：①存款；②贷款；③汇兑；④生金银的买卖；⑤期票及汇票的贴现；⑥代替一直以来有交易关系的银行、公司、商店及个人征收的各种证券代金；⑦贵重物品的代理保管；⑧储蓄业务等一般银行业务。在此之外，还管

① 原文是“儿底路”，而民国时期的太原根本无此路。经向山西省著名学者张正明先生请教，方知应是楼儿底街。楼儿底街因唱经楼而名，与鼓楼街相接，建国后与唱经街、估衣街、鼓楼街合并统称鼓楼街。此应是书院学生笔误或搞错，故特作说明。

理该省的公款，其金额每年达一千几百万元之多，其次还发行兑换券，民国10年发行金额为150万元，最近据说达到近7000万元。

中国银行于民国2年在太原设立分行，一直执太原金融界的牛耳。如今，中国银行的发展远不如省行。裕丰、晋胜两大银行改组停业后，太原就形成了省行完全独占金融市场的局面。最近有200万元的入账，获利100万元。民国16年的营业报告显示，除天津、绥远等较远地区的报告未发过来以外，1年内所获得的总利润为1008000元，其中除去兑换券印刷费、营业用土地建筑物、日用品杂费、一般营业经费等241000元，以及年内绥远分行的损失费185000元，剩余纯利润为182000元①。在中国这就算是很好的经营业绩了。[7]

另外，山西省至今还没有一家储蓄银行，鉴于民众在储蓄上有诸多不便，最近该行特新设了储蓄部，在这方面发展得越来越好。

关于该银行的组织结构以及经营详细情况的说明我们将放在附录里面的山西省银行章程中进行详述（后记：请参考以往记载此情况的报告，此处省略）。

2. 中国银行太原分行

中国银行太原分行于民国2年在太原鼓楼街开业。直到民国7年一直掌管着省金库业务，另外，税金、行政费用、军饷、盐款等都由中国银行太原分行代理，中国银行太原分行实际操纵着

① 原文数字如此。疑有误，应还有其他费用未标示。

山西省的金融。然而，山西省银行开设后，省政府转而开始庇护山西省银行，中国银行太原分行渐渐失去了以往的特权。加之近年来，该行缩小了激进业务的范围，将分行重新改为支行等，采取了保守的态度，最终其金融地位一落千丈。

众所周知，中国银行太原分行经营方针坚实可靠，已获得了相当多的本地存款，而且分行遍及全国，偏远地区的汇兑交易额也不少，依然与山西省银行并驾齐驱，在当地金融界占据重要的位置。

该行以往发行兑换券多的时候可达 40 万元，之后渐渐回收，最近据说已经缩小到 10 万元左右。[8] 比起山西省银行的纸币，中国银行太原分行的信用更高，这点我们在后面详述。

二　旧式金融机构

当地的旧式金融机构有钱局、钱庄、银号、票庄、当铺、换钱铺子等。

1. 钱庄

广义的钱庄，还包含钱局和银号。现在，除此以外的金融机构都有名无实。其中钱局对顾客来说一直没有什么变化，与其他钱庄相比，其资金雄厚、铺面大。

在当地，属于广义上的钱庄的店铺大约有 40 家以上[9]，其中比较重要的有以下各家：

兴业钱局　　按司街

生记钱局　　按司街

隆生镒	东枝校尉官
瑞兴银号	麻市街
晋泰银号	南市街
华诚银号	柴市巷
和合生	帽儿巷
蔚锦恒	麻市街
晋生源	直顺巷
锦元懋	直顺巷
锦泉和	南市街
复盛泰	南市街
德兴昌	南市街
正心诚	南市街
桐生豫	南市街
庆恒昌	活牛市街
义顺成	东羊街
世兴钱庄	大中寺街
晋信钱庄	南市街
豫慎茂①	

其中，兴业钱局总号设在运城，太原只是分号。其次，还在平遥、洪洞、新绛、天津等地设立了分号，汇兑业务不仅局限在省内金融机构，省外如天津、北平、济南等地金融机构也予以受

① 原文未注明地理位置。

理。省支店的经理是一个名叫王镛的人，他还兼着太原总商会副会长的职务，可见兴业钱局在当时拥有的强大势力，它是当地最大的旧式金融机构。

据说，这些钱局的经营者几乎全部都是晋人，股东一般为三四人，资本金一般在三四千元以上，多的高达五六万元[10]。

2. 票庄

票庄起源于清朝前期中叶，首先在平遥、祁县、太谷兴起，主要经营汇兑业务。作为华北一带的金融机构，票庄的势力很强大，垄断着金融市场。其中，山西票庄最为有名。然而辛亥革命之后，每一次的兵荒马乱都会使得票庄遭遇挤兑和掠夺，导致其不断倒闭。再加上新式金融机构银行的兴起，票庄的衰败与日俱增，局面正一步一步走向衰败，已无力挽回。曾经在太原拥有总号、垄断着太原当地金融界的票庄，最终只剩下了以下三家：

乔家之大德通

渠氏之三晋源①

大德恒

这三家票庄的营业内容与普通的钱庄没有什么不同，其势力已不足为道。

---

① 原文为“梁氏之三晋源”，此处应为书院学生搞错或笔误。大德恒、大德通属于祁县乔家，三晋源是属于祁县渠家，而非梁家。

3. 换钱铺子

换钱铺子作为一种金融机构，没有特别值得提及的地方。但是在币制混乱的中国，它是消费经济上不可或缺的金融机构。本地换钱铺子的规模大都比较小，很多时候都是路边开的小店，还兼营香烟等，一般是应客人的要求换点钱而已，在大同等其他地方不多见。正如后文要详述的那样，本地的货币特点一是比较统一，二是钱庄的数量多。

4. 当铺

当铺为一般老百姓利用的金融机构，重要的是它与其他地方的当铺没有什么区别。本地的当铺从外观规模看上去很大，在金融上拥有很大的势力。但是据说其数量少，大的仅有五六家，目前弄清字号的有以下几家：

广益当　晋安当　聚积堂　乾恒当　晋兴当

其中，广益当规模最大，在附近各地设有4家分号。据说抵押期限为6个月，利息为2分半[11]。

三　金融机构综合观察

前面已经说过，过去本地的金融主要靠票庄来进行，票庄衰败后，主要的金融机构变为票庄与银行并存的形态。目前，我们对本地票庄与银行间的营业关系的考察结果如下。

在一个金融市场，有银行和钱庄新旧两家金融机构同时并存的现象只发生在中国，这在其他国家是没有听说过的。

钱庄产生于中国币制混乱时期，起初的目的只是兑换。在幅员辽阔的中国，用运送现银来进行交易结算非常的不便，而且负担很大，所以票庄应运而生了。两者的业务都包含了银行业务的一部分，即大量吸收存款、放贷以及银行的其他一些业务，用来牟取利益。最终两者发展到现在，实际上与银行间的业务并没有什么太大的区别。因此，银行与票庄之间的差异在于到底是按照各自以往的习惯来展开业务呢，还是在现代的统一管理秩序下进行，或是凭资本、形式、方法、外观维持生存？两种金融机构并存，是以不同的经营方式经营同样的业务，其结果是必然催生出各自最擅长的业务领域。当前两者主要的业务是存款及贷款、票据的开具及贴现、国内汇兑、货币的买卖、兑换券的发行等。

存款及贷款业务从起源上看，并不是钱庄最根本的业务，然而现在却成了它最主要的业务。这就是钱庄自称其特色是“对各行往来存款”的理由。首先，钱庄与各商户建立起短期交易关系，为此付 1 厘至 4 厘的利息，原则上允许短期透支，但要收取 1 分左右的利息。此等贷款一般都是基于与商户经营者之间的信用，由于不要求用实物做担保，所以这一点对于商户很方便。而银行在短期交易方面，几乎不提供特别的好处，且在担保物上有要求。因此针对此业务，银行与钱庄相比处于不利的地位。再者，银行的经营时间比较固定，休息日又多，对于不习惯西方生活习惯的晋商来说非常不便，无法奢望实现快捷方便的交易。在活期存款及贷款方面远不及钱庄的银行开始着力于经营长期存款和贷款业务。在山西省银行，为了吸收长期的存款，还专门设立了储蓄部。此外由于其特殊的地位，很方便地就吸纳到了养老、婚嫁、学校、医院及其他一般慈善事业的基金，将之长期贷出，用于工业、商业的发展。另外，山西省银行最近又敲定了特别往来存款（特别活期存款），月息6厘，试图以此来对抗钱庄的活期及短期贷款。然而，钱庄不经营长期贷款，而且还无法开具证明书。[12]在吸纳长期存款方面最有实力的当属中国银行分行，据在中国的日本商人[13]说，对于那些以追求可靠为宗旨的一般老百姓来说，比起山西省银行，这些人更愿意把钱存到中国银行太原分行。

票据及贴现作为银行的主要业务得到了人们的普遍认可。据说在本地基本看不到银行发行的票据的流通。而庄票在省内流通，在钱庄以每千元付三十元左右的贴息来进行贴现。不论哪一种情况，钱庄在发行票据方面都发挥着一定的作用。一般情况下钱庄除了自发地发行庄票外，还采用贴票的方法。支票等一般商人开出的票据信用不高且流通不便，因此持有者委托钱庄换成庄票以增加信用。贴票一般每千元征收一元的手续费（票贴）。这种借用钱庄的信用收取的手续费成了钱庄的纯收入，这种手续费不加算利息，与普通的贴现完全不同。银行在这方面则施展不开。

货币的买卖，特别在上海等地的货币买卖主要是银元的买卖，也是以银两为对象来进行的。在各地货币的买卖倒不如说是指省银券、中行券及现银这三者之间的买卖和交换。两个银行券之间有差额，与外边市场的交易要求是现银，有关这一点我们将在货币这一章节中详述。这种交易在性质上仅限于钱庄。虽然用银两来进行元银的买卖不仅仅限于钱庄，但是我们认为钱庄的交易量还是比较大的。

银行在以上各种业务方面虽然处于劣势，但是在汇兑及发行兑换券方面占有优势，甚至是处于垄断地位。国内的汇兑起源于山西票庄的创立，而且是票庄的主业。票庄衰败后，银庄和银行同时经营汇兑业务，特别是中国银行由于在各地拥有分行，所以在各地均可兑换，在这方面的业务最多。山西省银行紧跟其后，山西省银行主要在省内各地及平津地区经营汇兑业务。然而钱庄很少在各地拥有分号，只能利用客户的介绍，也只是在本钱庄附近一带及天津方向展开汇兑的一部分业务。本地钱庄最大的是兴业钱局，每日标出的汇率只送往天津。加之，钱庄不经营汇兑业务，主要经营汇款业务，特别是票汇。因为当地两家银行也多少经营这两种业务，所以能给商人提供极大的方便。因此，将来银行的汇兑业务也会日趋繁荣吧！

与兑换券发行有关的问题我们将在后面详述。以前当地的钱庄都发行钱票，而当今纸币的发行只限于银行，而且中行券的数额最近剧减，这样就形成了省行独自发行银行券的局面。由于政府强力推行省行的纸币，为其流通起到了推波助澜的作用，这让省行获利颇丰。

总之，钱庄和银行共同分担着金融业务，钱庄主要是经营短期的存放款业务，而银行则主要是经营长期的存放款及汇兑、兑换券的发行业务。一个地方有新旧两种金融机构并存的现象看似有些奇怪，但是，我们必须把它看作在历史的过渡时期迫不得已而产生的一种现象。今天太原的金融机构中，钱庄和银行如果有哪一方退出的话，很难想象另一方能挑起大梁，继续维持金融市场的正常运转，所以这两者目前都有共存于市场的必要性。虽然两者在势力上有高低之别，但是因为两者的营业范围不同，所以很难下定论。再者，太原是省会城市，一是省财政的中心地，二是拥有省行的总行，拥有这两点就比后面介绍的大同、张家口的实力要大得多。

注：

［1］晋胜银行创设于民国2年的资料来源于农商部总务厅统计科编纂的《第九次农商统计表》及上海银行周报社发行的《银行周报》（第3卷第12号）。

［2］参照了北京银行月刊社发行的《银行月刊》（第8卷第3号）。

［3］参照了加纳吉松的调查——《山西省金融机构调查报告》。

［4］参照了《银行月刊》（第8卷第3号）。

［5］参照了《银行周报》（第3卷第12号），《太原的金融机构的货币》。

［6］引《银行月刊》（第8卷第3号）、《农商统计》、《晋阳日报》（民国18年8月4日）。

［7］数字来源于《银行月刊》（第8卷第3号），《山西省银行的过去与现在》。

另外，前引《农商统计》中，民国10年的营业业绩如下：

资本总额为3000000元，实缴总额1248200元，存款总额3479199元。纸币发行额1485758元，准备金64117元。

［8］中国银行太原分行纸币发行额的资料来源于《银行周报》（第3卷第12号）及昭和2年的调查报告《山西省金融机构》中所载内容。

［9］太原钱庄的数量为40家的资料来源于兴业钱局的张昌炽所述。前引昭和2年的报告中提到旧式金融机构全部加起来达80家以上。

［10］前揭《农商统计》中就太原的钱庄有如下记载：

资本金平均一家1万元（民国10年）。

太原钱业户数28家，资本总额278150元，各户存款额188220元，准备金11857元。

［11］前引张昌炽所述。

［12］［14］钱庄的各利率资料来源于当地的兴业钱局记录，民国18年6月11日。

“山西省银行的特别往来存款的利率及其他”资料来源于《晋阳日报》（太原红市街）所载内容。

［13］指的是清华洋行的高武保藏。

第三节　货币

太原的货币分为以下四种：①银两；②银元；③铜元；④纸币。

1. 银两

银两这一抽象的货币名称分为两种，一是库宝，二是周行足银。①

（1）库宝，也叫镜宝银，成色100的库平银重量为1两的，就等于货币1两，主要用作纳税等的计量单位。

（2）周行足银，市场上一般流通的银两，其成色不及库宝，每千两差5两。一般称为足银。[1]

当地通用的平砝中，除库平外，还有红封平、省大平、街市平、司库平、老湘平、新湘平等。它们对于库平的价格如下（单位：两）：

① 山西的白银名称。

库平 1000.00=红封平 1000.00

库平 1000.00=省大平 1000.00

库平 990.00=街市平 1000.00

库平 1008.00=司库平 1000.00

库平 960.00=老湘平 1000.00

库平 940.00=新湘平 1000.00

当地的标准钱平即库平，与中央政府的库平等量，为便于参考，与其他地方的通用平比较如下[2]：

库平 1000.00=行平（天津）1034.00

库平 1000.00=京公砝平（北京）1036.00

库平 1000.00=申公砝平（上海）1020.70

库平 1000.00=估平（汉口）1038.00

库平 992.00=同平（大同）1000.00

库平 1000.00=公公平①（太谷）1027.50

库平 984.50=祁公平（祁县）1000.00

银两间的对比也是非常重要的。当地的库平银与天津化宝银相比，每千两多 8 两，库宝 1000 两相当于上海规元 1096 两。另外，通行足银与太谷镜宝相比，每千两多 8 两，与祁县镜宝相比同样多 8 两。不过这与太原的市场金价变动相关，会有波动。这

① 原文如此。疑为谷公平。

里显示的是平常时期的行情。

马蹄银：上述的银两是一个抽象的货币单位，实际上通用的是马蹄银。马蹄银成色为二四宝，即与纹银成色相比，每重量 50 两被加上了 2 两 4 钱的溢价。一个的重量大约相当于太原库平的 50 两。因此，马蹄银流通价格用库平银表示的话，必须按照以下方法计算：

一个马蹄银的重量（库平 50 两）	50.00 两
同上申水（二四宝）	2.40 两
上记　纹银	52.40 两
每 50 两有 3 两的溢价	3.144 两
足银	47.256 两

即库平 50 两二四宝的马蹄银，等于库平银的 47.256 两。用通行足银来表示的话，按以下 47.4934 两计算。[3]

足银	47.256 两
九九五兑	47.4934 两

这些马蹄银实际上以前是在市场上流通的，现在已停止使用，残存的为数不多的一些都存在了钱庄、银行等处。用银两决算一直维持到民国七、八年，现在银两仅用于大宗的交易，先按照现银的行情来换算，然后再用银元来结算。

2. 银元

太原的铸币有银元和铜元两种。铜币在消费经济上是非常重要的，但在金融市场上几乎没有什么价值，银元占据最重要的地位。

现在流通的银元中，最主要的是袁世凯银元及同时盛行的北洋、“站人”银元①等，现在市场上仍然可见。最近上海等地排挤掉了袁世凯银元，取而代之的是孙中山银元，但是数量很少。袁世凯银元和孙中山银元都是遵照民国 3 年国币条例的规定铸造的，本应是一样的，但是实际上难免多少有些差别。条例规定如下：

总量	库平 7 钱 2 分
成色	89%
纯银两	库平 6 钱 4 分 8 毫
重量误差	千分之三
成色误差	千分之三

根据以上，一元银元中所含纯银量为库平 6 钱 4 分 8 毫，其行情（周行足银 6 钱 4 分 8 毫的九九五兑）为 6 钱 4 分 4 厘，其之上再加法定的铸造费 6 厘，合计不会超过 6 钱 5 分。银元的质量事实上比上述差，因此实际行情应该更低，但据说也不会低于 6 钱 6 分。民国 6 年 10 月达到 6 钱 6 分 8 厘 3 毫，民国 18 年 6 月达到 6 钱 7 分。[4]这是因为钱币一般是不允许擅自铸造以及现银不

① “站人”银元是指清末民初在中国流行的西班牙银元的一种。

足造成的。现银不足问题将在后面介绍。

北洋银元是北洋机器局铸造的光绪元宝。“站人”银元是港元，因货币上的花纹而得名，也称作人洋、杖洋，是1895年以来，印度造币局专为与东洋的贸易而造的，上面特别刻有汉字“壹圆”，作为英国贸易银（English Trade Dollar），主要用于南方各地，庚子年以后北方也渐渐开始使用，天津地区流通使用的最多，其价格比南方高。北洋银元早已退出上海地区，但是北方很多地区仍在使用。为便于参考，根据天津造币厂的报告，现列出北洋、“站人”两种银元的重量及成色。[5]

<table>
<tr><th rowspan="2">名称</th><th rowspan="2">年代</th><th colspan="2">每千分</th><th>每元重量</th><th>库平</th><th>库平</th><th rowspan="2">备注</th></tr>
<tr><th>纯银</th><th>铜及杂质</th><th>库平</th><th>每枚含银</th><th>每枚含铜</th></tr>
<tr><td>北洋</td><td rowspan="3">光绪三十三年</td><td>890.000</td><td>110.000</td><td>0.7396</td><td>0.6582</td><td>0.0814</td><td rowspan="3">微含量</td></tr>
<tr><td>“站人”</td><td>901.697</td><td>98.303</td><td>0.7215</td><td>0.6506</td><td>0.0709</td></tr>
<tr><td></td><td>899.406</td><td>100.594</td><td>0.7220</td><td>0.6494</td><td>0.0764</td></tr>
</table>

注：原文无单位。

银角：以前在当地银角的流通中，物价及资本金等是用小洋来结账的（来源：大正5年[6]及大正11年[7]的报告），现在市场上已经不流通了。因此可以说，市场几乎没有使用过小洋来进行交易。太原兴业钱局1元兑换12角。

3. 铜元

目前市场上使用的铜元有20文铜币和10文铜币两种面额。以前一直使用的制钱只限于10文铜币，之后因其品质低劣，渐渐退出市场，取而代之使用的是20文制钱。当地的10文钱比其他省铸造的轻2分，民国8年其行情是1元兑换140枚左右，现在 1 元可以兑换 440 枚之多[8]。

当地的日用品、粮食等的零售，用铜元核算。因此从一般消费经济上看，铜元占有相当重要的地位。

实际上，铜元纸币的流通比较多，而铜元本身更多只不过是被当作零钱来使用。铜元与铜元纸币的关系详见后述。

制钱：据民国 5 年的调查报告，日常的小额买卖多使用制钱。民国 11 年发生金融恐慌时，政府回收所有铜元并改铸，之后从流通市场退出。

4. 纸币

当地流通的纸币有银元纸币、辅助小额纸币及铜元纸币三种，由山西省银行和中国银行发行。

（1）银元纸币

现在，当地流通的银元纸币，一种是由中国银行分行发行的，还有一种是由山西省银行发行的，面值分别是 1 元、5 元、10 元、50 元、100 元的兑换券。其中，中国银行发行券的券面上印有“山西”两字，其发行目的是要在全省流通。而山西省银行发行券的兑换券上印有“太原”两字，分别于民国 8 年、17 年、18 年发行了三种。而且，山西省银行还在各地分行发行了当地的兑换券，这些兑换券虽说能在省内流通，但实际上只能在附近地区流通，在太原只使用当地券和榆次券。省政府也让各市县发行银行券，并让在全省流通，还发布公告禁止拒绝接受，但目前好像还未见实施。

从前，中国银行券曾一度达到 40 万元，现在减少到了约 10 万元。另一方面，在民国 10 年时发行额仅为 150 万元的山西省银行发行券在北伐时期超过两千万元。由于军费的需求，据说最近发行量又攀升至六千万之多。因此，通常在太原市场上我们几乎看不到中国银行券。中国银行券笔者在逗留期间也没有得到，最终在太原往北大约三百华里的阳明堡首次看到了它。这就是作为劣币的山西省银行券将作为良币的中国银行券驱逐出去的结果。也就是说，原来山西省银行券经常比中国银行券的价格要低一些，但是由于上述的发行量增大的缘故，造成山西省银行券跌了 15%，差额的话每千元达到了 400 元以上。因此，不用说平津地区，在大同等地进行大宗交易的时候，要多付这些差额的话，就是在山西军控制下的张家口邮电局，也拒绝接受山西省银行券。然而即使是在省政府庇护下的太原，平常交易时也是要缴付差价的。因此，在价格上占优势的中国银行券都落入了钱庄、商人之手，他们把它拿到外市倒卖（用于买卖）。有些人利用山西省银行券的差额购买物资。他们不会傻到用高价的中国银行券去买物资，结果自然形成了单一的山西省银行券的纸币制度。我们这些旅行者，也甚感惊讶。我们看到的只是表面，事实上这件事情表明的是纸币价格的下跌。纸币间的格雷沙姆法则当然也适用于银元之间，事实上在太原市场上，几乎看不到现银的使用。上述纸币价格的跌落，给从天津进货的商人以及普通消费者带来了极大负担，省政府既是为了维护省财政的对外信用，同时也是为了救济市场，开始采取对策。造成这种状况的根本原因当然是纸币的乱发行导致的准备金不足。我逗留期间，政府对外宣传纸币的发行额为六七千万元，准备金为 3500 万元，但按在留的日本商人[11]推算也就 1000 万元左右。然而据最近的《银行周报》（第

13卷43号）报道，太原某当局者暗示，甚至连1000万元的准备金都没有。最后造成兑换停止、奸商将现银运往省外的结果。对此，政府采取了以下两个良策。

良策之一是允许兑换、整理银行券。接受此良策的银行当局者经过商议，认为整顿银行券大概需要2000万元的基金。为了筹措这笔基金，不得已以晋北盐税、全省烟酒税、印花税、卷烟特别税为担保，发行了2400万元的金融整理公债，11月7日得到国民政府的许可，定为明年1月1日发行[13]。规定本公债的利率为年利8厘，从民国19年至24年还清[13]。

力图通过实施兑换来达到整顿日益上涨的货币、谋求物价的回落、让金融市场平稳运行的目的，这一政策还有不足之处。弥补不足之处就必须减少纸币数量并增加银元市场，为此要采取的第二个良策就是禁止现银带出山西省。近来，发现不法太原奸商将现银拿到石家庄以有利的汇率套换山西省银行券，以牟取巨额利润。其实民国16年的法令就已经明确地规定了禁止现银外流，为达到这一目的，这次政府采取了更加严厉的限制现银外流的政策。然而只依靠这种手段，无法指望填补现银严重不足的状况，要想继续取得全面的、更加有效的效果，就必须重新往市场上投放银两。为此所能采取的手段只能是谋求振兴产业和出口物资，以前省银行总经理徐一清曾这样说过。

省政府和银行当事者如果早想办法让纸币价格上涨的话，应该多少能够得到一些改善，现在看来很快成功是无法奢望了。

（2）小额辅助货币

前面提到中国银行分行及山西省银行发行了1角、2角、5角大洋的辅助货币，在太原市内看到的几乎都是山西省银行券，与银元票子的情况不同。当地没有流通银角是为了让小额纸币畅通无阻地流通。但这也只是表面上的情况，小额纸币作为辅助货币，因是强制实行流通的货币以及基于前面介绍的理由，事实上一千元被附加上了50元的差额[14]，公然建立起了相对银元的行情。

（3）铜元纸币

在太原流通的铜元票子是山西省银行发行的，只有10枚、20枚、50枚、100枚四种，而钱庄不发行这种票子。当地市面上，由于铜元极少，故铜元票子很盛行。其作为纸币的特别贴现法定行情如何我们未曾听说，但实际上有差额也是在所难免的。这种只限于山西省银行券的情况只在太原存在，整个山西省到处都是钱庄发行的铜元票子，铜元票子价低，民众遭受了不少损失。

从前在山西，由于为了弥补铜元的不足废除了以前的私贴（制钱），将其统一到铜元上来的缘故，民国8年允许各钱庄、当铺、商家在一定的条件下可以发行铜元兑换券，之后，铜元兑换券渐渐增多。但是在民国11年，山西省全省发生金融危机，大量被要求兑现。到了民国12年，有200多家钱庄停业。在这个时候，原来的制钱全部被回收，改铸成铜元。同时大量铜元被运往省外，造成铜元更加紧缺。这时山西流通的小额货币变成了铜元兑换券，钱庄的发行额日益增多，陷入滥发局面，发行机构出现倒闭，而且情况非常严重。因此最近政府做出努力，提高商店、有限公司的发行条件，规定发行额须与资本等额、须有两家有实力的保证人担保、须有4成的准备金，另外还规定钱庄的发行额不得超过资本金的1.5倍。除此之外，山西省银行企图用自己发行的铜元票来统一市场。

当前，除了太原，其他地方都在滥发铜元兑换券，其种类繁多，有 1 枚、2 枚、3 枚、4 枚、5 枚、10 枚、20 枚、30 枚、50 枚、100 枚（铜元面值）10 种。有些地方市场混乱，据说现银 1 元对铜元的行情是 400 枚，对纸币达到 700 枚以上，山西整个铜元纸币的暴涨着实让人吃惊。

正如上文所述的那样，太原被山西省银行券统一了市场，行情稳定，深受老百姓喜爱。

注：

［1］前引《中华币制史》第 40 页。《银行周报》（第 1 卷第 21 号）有以下内容：周行足银系市面通用的银，原定名足宝，实较库宝每千两低色 5 两。不过，《银行周报》（第 3 卷第 40 号）及洁子①著《山西的金融及商业》、井村薫雄著《中国的货币和度量衡》中为 997 成色比例。

［2］《银行周报》（第 1 卷第 21 号）及田中忠夫著《中国的汇兑》。

［3］用于马蹄银的计算数字资料来源于前揭《中华币制史》第 49 页所载如下内容。二四宝：每百两中水成色 4.80，加成色 988.00，外加成色 988.14，最近银炉所定成色 980.00，印度造币厂试验的结果为 980.272。

［4］民国 6 年（1917）的银元行情来源于《银行周报》（第 1 卷第 31 号），民国 18 年（1929）的银元行情来源于当地兴业钱局 6 月 11 日消息。

［5］前揭《中华币制史》中的内容。

［6］据住田肇调查《直隶山西班金融货币度量衡调查报告》，以下指大正 5 年（1916）的报告。

---

① 原文如此。

［7］中村定雄调查《河南山西金融调查报告》，以下指大正11年（1922）的报告。

［8］民国8年（1919）太原铜元行情资料来源于《银行周报》（第3卷第40号）。

［9］前引《晋阳日报》的公告。

［10］《银行周报》（第13卷第13号、46号）。

［11］前记高武保藏。

［12］［13］《银行周报》（第13卷第25号及11月6日发行的内容）。

［14］小额纸币的行情：当地兴业钱局6月11日的内容。

［15］参考了《银行周报》（第3卷第33号），山西创行铜元兑换券；《银行月刊》（第7卷第2号）及《银行周报》（第13卷第33号）；耿友德著《中国之钱票》（原文中未标出）。

第四节　汇兑及金融概况

太原处于三晋的中枢，汾河大平原的中央。自古以来就是政治的中心，但它非商业城市，附近的物产多集散到祁县、太谷、平遥等地。正太铁路的开通，使平津地区的交通发达了，但是到今天也未给太原商业上带来发展，进出口商品也很少。当时，商品先是集中到太原，然后再转运到平津地区。一般只是谷物，主要有小麦、高粱、核桃等，年总额达到160余车（1车装112石），共18000石，金额达十五六万元。其他运往天津的货物，仅硫磺就有12万元。

当地的进出品中，杂货达30万元，由太谷运来的棉布每年达二十五六万元，由直隶所属的南宫、行唐等地运来的棉布，每年金额达 20 余万元，英美烟草公司供给的卷烟草每年达 30 万元之多，仅这些合计就达百万元。除此之外，还有棉纱、石油、洋纸、玻璃、电灯用具等商品。近些年受持续干旱的影响，农作物减产严重，由外地运进来的产品增多，汇兑出现了极端的单方外汇差。

这些运入运出货物的结算都采用汇兑的方式，其中与天津的交易最多，汇钱的金额也是最多的。再加上每年的军费，总计汇往天津的不下一百五六十万，其他如汇往北平的有二三十万，汇往上海的有一二十万元，汇往河南的有 40 万元，每年大致推算有总计 200 万元左右的金额被汇往上述地区。除此之外，各商店之间的借贷互抵达数十万，汇给南京中央政府的数量也相当巨大。加之，支付给天津、上海、汉口等地的天主教堂的钱每年有 30 万元，仅仅就这一项钱就相当于当地晋商每年应收金额 16 万元的 2 倍。利用这种汇款方式，由于不收取手续费所以商人很乐意用这种方法结算。[1]也就是说，当地要结算超过 200 万的单方外汇差，所以汇款的费用非常高。据说民国 18 年 6 月，兴业钱庄寄给天津的汇款手续费，每千元要支付 45 元，晋信钱庄寄给上海的汇款，每千元支付 67 元，行情都是民国 6 年前后的 5 倍左右，最近也暴涨了 5%。[2]据当地一个在留的日本人[3]说，当地的汇费大体比天津贵一倍。

如上所述，当地的汇兑主要以天津为主，除此之外也与北平、上海、汉口、开封等地直接建立起了汇兑行情市场，这些都是以银元每千元征收汇款费（汇水、加水）来表示，皆为应收账款，而前面提到的兴业钱局只公示了寄往天津的汇兑。寄钱汇兑一般有两种，一种是根据银元的情况，一种是根据银两的情况。前者只是支付汇费即可，计算简单。而后者需要加上两地间银两的差额，但是现在据说根据银两的汇兑已不多见。

当地的交易一般以相当于标期的决算期为单位来进行。所谓的标期，就是指像以前山西这样的，边境地区人少地广，交通不便，商人规定一定的期限来进行大量的采购。另一方面由于商人的交易对象是地方上购买力弱小的农民，所以自然而然地造成了资金的停滞。因此，商人从大的批发商那里以赊账的形式采购商品。由于并未规定好赊账的时长和结算的日期，所以标期这种方式在省内及附近的金融上被广泛使用。标期各个地区有所不同，1 年有分 3 期的也有分 4 期的。在当地以三个月为 1 期，将 1 年分为 4 月、7 月、10 月、12 月四个标期。金融上以借贷为主，一个标期为一个期间。一个标期即三个月的利息，所谓的“满加利”在本年（民国 18 年 6 月）是每千元付息 41 元，月息 1 分 3 厘，这是利息的标准。以标期来进行借贷成为一般现象。各地每到标期的最后一个月，利息上涨。但是在每年的秋季到冬季这段时间，农产品上市，货款需求增加，利息处于强势，除此以外，不像其他市资金需求起伏大，太原不存在特别需要资金的时候，平时都很平稳。

总之，经过以上分析可以得出以下结论：在太原的金融市场上，太原并不是经济意义上的首都，如果排除政治上的金融诸项，无论是从质还是从量来看，太原都不具有非常重要的地位。

注：

[1] 进出进入的数字，依照前引《中国的货币与度量衡》中所载。

［2］《银行周报》（第 13 卷第 43 号）。

［3］指高武保藏。

［4］参考了前书《中国的货币和度量衡》第 230 页。

第二章　大同的金融状况（附口泉的金融状况）

第一节　市场概述

大同的人口约 7 万，[1] 在山西省是仅次于太原的第二大城市。附近的农产品都集中在此频繁地进行交易。市内有通向东西南北四个方向的大街，各种商店鳞次栉比，其中以钱庄最多，据说有 340 余家。[2] 京绥铁路开通后，货物被运到包头、丰镇，这个地区的繁荣感觉被它们夺去了似的。南关开着多家皮货商，北关开着多家谷物批发商，虽然不能断定当地的毛皮、谷物等交易已经完全衰败，但是已经明显大不如前。因此说大同的金融市场，作为普通地区的中心城市具有一定的意义，除此之外不值得做特别的论述。

注：

［1］“大同的人口约 7 万人”依据张家口领事馆的报告：“当地商人户数 1 万余，人口七八万。”

［2］参照东亚同文会编《中国省别全志 · 山西省》。

第二节　金融机构

与中国其他地方一样，大同也有两种金融机构并存。即新式银行属于前者，钱庄、钱铺、当铺属于后者。

一 新式金融机构

此处的新式金融机构专指银行。

在大同拥有总行的银行还没有一家。以前只有以下四家银行在此成立了支行：中国银行（民国 4 年成立了支行）、交通银行（民国元年成立了支行）、晋胜银行（民国 2 年 10 月成立了支行）、裕丰银行（民国 5 年 11 月成立了支行）。[1] 后来山西银行也成立了支行。然而晋胜银行受民国 16 年兵乱的影响，不得已而停业。裕丰银行也差不多在同一时期倒闭，交通银行的支行也被撤销。现在，大同的银行只有山西银行和中国银行两家银行的支行存在。

1. 山西省银行大同分行

位于东大街，虽然外观较小，但是洋式建筑，外形漂亮。内部不大，除了出纳口以外，与普通的钱庄没有什么两样。现在的支店长是许艺圃，另有 10 名职工，店内比较冷清。但是到了民国 11 年之后，该行渐渐排挤了其他银行的势力。目前，已取代了中国银行成为大同的主要金融机构，在金融上占据着重要的地位。

根据山西省银行章程规定，该支行的营业范围有 7 项内容。以存款、贷款、汇兑为主，其他还有公款业务、发行纸币等。现在市面上流通的有 1 元、5 元、10 元三种面额纸币，总额达数万元。

2. 中国银行大同分行

位于南大街。于民国 2 年首先在太原设立了支行，两年以后又在大同这里开设了支行。之后七年，成为大同最有实力的银行，在当时的金融界具有举足轻重的地位。特别是汇兑业务，该行利用全国各地拥有的支行开展业务，逐渐壮大。民国 11 年，山西省银行在此开业，其势力渐渐失去往日风采，现在没有什么业务，几乎处于停业状态。

二 旧式金融机构

在当地，属于旧式金融机构的有钱庄、当铺、换钱铺子三种。其中，最重要的金融机构当属钱庄。

1. 钱庄

当地的钱庄几乎都由晋商掌控，与其他地方一样，多采用合伙制度。据说，资本少的有五六千元，一般的为 12 万元。[2]钱庄的营业内容主要是存款、贷款及汇兑。据说，存款的利息平时为月息 6 厘至 8 厘，贷款利息为 7 厘至 2 分。

当地钱庄的数量最多的时候达 300 家以上，后来逐渐减少。根据大正 5 年的报告[3]记载有 25 家，大正 11 年的报告[4]记载只剩下 19 家。现在，名字听起来熟悉，能知道字号的只有以下 11 家：

字号	所在地
义生祥	大南街
德与永	大南街
德恒馨	大南街
宝源成	大南街
福和义	大南街
福义生	大北街
万聚源	大北街
德裕兴	鼓楼西街

元盛祥	鼓楼西街
天德永	鼓楼西街
庆德恒	牌楼东街

根据《中国省别全志》记载，中兴永、晋元盛、庆和成、广生栈、万巨源、德盛荣、源盛厚、天元荣、芝兰盛等各个钱庄中，有转行去做洋货铺或首饰铺什么的，大多数都已倒闭不存在了。

2. 换钱铺子

大同与上海等地一样，有兼营糕点、烟草等买卖的铺子，但没有一个专门兑换货币的店铺。换钱一般是在路边的所谓的露天商店里进行，在一个2尺见方的方形金属丝网笼子里，摆着现银、铜元和纸币，简直就像是在一个理想的实物展示中进行交易一样。在这里一般不只换钱，还兼卖烟草。这种换钱的铺子随处可见，其数量之多是别处所看不到的。

换钱铺子只不过是一个换钱的地方，不值得作为一个金融机构去论述。但是，正如后面叙述的那样，像大同等地，在币制上非常混乱的状况下，不得不说换钱铺子在货币的流通上作为一个机构或者设施，起到了不可或缺的地位，在消费经济上具有相当大的存在意义。

3. 当铺

当铺在金融上的势力虽远不及钱庄，但是，它作为一个中产阶级以下的穷人的金融机构，具有重要的地位。这一点不仅限于大同，在整个中国也是一样。大同的当铺店铺数多、规模大。可以看出，在这里当铺的地位比其他地区重要。那些被做成黑底，漆上金字“当”的引人招牌足以让旅行者止步欣赏。主要的当铺有：

三元当	福美当
三和当	元庆当
同和当	元贞当
聚德当	元成当
万瑞当	宏盛当
源盛当	天德当

这些当铺的资本金少则 3000 元，据说一般大约 1 万元左右。抵押期限为 1 年，过了期限就可以变为流质。利率为月 3 分 5 厘，据说一般以抵押物品的半价作为贷出金额。

三 金融机构综合观察

作为旧式金融机构的钱庄在以前就是大同唯一的金融机构。钱庄在无数次的困难和混乱中胜出，趁着革命时票庄破产，最终取代票庄而控制了大同的金融市场。但是，之后由于频繁的兵乱和变革，每次都遭遇挤兑和掠夺。再加上民国元年交通银行在此地设立了分行，让新式银行业在此地得到了发展。而山西省银行的出现则让铜元和铜元兑换券得到统一。因此，这使得钱庄的盈利受到很大的影响，其势力渐不如以前。但是在大同，人们固守旧的习惯根深蒂固，加之以新式银行的形式在当地展开活动的也仅有山西省银行支行一家，所以来自银行的压力比较小。基于这两个原因，当地钱庄的现有势力仍然很强，超出人们的预料。不管表面怎样，在实际的商人间的金融往来中，钱庄比新式银行更有地位。这就是大同与太原有相似之处，而又有不同之处的原因所在。正如我们在太原一节中叙述过的那样，新旧两种机构的并存造成了营业范围的不同，银行将重心放在了汇兑、存款等方面，而钱庄则将重心放在放贷及其他业务方面，在那期间并没有什么根本的改变。

注：

［1］大同各银行支行的成立年月来源于前揭《第九次农商统计表》。

［2］钱庄的资本金，根据本地商人及在留日本人金子所说为12万元，前揭《第九次农商统计表》有以下记载，平均一家7万至10万元。

钱庄数：8（实际调查数：11），资本金：56450元。

各户存款额：50000元，公债金额：20000元（民国10年）。

［3］前引《直隶山西班金融货币度量衡调查报告》，以下指大正5年的报告。

［4］前引《河南山西金融调查报告》，以下指大正11年的报告。

第三节　通货

大同现行的通货可分为以下四种：①银两；②银元；③铜元；④纸币。

1. 银两

大同两指的是同平两，作为两的决定要素有成色和重量，如下。

成色：被称为足色银的东西实际上为九九八成色。[1]

重量：比称为同市平的库平轻八两。

因此，大同的一两指的是重为同平一两的足色银（实际上是成色为九九八的白银）的价格单位。现在，如果把大同两的成色按名义上的足色银来计算的话，大同两 1000 两分别相当于库平两（太原）992 两、曹平两（上海两）1088 两。

为了便于参考，我们把大同通用的两和各地通用的两做了一个比较，结果如下[2]：

同平 1000.00＝库平（太原）992.00

同平 1010.00＝口钱平（张家口）1000.00

同平 972.00＝京公砝平（北平）1000.00

同平 1000.00＝申公砝平（上海）1014.00

在当地流通的马蹄银的重量为 50 两，被称为足色宝或者大同宝。它是在当地的银炉里制造的，现在已经看不到银号的存在了。在以银元为主要通货的今天，大宗交易使用的结算单位仍然是两，实际上交易中使用的是银元，马蹄银的用途大大减少，几乎可以说再没有被重新铸造过。特别对企图将货币形式统一的山西来说，以元为核算单位的交易相对流行一些。除了一些大宗交易，一般都不使用两这个结算单位。这个趋势将来会越来越明显，可以想象到，最终通货都会被统一到银元上来。

2. 银元

当地流通的银元有袁世凯银元、北洋银元、“站人”银元等，这些银元都以其名义金额在通用。特别是袁世凯银元最为流行。在上海等地流通的已经把袁世凯银元驱除出去的孙中山银元，在当地市场上几乎看不到。如果想要用的话，应该是等额通用吧！

银角：大正5年的报告里提到有1银角、2银角的使用，其金额不是很大。然而，在如今的大同完全看不见银角。试想一下也是，银角在约11年前就开始不流通了。在银行的不流通实际上就意味着没有小洋结算，在计算上非常的方便。

3. 铜元

当地流通的铜元主要以形状较大的20文铜元为主，10文铜元的数量极少。在过去，跟制钱一起流通，铜元10文币仅限于民国12、13年之前，而20文币往往也只能在大街上见到。[3]几年前，其在流通上的地位发生了逆转，变成了一提到铜元就意味着是20文币。如前述的那样，一方面是由于人民生活水平的提高，另一方面是由于20文铜元的品质不佳，即作为恶币的20文铜元驱除了作为良币的10文铜元。

在当地市场上，蔬菜和食品等都以铜元来结算。因此，在消费经济上，铜元的流通范围是很广的。然而，在当地由于总商会发行的铜元票子很流行，所以铜元在实际上流通得并不多，充其量只不过是作为零钱被使用。这应该可以看做是格雷沙姆法则再次应验了吧！

而且，铜元对银元的行情也从以前（民国5年左右）的130

个[4]左右逐渐下跌，如今，现银1元可兑换多达420个铜元，而且这个行情也是经常在变动。由于钱庄和一般个人经常蒙受损失，最近钱庄之间约定1元兑换400个铜元，在兑换山西省银行兑换券的时候，也是按照这个行情。

制钱在四五年前还和铜钱一起流通。制钱[5]现在在市场上几乎看不到其踪影。听说，即使是位于北部边境的本地区的农村地带，也未被使用。

4. 纸币

流通的有银元纸币、小额辅助纸币和铜元纸币三种。发行者除了山西省银行以外，还有总商会。由于它们的实力不同，因此纸币的价值也不相同。太原等地的纸币呈现出了未曾有过的复杂局面。

(1) 银元纸币

从前，在当地流通的银元兑换券由中国、交通、山西三家银行的当地分行发行，其中，据说中国银行券最为盛行。可是现在，中国、交通两家银行停止发行纸币，流通的有京津地区发行的纸币、山西省银行各地发行的纸币和当地总商会发行的纸币共计四种，面额为1元（分为银行发行和总商会发行两种）、5元和10元。其中，最具有信用的是中国银行和交通银行两家银行发行的纸币，而山西省银行的兑换券以政府赋予它的强制通用权力，等额通用。然而，在换钱的时候，根据各个纸币实力的不同呈现出以下的差异：

1. 中国银行和交通银行两家银行在京津发行兑换券和现银是等额交换，兑换铜元420个。

2. 山西省银行在各地发行的兑换券，针对前者，每1元有3分到4分的差，兑换铜元400个。

3. 总商会发行银元兑换券对省银行券有20分的减价，兑换铜元320个。

[本年（昭和4年）6月的行情]

实际上，总商会发行兑换券对山西省银行券会产生若干的减价，是张作霖的东北军[①]从当地撤退以后的事。山东军在驻留时禁止山西省银行券流通，这反而造成了其持续的高价。然而，在这之后，价格逐渐下跌，到了今年春天差价一下子达到了20分。造成这种情况的原因，一是商会没有兑换准备；二是在除了大同府以外的地方完全没有用。

在当地市场，事实上劣价的纸币和现银以等额流通，现银基本上没有流通。纸币——特别是以山西省银行兑换券和总商会兑换券为主——比较盛行。现银慢慢地从市内流向了农村，这是因为在农村中，人们一般不喜欢纸币，喜欢用现银。特别是在购买杂货、毛皮等东西时需要使用现银。

（2）小额辅助纸币

山西省银行、总商会发行的1角、2角（大洋）的两种纸币广泛流行。在没有银角的本地区，这种兑换券的流通相对比较顺利，对银元票子保持着十进制，在小额买卖中非常的便利。其中，虽然总商会发行的比较多，但也不像银元和铜元票子那么

① 原文为“山东军”，乃书院学生搞错。经向山西省著名学者张正明先生请教，方知是东北军。

多，而且在使用的时候不会被打折扣。至于在兑换的时候其比率相对较低的情况，这从其性质上来说也是没有办法的事情。

（3）铜元纸币

在当地流通的铜元纸币有山西省银行各地发行的以及总商会发行的铜元票10枚、20枚、50枚三种。特别是与后者发行相关的东西很多。在山西省，如前所述，民国8年法令规定，在以山西省银行的铜元票来统一货币之前，允许各钱庄、当铺和商家发行铜元票，尝试代替以前的钱贴。之后，制钱的钱贴再也没有看到过。[6]现在，各钱铺和当铺不直接发行，统一由总商会进行发行，但是在票面金额上不通用，打八折，也就是10枚票子只能换铜元8枚。这都是由于乱发纸币导致的准备金（法定为4成[7]）不足造成的，再加上铜元被大量地运到了省外，其数量显著减少，提高了对价。因此，在大同市内，票子广泛地流通，铜元被藏在钱庄里，物价自然也就上去了。

注：

［1］参照了前引书《中华币制史》第40页。大同：足色银，系本埠倾化之大同宝每锭50两名为足色，实得纯银九九八之谱。

［2］参照了前引书《中国的货币和度量衡》第231页，参考了《中国国内汇兑》。

［3］、［5］参照了前揭书“大正11年度调查报告”。

［4］参照了前揭书“大正5年度调查报告”。

［6］［7］参照了《银行通报》第115号中的《山西银行铜元兑换券》。

第四节 汇兑和金融概况

京绥铁路开通以后，大同作为货物集散地的地位明显下降。但是，由于附近的物产首先在这里集中，然后被运往平津，此外，从平津方向运到山西北部一带的物资也在这里进行分配，所以大同和外边的城市，特别是跟北平、天津之间在金融上有着密切的关系。

从平津方向运来的东西，当地非常薄弱的工业根本无法生产。这也不难理解为什么大同从外地输入的东西主要以工业制品为主，最近两年的统计如下[1]。

在大同车站装卸载的重要货物

单位：吨

年份	1927年		1928年	
种类＼来货地	北平	天津	北平	天津
杂货	196	77	205	50
土布	116	240	105	216
火柴	120	20	140	30
铁器	2	149	3	118
纸	3	20	2	31
面粉	—	420	—	530
煤油	—	500	—	620
大米	70	360	56	320
白糖	—	482	—	512
棉纱	—	20	—	34

与此相对，从大同运出去的东西主要以天然物产为主，大体情况如下[2]。

从大同车站发运的重要货物

单位：吨

年份	1927年		1928年	
种类＼收货地	北平	天津	北平	天津
粮食	6067	390	2327	140
羊毛	14	1042	15	1572
甘草	—	112	—	98
山羊皮	—	2	—	15
水烟	—	10	—	88

这些运入运出货物的货款结算，总的来说以汇兑的方式进行。因此，和平津之间的汇兑成为当地金融方面最重大的事件，这是很明了的。但是，也不仅限于此，和太原、榆次、张家口、上海等地之间也有直接汇兑关系。[3]而且，汇兑的话，银元和银块两者都有。在当地，由于各地都有规定好的银元结算的行情，所以，仅存在于山西省银行券和中国、交通两家银行券之间的差额就必须支付高昂的汇款手续费。因此，在省内，比方说和太原等地的汇兑比率之间有一个高于普通的巨大差额，看了后面这个表就明白了。

汇费表示的是汇一千银元所需的手续费（汇水、加水），本年①6月的行情如下：

汇往天津	每1000元	15元
汇往太原	每1000元	5元

① 指1929年。

汇往榆次	每1000元	5元
汇往张家口	每1000元	10元

按照这个比率，如果往天津汇款1000银元的话，需要15元的汇费，如果从我们这里汇出相同金额的银元，在天津能收到的银元，根据以下的计算为985元22分。

$$\text{天津银元}\ \$\, x = \text{大同银元}\ \$\, 1000$$

$$\$\, 1000+15 = \text{天津银元}\ \$\, 1000$$

$$\therefore\ x = \frac{1000 \times 1000}{1000+15} = 985.22$$

而且，当银元行情达到同平足色银6钱7分3厘时，如果汇平足色银1000两，在天津的收款人能收到的金额是1455元87分。

$$\text{天津银元}\ \$\, x = \text{同平足色银}\ 1000$$

$$\$\, 0.673 = \text{大同银元}\ \$\, 1$$

$$\$\, 1000+15 = \text{天津银元}\ \$\, 1000$$

$$\therefore\ x = \frac{1000 \times 1000}{0.673 \times (1000+15)} = 1455.87$$

这个汇兑行情虽然根据货物运入运出的时期以及山西省银行票子的行情经常变动，但是，进出大同的货物除了农产品和羊毛等，如果除掉那些被特别称为上市季节以外的东西的话，我们可以认为其在征收费用上没有大的变动。在秋季农产品的收获期，由于商人收购农产品对资金的需求增加，所以，市场中银元的价格也会上涨，此外，到了票期[4]的四期结算时间，由于利息收紧，汇兑手续费也经常会上涨 3 分到 4 分。这是因为在当地，小额买卖通常用现金交易，大的交易通常采用赊销的形式，批发商在天津进货的时候也多采取赊账的方式。而且，各商店间的交易结算总的来说以账簿上的划款为主，如果以现银来结算的话，必须要等到金融畅通的时候，在金融梗塞的情况下，现银的收受是不可能的。[5]

总之，大同的金融市场以钱庄为中心来运转，纸币流通得比较多而现银较少，存款利率为 6 厘到 7 厘，贷款利率为 7 厘到 2 分，市场随着各个票期的到来呈现出活跃的态势，在此以外，总的来说是平凡的。

注：

[1]［2］大同运入运出品总额的统计来自于张家口领事馆。

[3] 作为从大同开始的直接汇兑汇款人，前书《中华币制史》中有“京津申三处日开直接行市”一节。

[4] 关于大同的票期，参考了《山西省全志·大同的金融记挂及通货》。前篇参考了太原的金融情况，后篇参考了张家口的金融情况。

[5] 参考了《中国的货币和度量衡》中第一章第六节《物资的配给和流通货币的实体》。

第五节　口泉的金融状况

第一款　市场概述

口泉位于大同西南 36 华里[1]的口泉支线的终点，人口约有 3000 人，[2]作为山西北部的煤矿而出名。煤炭的埋藏量大约有 50

亿吨，[3]目前每天的开采量只不过700吨，新发现的煤矿还有不少，因此将来跟充足的货车结合在一起，其产量还将会增加。口泉是一个开矿的时间并不长的天然煤矿产地，在商业上没有值得研究的贡献。因此在金融方面特别值得研究的只有出售煤炭的货款结算法。

注：

[1] 来自张家口领事馆的报告，表示的是口泉支线的长度。

[2] 口泉的人口是在询问了当地的商人后得知的，并不一定是一个准确的数字。

[3] 根据口泉同成煤矿的技师长旷异放所言。张家口领事馆的山崎说有60亿吨。

第二款　金融机构

金融机构只有钱铺和当铺，既没有大的钱庄，也没有经营汇兑业务的邮局。

（1）钱铺：稍微大一点的钱铺只有同宝庄过房一家。

（2）换钱铺子：这里几乎看不到像大同那样的专门从事换钱的摊点，换钱主要在卖烟的商店等地方进行。

（3）当铺：在这个小城里，当铺有广德荣、永盛魁和盛双和三家。在这个没有其他金融机构的地方，当铺作为庶民的金融机构，其作用应该非常大吧。

第三款　通货

距离大同很近的此处，在大同流行的通货在这里也通用。具体如下。

1. 银两

同平两指足色银（九九八成色）同平一两。除了煤炭，在其他大宗交易比较少的本地区，以银两为结算单位的交易比起大同更加不流行。

2. 银元

袁世凯银元居多，“站人”银元也使用，但孙中山银元还没有流通。

3. 铜元

有20文铜币和10文币两种。其中，前者占了大部分，制钱不通用。

4. 纸币

像大同那样，流通的有中国银行和交通银行两家银行在北平、天津发行的纸币、省银行票子、总商会票子，面额有1元、5元、10元。行情也跟大同没有什么不同。

小额辅助纸币、铜元纸币也跟大同一样。但是，总商会发行的铜元10枚券，在大同可以兑换8枚铜元在当地却只能兑换7枚铜元。

第四款　汇兑和金融概况

从当地运出的煤炭每天有700吨，按每吨3元5角[1]计算，合计2450元。每年可达90万到100万元。与此相对，从外地运入本地的东西主要有棉纱、棉布、杂货，且都是从大同运来的，没有从天津方向直接运来的货物。由于其金额也不是很大，因此，自然而然地就成了资金汇入差。如前所述，由于当地没有经营大额汇兑的金融机构，且卖出的煤炭的货款都以汇兑的形式汇向大同的钱庄，所以，大同的借方汇兑被调整，这对于双方来说都很方便。此外，煤炭货款的结算还可以使用大商店的票据。比如，在天津的一个持有大同债券的杂货批发商和一个在口泉负有债务的煤炭批发商，他们在协商以后，作为债务人的煤炭商给作为债权人的杂货商支付既定的货款。另外，大同的债务人作为付款人授受与汇出额等额的汇兑支票，然后将其呈送给口泉的债权人，而这些人则以此又从大同的商人那里催收，这样，四者间的债权债务就能够完全终结。这种方法最终还发展成为大同和口泉之间，使用票据托收的方式，用于处理与大同来的杂货贸易的买卖。这对于双方的汇费都是有利的。除此之外，这个方法对于像口泉这样没有汇兑机构存在的地方是一个简便且必要的方法。以上内容是当地通久转运栈的掌柜说的，虽然不能判明有多少人在利用他们的钱庄，但是，在天津大同之间，利用这种方法的应该不会太多吧。毕竟债券人和债务人两个当事人之间的匹配是一件困难的事情，而它是属于钱庄的业务范围。总之，卖出的煤炭的货款结算有现银结算和上述的两种方法，这是确定的。

口泉的金融中，与煤炭相关的占了其业务的主要部分。因此，在金融上不存在一些特别的缓急时期。而且，煤价总的来说冬天高夏天低，而且产量也是从秋天到冬天的这段时间里比较多，同一个季节的应收汇兑不是太多，而且给煤矿工人的工资支付期和作为一般结算期的标期时间相对紧迫，共同构成了其例外情况。

注：

[1] 口泉煤炭的行情来源于前述旷异放的谈话。参考了另外一册日记。

第三章　张家口的金融情况

第一节　市场概况

张家口位于京绥铁路沿线，人口约 87000，[1]是塞北唯一的重要商埠地。道路交通情况良好，西北连接库伦、恰克图，东北经多伦可到内蒙古，西面有铁路与绥远、包头相通，是羊毛、皮革、药材等集散地，享有对蒙贸易枢纽的美名。

单看皮革、绒毛的话，每年在当地集散货物的金额就多达一千万两以上，[2]其他各种进出货物的金额也不小，外国商会往来交易的很多东西实际上都位居西北各地商业的第一位，而这方面的商业盛衰也受张家口涨落的影响。

然而，最近几年来张家口的市场情况的确呈现出了衰落的迹象，其中主要原因有以下几点[3]。

一　卢布的惨跌

由于张家口是一个俄蒙贸易的地点，在欧洲战前，其物价和汇兑等总的来说以卢布为标准，道胜银行主要承担了这个职责。因此，一旦俄国货币暴跌，它受的影响也就最大。进一步说，这是导致其市场衰落的一个原因。

二　外蒙的独立

由于与库伦的贸易和当地市场的关系最为紧密，当地商人在库伦、恰克图等地开分店的也不少，且投资金额也是巨大的。往年，由于外蒙的独立，这些商店的财产全部被没收，其赊销账款到现在也没有收回的办法，结果对张家口市场造成的影响也不小。再加上之后苏联政府的国家贸易政策的祸害，华商的出入贸易被课以重税，交易也变得不如往年那样活跃。

三　水灾兵乱

张家口四面环山，由于城市在山沟的中间，所以在遇到水灾的时候，居民会蒙受巨大的损失。再加上此处是塞北的重镇，所以一有战事，必然受其影响，进而给市场带来恐慌，成为阻碍贸易发展的一大障碍。

四　交通障碍

京绥线在包头段开通以后，甘肃方面的货物可直接运往天津，当地跟西方[①]之间的贸易明显减少，而且由于近年来的兵乱，货车的配给不如意，货物堆积在沿线，无人看管。因此，蒙古毛皮之类的东西从东支铁道符拉迪沃斯托克运出。

五　外商活动的减少

民国16年在当地开设分店的天津、汉口、上海的外商有60家，其交易额根据商会的报告据说大约有三四千万两以上。然而，最近受到排外思想的影响，上海、汉口等地的外商在当地的积极投资活动也在减少，当地外商数量的减少情况如下。

① 西亚方向，主要是俄罗斯。

外商	民国 16 年	民国 18 年
英国商家	21	10
美国商家	23	19
日本商家	6	2
德国商家	2	2
法国商家	2	2
苏联商家	4	2
意大利商家	2	—

除此以外，还有外蒙所属的 2 家以及旧俄国的 10 家。[4]这样看来，张家口没有往年繁荣就是明摆的事实，但是不能说它已经完全的衰落，因为张家口作为附近货物的集散地、贸易地，货物的流动之多，在西北地区还没有其他城市可与之相比。因此，张家口的金融市场比本报告中叙述的其他的各地方都要大而且活跃。

注：

［1］人口来源于张家口领事馆的报告。民国 18 年（1929）的人口为 86898 人。

［2］来源于《银行月刊》（民国 16 年 9 月号），徐啸严著《我之张家口商业观》。指张家口商业衰退前的数字。另也参考别的旅行日记。

［3］［4］参考了前述的《我之张家口商业观》。民国 16 年的数字来源于此。

第二节　金融机构

当地的金融机构有银行以及作为旧式金融机构的票庄、钱庄和当铺等。其中，当铺以面对普通中产以下的庶民开展小额资金的融通为营业目的，跟商业上的交易金融关系很少。

一　新式金融机构

1. 银行

在张家口，自从中国银行在宣统元年开始设立分行以来，各银行开始纷纷进驻此地。截至今日，在此地设有分行的银行有以下13家，但现存的仅有4家。[1]

现存的银行：

中国银行	交通银行
山西省银行	远东银行

停业的银行：

边业银行	西北银行
财政部平市官钱局	察哈尔兴业银行
怀远银行	华威银行
金城银行	

造成这样大多数银行倒闭或者关闭分店的诸多原因中，已经明确的有以下两个。第一，银行在经营上的失误。再者，以上银

行中不乏军阀的机关银行，这些银行的经营都与其所属军阀的衰落和命运紧密相关，这是第二个原因。关于第一个原因，我们将另做说明。此处仅就第二个原因，以察哈尔兴业银行的倒闭为例，简单叙述一下事情的经过。

察哈尔兴业银行在民国 6 年 8 月以官督商办的形式从商界募集 100 万元资金而设立。之后，张景惠都统收购了其股份，察哈尔兴业银行变成了官营，成为都统署的机关银行，其资金被挪用到军事上。另外，由于其以前有过滥发兑换券并强制其在市场流通的事情，所以，导致其在市场上信用的极度丧失。接着，进入国民军时代后西北银行成了察哈尔特别区的机关银行。之后，随着国民军的撤退，西北银行关闭，察哈尔地区成了奉天军的势力范围，察哈尔兴业银行又一次经营起了察哈尔地区的金库事务。然而，在去年（民国 17 年）随着奉军撤往关外，察哈尔兴业银行也走上了倒闭之路。山西省银行开设了分店，作为察哈尔兴业银行之后的机关银行，直至今日。[2]

现在，就现存四家银行的概要做如下叙述。

1. 中国银行张家口分行

宣统元年九月设立。最初的 50 万元资本金来自总行。据说后来交通银行也在此地开设了分行，中国银行为了跟交通银行抗衡又追加了 25 万元的资本金，总计资本金为 75 万元。其营业主要以利用各地分店的汇兑为主，汇款手续费也相对比较低廉。虽然也从事贷款业务，但总的来说以稳健经营为宗旨，没有经营跟投机有关联的业务，所以在当地商民中最有信用。以前，中国银行张家口分行还发行过兑换券，其金额据说在民国 15 年约有 20

万元，现在分行不再直接发行兑换券。

2. 交通银行张家口分行

设立于宣统二年四月。其运转资金据称有300万元，实际上据说大约有七八十万元。

交通银行张家口分行在从事一般的银行业务以外，还经营京绥铁路及其支线的收支金业务，而且从前也发行了兑换券，据说在民国15年（1926）其金额达到了五六十万元。现在和中国银行一样，不再发行兑换券，平津地方的票子流行起来。[4]

跟中国银行相比，交通银行在商民中的信用感觉稍微低了一些，但其仍作为一家稳健的银行为人所熟知。

3. 山西省银行张家口分行

由于当地处在山西军的势力范围内，因此很自然在察哈尔兴业银行倒闭以后过了一段时间，于民国17年10月成立山西省银行张家口分行，作为一家机关银行一直到今天。该分行的特色不必说就是经营金库业务。其在商民中的信用多少受军阀机关银行倒闭的影响，好像不如中国银行和交通银行两家银行。

4. 远东银行张家口分行

该行作为苏联政府的机关银行，除经营一般的银行业务以外，还有一个特色，即库伦贸易产生的汇兑不经过钱铺而全部由该行来经营。

二　旧式金融机构

在当地，属于旧式金融机构的有银号、票庄、钱铺和当铺四种。其中，在金融上占据最重要地位的是银号。

1. 银号

当地的钱庄有别于银号和钱铺，银号一般用于称呼比较大的店，主要经营汇兑、存款、贷款、贴现等一般银行业务，在资本和组织方面比银行弱一些。所谓钱铺，其主营业务以兑换为主，在资金上有富余，单就与其他地方有联络交易所这一点来看，钱铺和银号处理的业务一样。但是，比起银号，钱铺的汇兑经营范围要狭窄一些，主要以平津和京绥铁路沿线，比如像山西省各地那样的近距离的汇兑业务为主。这个区别在数年前还有，到了今天，有报道称当地的金融机构总的来说都变成了银号。[5]然而，事实上银号和钱铺之间的这种区别并不是很大，严格来讲，“银号”这种单一的称呼也没有被使用。也就是说，银号和钱铺之间，不存在什么根本上的区别，而且，最近在这里钱庄一般也被称为银号。

当地的银号都采用组合这种组织形式，个人的银号很少，经营者主要是山西商人，其次是京兆商人①。

现存的银号有以下：

商号	设立年月	控制人	资本
丰裕	光绪十年	赵秉温	12 万两
永瑞	光绪二十年	王芝	8 万两
恒裕	不详	高润山	5 万两
宏盛	光绪十五年	王明甫	10 万两

① 文中的京兆商人指北平、天津地区的商人。

广益	民国2年	田世基	3万两
福信成	不详	赵瑜	5万两
长盛久	不详	杨广极	12万两
恒义德	光绪三十年	韩子寿	3万两
恒北	宣统二年	任德恒	2万两
锦泉兴	不详	史春甫	4万两
万隆昌	光绪元年	李光耀	5万两
兴隆运	光绪二十年	杨润亭	3万两
复元庆	不详	韩邦复	2万两
世介德	光绪十年	王心齐	2万两
兴泰红	不详	高广	1万两
义聚德	不详	单在仁	2万两
万裕兴	不详	赵维新	8000两
宝丰裕	不详	年段寿	不详
永利	不详	不详	7万两
永大	民国16年	不详	不详

民国15年末以后倒闭的银号和钱铺如下：

大隆	大业
兴记	久益
敦义	瑞甡
群北	裕源永
永吉	会丰盛

启通　　裕源生

玉泉

导致这么多钱庄倒闭的原因，前面也提到过，据说是因时局所造成的商业不振和因俄国经济政策导致与外蒙的交易不如意，而银行贷给与此有关商人的贷款资金也陷入了不能收回的境地。

另外，前文中所述现存的银号中的资本额来源于当地领事馆15年（1926）的调查，另据一个日本商人[6]所言，最近总的来说，比这个还要多的资本金已经成了一种普通的情况。这些钱庄的运转资金主要从自己所有的资本金和满加（后述，为一种票期）中借来，或者来源于存款的一部分。需要借款的是普通人和银行，其中以后者为主，利率据说在一分左右。

2. 票庄

以前，票庄作为当地商业上独一无二的金融机构最有势力，数量也多达十几家。近来，随着银行业务的发达以及每次革命变乱各家都遭到挤兑而相继破产，现在，只有大盛川一家还在继续营业。

3. 换钱铺子

我们将会在下一节中讲到，在当地由于流通的货币种类繁多，且纸币之间的行情不同，所以换钱铺子比较多，它们多半像在大同能够看到的那样，由露天商人在前面摆设一个铁丝网的东西。但是，这里的换钱铺子没有大同的多，也有在外面开设店铺的普通的换钱铺子。

4. 当铺

当铺作为主要服务中产阶级以下的金融机构，其作用不可或缺，在这一点上和其他地方没有差别。因此，从前有同济当、同和当、合成当三家当铺，其资本金都为2万~4万元，信用可靠，利率是10元以下每月3分，留质期限为大质两年小质一年。据说，民国14年12月的兵变发生以后，这三家当铺由于害怕遭受掠夺而关门，民国15年处于停业中，直到现在。

日本商人在西北洋行的拍卖业的名义之下，经营典当业，由于遭遇到中国方面的掠夺，现在关门停业，只留下了其建筑物。

这样，作为下层民众金融机构的当铺，全部关闭了，由于非常的不便利，据说，最终只剩下由10人用商务总会的资本金经营着的一家当铺，给老百姓提供金融上的方便。

三 金融机构综合观察

张家口由于紧邻山西，其各个行业依附山西省商人的情况比较多。其金融机构在以前也出现过仅限于有山西钱庄的情况，但是，由于新兴银行的进入和革命兵乱时的挤兑，其在金融上的地位被银号所取代。从前当地的银号有将近40家，[7] 相当的繁荣。跟票庄一样，由于兵乱造成的挤兑、遭受的掠夺，再加上银行业的发达，兑换券的发行也仅限于银行，钱贴也不能通用，其盈利的大部分通道都被堵死，因此，那些基础薄弱的银号逐渐开始倒闭，民国17年有33家，[8] 到了现在其数量减少到了上述的22① 家。

然而，这些存活下来的银号如果能克服困难，想办法渡过难关，巩固其根基的话，它们能够成为支配当今金融界的一股力量。经过无数次困苦得到的教训和经验是：即使是处在时局动荡的状

① 原文如此，经上下文核算可能为20家。

态，因为受利害关系的影响非常之大，故应时刻观察地方的恐慌以及变动情况，尽早地采取应对措施，最终才能避免大的失误。

另外，银行在民国革命以后，顺应时代的潮流逐渐兴起，仰仗其发行兑换券的特权，银行逐渐在张家口设立了分行。紧接着，商号被禁止发行私贴，其被银行券所取代，因此，银行逐渐得势。对于商业还不熟悉的银行业者来说，他们以发券金融的多少来衡量其业绩，这使得银行陷入了胡乱发券的怪圈。此外，得益于可以自由发券，很多银行开始胡乱放贷，一时间，当地的银行业呈现出了一派快速发展的景象。然而，这并不是一种稳定的发展，不关心准备金一味发行兑换券，一旦时局有了一点点的变动，就会立即影响市场，让市场出现恐慌。银行知道自己的错误后突然改变方针，对贷款实行严格的审查，以此来维持自身的安全，金融界从缓慢发展一下子进入紧缩状态，商业也萎缩了。这完全是由银行经营者的经营方针错误所引起的。在此期间，除了几家银行倒闭以外，一般商业界对银行的信用信任程度一落千丈，实际上的发展处于一个不利的局面。

以上有着历史变迁的当地的两个新旧金融机构，都有着相同的势力，到底谁更具有决定性的信用，很难说。也就是说，银号依照自古以来就有的习惯，对于商家实行完全的信用贷款，而银行在这点上非常欠缺，加之由于这种交易的金额比其他市场要多，所以，钱庄跟商人之间的关系和瓜葛要比银行①密切。[9]另一方面，钱庄在资本方面不如银行，在大宗交易、面向偏远地区的汇兑等方面也不能跟银行相比。他们会接受资金的融通，把其贷

① 原文如此，对钱庄和银号两种中国特有金融机构，日本调查者不是分得很清楚。

款给商家等，这样一来，新旧两种金融机构处于一个互补的关系。这是中国一般商业的通用原则，在这里由于交易比较大，尤其给人以紧密的感觉。[10]

注：

［1］参考了前面的《我之张家口商业观》。

［2］［3］［4］数字引用自前面的《张家口情况》。

［5］参考了前面的《我之张家口商业观》和《张家口情况》。

［6］指的是荣喜洋行张家口出张员藤井清。但是，银号一览表则是根据藤井清的发言改正了前面的《张家口情况》中所刊载的内容。

［7］数字来源于《张家口情况》。

［8］数字来源于前面的《我之张家口商业观》。

［9］参照了《银行月刊》（民国16年9月）张家口市场情况。

金融流通法：本埠素以银码为本位，间用钱码。近来交割货价，亦渐变为洋厘。各行拨付款项，大概不用现金，而用谱拨。所谓拨者，即如天津之拨码，故非经钱铺之手，不能拨通，是以在市面上钱铺之势力尚优于银行。

［10］然而，关于新旧两种金融机构之间的关系，《我之张家口商业观》中有如下的记载：

“钱铺通用款项方法：（1）向各银行调汇外埠款项；（2）就市上吸收标银。故商行之安全与否，在表面影响，似重在钱铺。其实际牵运者尤重在各银行也。”

第三节　通货

张家口的通货可分成以下四种：一，银两；二，银元；

三，铜元；四，纸币。

1. 银两

当地的银两被称为镜宝银。成色：被称为纹银者，其纯度一般为九九九。重量：口钱平。

跟天津行平相比，口钱平1000两相当于天津行平1037.4两。由于天津白银品质优良，之后，天津行平1036.9两成了公定比价。当地口钱平两和各地两比较的结果如下（爱百著《银两概述》[1]）：

口钱平1000两=上海九八规元1100.34两

口钱平1000两=北京公砝平1041.76两

口钱平1000两=天津行平1037.40两

口钱平1003.59两=库平成色1000.00两

为了便于参考，我们把当地的口钱平和他处通用平做了一个比较，结果如下[2]：

口钱平1000.00=库平（北京）1004.00

口钱平960.00=京公砝平（北京）1000.00

口钱平962.00=行平（天津）1000.00

口钱平1000.00=申公砝平（上海）1025.00

口钱平1000.00=同平（大同）1010.00

马蹄银：当地的马蹄银以蔚州宝银为主，在当地的炉房铸造，每锭重50两，据说是当地流通元宝中品质最好的。[3]

2. 银元

当地流通的银币，据说在从前跟银元一样，有五毛、二毛、一毛的银角。我们在当地停留期间，没有见到过银角。银角好像最近不太流行了。每当政变的时候，不仅有银行停止兑换纸币的传言，而且这个传言往往也变成了事实。一般商民总的来说还是希望接受银币。最近的时局由于恢复平静，所以此番风潮到现在也不是很厉害，据我所见，这里好像比上海那边的兑换券还要多。市场上以袁世凯银元和光绪元宝最多，孙中山银元尚未曾看到。银元和银两的兑换行情为66两到68两。[①] 在我们调查的时候（民国18年6月19日），行情上涨至68.6两。这是因为当时正值端午前，平津方面对银元的需求增加，供应不足导致价格上升，一般据说行情不超过66.5两。

银两和银元在流通上的关系如下。

第一，在当地，一般的零售物价以元为结算单位。因此，市面上日常的买卖交易都使用银元。

第二，杂粮从前以银两为结算单位进行交易，后来因为银两对银元行情的变动使得商人经常处于一种不安的立场，所以最近改成了使用银元结算。

第三，除了杂粮，其他的一般重要物产，特别是皮毛类东西总的来说使用银两为结算单位进行交易，先把银元换成银两，然后再支付。

第四，两者行情的变动是由于当地的供需关系以及天津地区

① 以百元计算。

的结算期所导致的。

3. 铜元

铜元有10文币和5文币两种。虽然流通的有当地造币厂和各省铸造的铜元，但大清20文面额的铜币占了大多数。往年，由于10文币很多都被改铸为质量较差的20文币，最终10文币就这样从市场上被清理出去了。

市场上的食品、谷物和其他零售大都使用铜钱结算，铜钱的流通范围很广。然而，在当地（后文中也会提到），由于铜元票流通的很多，所以实际上铜元的流通额不是很大。

铜元对银元的换算行情根据其供需关系有时会变动。往年，一个银元兑换160文乃至185文的情况都很少见。[4]之后，国民军进入城市以后在当地的造币厂开始生产质量低劣的20文币，跟其他城市相比，这里的20文币不仅在成色重量上严重不如别家，而且还增加其数量，铜元对银元的行情下降到420个前后。但是，铜元行情的频繁变动使得钱庄和一般民众都蒙受了损失，因此，在这次银号发行铜元票子的时候，规定其兑换行市价为400个，即使到了现在，铜元票子还是按照这个行情。

制钱：在普通的买卖中完全看不到制钱的使用。据说在民国15年以前，交易时有零钱产生的时候才使用制钱。[5]现在，没有听到这样的事情。唯一听说到的就是从下花园往南一百二三十华里，在一个叫蔚州的地方现在在零售时仍然全部使用制钱。

4. 纸币

当地流通的纸币有银元纸币、小额辅助纸币和铜元纸币三种。

（1）银元纸币

外国银行的纸币平常在市面上使用的情况完全没有。根据民国15年的调查，当地的银元兑换券由当地的中国银行、交通银行和察哈尔兴业银行三家银行发行，在同年5月的时候有中国银行券10万元，交通银行券60余万元。[6]现在，上述几家银行的分店在当地已经不再发行纸币。在当地流通的有天津地区的中国银行、交通银行、中南银行三家银行的纸币以及山西省银行在各地发行的纸币共计四种，有1元、5元和10元券。以上纸币中最有信用的是中国银行和交通银行两家银行发行的兑换券，它们通常与现银等价使用。而且，山西省银行钞子由于山西军的势力在当地也开始流通。平日，山西省银行钞子和中国银行、交通银行两家银行的兑换券在价额上一样，其流通量也是最多的，在市面上看见的就是这个。

但是，即使山西省银行的信用很好，但充其量也不过是一个省的机关银行，而且在该行当地的分行只能兑换现银，所以实际上从当地到太原的汇款的手续费（大体上以汇费为标准）一般为40元到50元。笔者在兑换中国银行券的时候，一千元支付了53元的手续费。

如上所述，即使在实际价格上有差异，只要省银行券被赋予强制通用力且当地还在山西军的势力范围内，各个商店就不能拒绝接受它。因此，各个零售商在制定物价的时候加上上述的比率是为了自己的安全。虽然金额很小，但是跟居高不下的铁路运费相结合，成了一个导致当地日用品物价高的原因。

日常的买卖几乎全部使用纸币，现银几乎看不到。这是由于上述的作为“良货”的现银被驱逐以及实际上现银的不足所导致的。现银不足的一个原因是出口货物的搬运费需要使用现银支付。第二个原因是农民把农产品拿到市场上换成现银再拿回去，而这些现银不会那么容易地再回到市场上来。[7]而且，当地大宗交易使用银两来进行结算，这些被换算成现银然后被支付，这种情况，特别是在农村收购货物的时候，不用纸币。由于以上的原因，银元在日常生活中不太被见到，其和纸币的流通范围都被固定了。

（2）小额辅助纸币

前面已经叙述过，各个银行都有大洋 1 角、2 角、5 角三种在流通。其中，山西省银行的最多。即便是小额纸币，省银行的小额纸币和中国银行、交通银行两家银行发行的纸币之间也有三四成的差额。在换钱的时候，免不了便宜吧！

（3）铜元纸币

从前，察哈尔兴业银行规定一吊文为制钱一百枚，并发行 10 文、20 文、50 文、100 文、500 文的吊文钞子，在市面上按其面值流通。去年该行倒闭以后，暂时没有铜元钞子，而且铜元的行情每天都在变动，银号蒙受的损失也不小，一般商业也感到不方便。于是上述的十家银号联名向察哈尔区政府申请许可发行铜元票子。结果在本年（民国 18 年）旧正月开始，规定大洋 1 元等于铜元 100 枚，开始发行 10 枚、20 枚、50 枚、100 枚的铜元票子。

现在，根据请求，由于各发行银行按照官方行情规定的来兑换，所以在流通中没有任何贴现。

铜元兑换券发行银号有以下几家：

恒裕　　福信成　　长盛久

恒北　　锦泉兴　　兴隆运

复元庆　世介德　　永利

裕源生（民国18年5月末破产）

注：

［1］参考了《银行通报》（民国17年4月10日）。

［2］引用自前面的《中国国内汇兑》。参考了《中华币制史》第80页，《中国的货币和度量衡》第116页。

［3］参考了《中华币制史》第38页。

［4］［5］［6］参考了前面的《张家口情况》一书。

［7］参考了前面的《银行月刊》（民国16年9月）《张家口市况》。

第四节　汇兑及金融概况

张家口作为中蒙贸易的枢纽地为人所熟知，货物的出入很多。从蒙俄方面进口皮革、驼绒、羊毛等东西，从天津方面输入烟茶、绸缎、布匹等，同时向天津输出从蒙古进口来的东西。因此，张家口跟蒙古和天津在金融方面的关系非常紧密。汇兑也被这两者所大致区分。而且，它们又可以根据汇款和托收、银元、银两等各种情况被区分开。

1. 与平津方面间的汇兑

以中国银行和交通银行等银行为首，各银号都经营此业务。它是金融业者的最大业务，像中国银行那样，往年也有只从事汇兑的情况。

(1) 汇票（汇款单）

①使用银元的情况

往平津方向的汇费平时1000元收取2元到10元。如果汇款费率是4元，那么汇2000元需要支付8元的汇费，其计算非常简单。

②使用银两的情况

除了汇费，还需要把两地间两的差额加起来。通常按照如下的方法计算。[1]

津票：即往天津汇款，行平化宝1000两折合口钱平的平价962两的耗。也就是说，用贴现来表示。因此，津票耗4两比口钱平962两要少4两。意味着口钱平拨兑银958两能兑换行平化宝1000两。汇费一般据说为4两。

举个例子，往天津汇款耗4两，洋厘（张家口的）为665两的时候，往天津汇款行平化宝500两，根据以下的计算公式，需要在张家口支付银元718.8元。

(1) 口钱平银 \$ x = 行平化宝 \$ 500

行平化宝 \$ 1000 = \$ 962−4(耗)

$$\therefore x=\frac{500\times(962-4)}{1000}=\$\,479$$

(2) 张家口银元 \$ x = 口钱平银 \$ 478

\$ 665 = \$ 1000

$$\therefore x=\frac{478\times 1000}{665}=718.797$$

京票：即往北京汇款京公砝足银1000两对应的口钱平银的平

价960两的耗，也就是说以贴现来表示，京票耗3两即从口钱平960两里减去3两，意味着口钱平拨兑银967两。举个例子，往北平汇款行情，耗为3两，洋厘为665两的时候，往北平汇京公砝平足银500两的时候，根据下面的计算公式，在张家口需要支付银元719.55元。

① 口钱平两 \$ x = 京公砝足银 \$ 500

京公砝足银 1000 = 口钱平银 \$ 960-3（耗）

$$\therefore x = \frac{500\times(960-3)}{1000} = \$\,478.50$$

② 张家口银元 \$ x = 口钱平银 \$ 47850

口钱平银 \$ 665 = 银元 \$ 1000

$$\therefore x = \frac{478.50\times1000}{665} = \$\,719.549$$

（2）托收

把托收费和满加利息合在一起的金额进行折价。上文中所说的各种行情都是平常情况下的，然而汇费像后文中提到的那样经常变动，在一个月内有从2、3元变到8、9、10元的情况发生。但是，以银两为结算单位的汇兑，实际上在收受的时候如果用银元的话，洋厘的变动会给汇兑带来很大的影响。也就是说，在我们调查的时候（民国18年6月）洋厘由于受标期之前和现银不足的影响价格走高，达到86两。从天津来的汇票成了托收，除去汇费，还有约14两的获利，这是一个显著的例子。

2. 对蒙汇兑

与蒙古之间的汇兑关系主要是与库伦之间的关系，因为它是一个被远东银行独占的领域。其汇费为：洋 1000 元收取 30 余元手续费。不管是汇票还是托收，获利的都是该行，总的来说，在这方面的汇兑不允许外商的介入。如果被发现是汇往私人的，将会被处以重罚。除了上面介绍的，能够直接汇兑的有以下几个地方[2]：上海、汉口、多伦、恰克图、归化城、包头镇、丰镇、大同、太原、宁县。

这些地方的金融根据商业的情况而变动，当地的商业主要以进出口贸易为主。为了说明当地为何是塞北一个重要的商埠地，我们把最近两年由京绥铁路运进运出当地货物的吨数做了一个统计，结果如下表。[3]而且，最近几年，外蒙贸易不太如人意，加之京绥铁路的货车不足，造成货物的运输有问题，因此，不能把它看成是一般年份的情况。也就是说，从前一年间的进出口额约达 3000 万两，而最近减少至 1000 万两左右。[4]

张家口火车站运出的重要货物

单位：吨

年份	1927 年		1928 年	
种类＼发送地	北平	天津	北平	天津
羊皮	106	66	50	35
生皮	39	229	46	205
山羊皮	4	371	5	252
细皮	15	74	10	66
羊毛	36	8693	50	6837
鬃毛	—	96	—	87

续表

年份	1927年		1928年	
种类＼发送地	北平	天津	北平	天津
牲肠、牲骨	47	387	50	362
粮食	12686	2783	7872	1512
大豆	466	2423	212	1671
胡麻	—	1620	75	20
蘑菇	48	92	54	84
甘草	—	160	—	125
土货	485	852	376	432

张家口火车站卸载的重要货物

单位：吨

年份	1927年		1928年	
品名＼收货地	北平	天津	北平	天津
土布	56	2927	52	2729
杂货	1192	1144	1583	1436
玻璃器	57	35	42	35
中外纸	11	111	14	125
煤油	—	1910	—	1530
茶叶茶砖	29	8563	37	4635
红白糖	6	2385	9	2074
鲜菜	1172	174	1074	131
大米	444	60	337	42

这些运进运出的货物，有一个特别的时期，比如土货的上市有一定的时期。具体来说，阳春三月，等待冰雪融化后，把运往蒙古的货物装在牛马和骆驼上，然后朝着多伦出发。在途中，以物物交换的形式获得皮革、毛绒和药材然后返回。到了7月、8月、9月的夏季，由于该地区降水较多，交易停滞，市面萧条，在金融上也没有什么值得看的。进入冬季以后，市场上渐渐繁忙了起来。首先，10月份左右，农夫把杂粮等用大车运到当地市场换成现银或者日用杂货品然后回农村去。而11月到12月的这段时间，各种的土特产特别是蒙古的皮革、羊毛类的东西会陆续进入到当地，到了12月，当地的洋品杂货又会被运回蒙古。这样的话，当地的贸易在这个时期最为繁忙，金融也是，一到这个时间就很繁忙。而且，虽然金融的闲散期和繁忙期各自都被定在夏季和秋冬季，但在当地，交易上采用标期这一习惯很流行。所谓的标期，在前篇中提到过，它是一个表示决算期的时间，但是各个地方又不一样。在当地，把一年分为四期，4月、7月（闰年的话是6月）、10月（闰年的话是9月）、12月。这些日期在每年年初由钱业组合和商务总会商议决定后再通知一般从业者。一般的交易在此期间进行，到了标期的话，开始决算。钱庄在贷款的时候原则上也是以一标（90天）为上线，贷款1000两在一个标期内获得的利息叫作“满加利”[1]，利率为1分5厘到1分七八厘之间，而银行对钱庄的贷款利率为1分左右。这样的话，决定标期的目的是使资金的融通更加便利。因此，到了标期以后，

① 孔祥毅的《山西票号的标期标利制度》对此有详细的研究。

欠款被催收回来，贷款也被收回来。因此，到了上面的各个月末，平常每1000元44元、45元的利息上升到了50元乃至55元，金融开始紧张。标期这一制度也在与当地有商业交易的天津地区被沿用，因此，到了那个时候，就需要对运进运出的货物货款进行结算，金融也就更加紧张了。汇费通常为保持在4分5厘到6分左右的高利率，这已经是一种常态了。然而，据说一旦过了标期利率就开始下降，回到了45元以下，汇费也降低至2分到2分5厘。[5]

本来，当地商业兴盛而且外资交易频繁，一般商人借此获得了丰厚的利润。此地的利息跟其他地方相比要高一些。而且，经常是资金的需求多而供给少。银行业者看到了当地的这个机会，把这里当成一个资金运用的地方。[6]因此，在标期间，没钱来结算的话，欠款被附上利息往后延期。除此以外，债务人在市场上的信用也随着这种情况的接连发生，难免一落千丈。在当地，商贾的标期决算被视为最重要的一件事情。因此，和一般商人一样，钱庄也恪守信誉，资金的融通等全部以信用贷款的形式进行。没有使用抵押、担保的情况，而且，像收据那样的东西也没有使用。关于这一点，根据一个在中国滞留的日本商人[7]所讲，该商如果从天津等地购买货物把资金汇入钱庄的话，就这样存入，随时发行凭条，即使是支付给顾客的钱，在很多情况下也只是在口头上命令支付，没有使用任何文件，而且也没有什么不方便的事情。让人感觉到比其他地方更重视信用。

注：

[1] 参照了前书《中国国内汇兑》第 43 页、《中国的货币和度量衡》第 166 页。

[2] 张家口的汇兑交易方，前面的《中华币制史》第 80 页中有如下的记载："京津申库有直接行市，归化汇款不多，行市随时定之。恰克图需听库伦行市转合。"

[3] 统计来自于张家口领事馆的报告。

[4] 来源于北平大仓组的报告。

[5] 数字主要来自荣喜洋行藤井清的发言。

[6] 参照了《我之张家口商业观》《银行业者张家口运用资金之研究》。

[7] 指前面的藤井清。

第四章　石家庄的金融情况

第一节　市场概述

石家庄别名枕头，位于直隶省获鹿县[①]以东 30 华里的乡下。在几年前，它只不过是一个只有区区三四十人的荒凉的小村庄。1905 年初京汉铁路开通，紧接着 1907 年正太铁路从这里通过后情况发生了巨变，石家庄成了通往山西、河南、平津的交通要塞。受惠于直隶大平原和山西的煤矿发掘，货物的集散年年增加，终于有了正定府的繁荣和今天的兴盛。石家庄的户数约有

① 即今鹿泉市。

3000户，人口据说有三万几千人。[1]各种商贾也不少，特别是批发商运输业者较多，听说其数量达50多家。[2]

随着商业的繁荣，石家庄的金融业也慢慢地活跃起来。由于当地是一个新兴的都邑，各金融相关的事项不相同的地方还不少。以下我们分成几节来简单地叙述一下。

注：

［1］石家庄的人口有三万几千人，这是从当地代理公安局长李宗懿那里听来的。

前面大仓组的报告中说其户数有三千，人口有四万。

［2］根据大仓组的报告。

第二节　金融机构

如果把当地金融机构分类的话，有银行、银号、当铺和换钱铺子。银行属于所谓的新式金融机构，而其余三者都属于旧式金融机构。

一　新式金融机构

当地有中国银行、交通银行和山西省银行的分行。

1. 中国银行石家庄分行

直到民国4年，在货币兑换所的名目下，专门做银元票的兑换业务，这对纸币的流通也起到了一定的推动作用。同年改名为中国银行石家庄分行，除了国库金库事务以外，主要经营汇兑业务。

2. 交通银行石家庄分行

为了经营铁道收支金而设立的，不以其他一般银行的业务为主，主要从事货运收纳。

3. 山西省银行石家庄分行

主要经营山西省各地间的汇兑。且我们看到了在当地，山西省银行发行的纸币很多，很受欢迎。

二　旧式金融机构

在当地有银号、当铺和换钱铺子。

1. 银号

通常把当地的钱庄叫作银号，但并不是严格意义上的银号。从当地商会接受的报告显示，有以下32家。

（1）石家庄的银号：

新懋隆	永增裕
宏馨源	全记号
德丰隆	聚义银号
亨丰号	阜元银号
永和谦	益泰银号
豫丰号	义记钱庄
忆中银号	和记钱庄
元盛德	德亨号
宏馨银号	裕生号
裕庆彰	协成玉

（2）在石家庄有分店的银号：

锦元	本立源
晋泉源	复升泰
华蚨昌	义昌银号
义成信	积庆恒
义成永	豫慎茂
大德通	晋丰吉

因此，在《中国省别全志》中记载的德祥号、德长永、五善长、义昌号、清和源这些银号中，除了义昌号以外其他四家现在都不在了。

2. 换钱铺子

换钱铺子作为消费经济上的一个重要机构，这一点即使在当地也没有发生变化。而且在当地，跟上述的一样，几乎看不见在各地开设店铺的换钱铺子。都是在路上，那些卖香烟的把铜元摆成一排来换钱。只是在有没有用铁丝网笼这一点上有点不同，数量上依然很多。询问了当地的商人后得知日常小额的兑换在那里进行。

3. 当铺

当铺当然还是有的，但是没有弄清楚它的字号，所以只有等以后的调查了。

三　金融机构综合观察

如前所述，由于当地是新开的都邑，所以在旧式的金融机构面前，银行给人以很发达的感觉。根据大正 5 年的报告，跟银行中的中国银行和交通银行两家分行相比，银号只有小规模的五家。而且在营业方面，汇兑业被前者所独占，后者据说以从事银的买卖为主。然而，已经过去了 10 年，银行的数量只增加了山西省银行分行一家，与此相对，银号已经有 32 家，旧式金融机构的进入速度惊人。

关于以上两种金融机构的营业范围，各银行在最初仅从事汇兑业务。这样很明显，在大体上可以这样区分，即大宗的汇兑由银行办理，信用贷款由银号办理。之后，由于石家庄成了货物的集散地，银行和银号营业范围的区分也就不那么明显了。以上的区分也只不过是表示一般性的趋势。不管怎么说，银号的势力比从前大大增强了，这是不言而喻的。

第三节 通货

当地的通货可以分成以下四种：一，银两；二，银元；三，铜元；四，纸币。

1. 银两

当地没有固有的银两，从前使用的是获鹿平的山西元宝，据说，同平的一千两与天津行平相比多 25 两。在银元流通以后，过了一段时间，就看不到银两的收受了。据说，银两的流通额也很小了。[1]

2. 银元

当地流通的银元有袁世凯银元、北洋银元和“站人”银元等，其中袁世凯银元最多，孙中山银元还不是很多。总的来说，这个地方与南方各地相比，现银的流通很少，这大概是由于前述的原因造成的吧！

在当地也没有看到银角的流通，这点跟前述的各地没有什么不一样。根据大正5年的报告，12角等于1元，现在小洋结算几乎没有。

3. 铜元

铜元20文币和铜元10文币两者在流通，但后者很少。关于铜元的行情，根据大正5年的报告，大正15年出版的《中国的货币和度量衡》中记载，一百三十六七个铜元等于1元。现在平均142个铜元换一个1元。

制钱：以前在当地流行的制钱是九六钱，现在不流行了。只在小额买卖中表示价格的时候才使用，这一点在任何地方都一样。

4. 纸币

流行的有银元纸币和小额辅助纸币两种。

（1）银元纸币

当地的纸币有中国银行和交通银行两家银行发行的纸币，还有山西省银行太原、榆次分行发行的，共三种纸币。前两种是以前就流行的，后者是最近才出现的（出现在北平的时间是民国17年山西军入京以后）。然而，现在市面上流通的纸币大部分是山西省银行的省银行券。据说中国银行券仅有3万元。由于省银行券通常都是以平价来流通的，所以，驱除了从前的良币。在正太线石家庄车站，这三种纸币等价收用。实际上，即使在省内的大同，也被赋予差额，因此不难想象在当地多少也有点差额。详细情况不得而知。

上面的各银行券使用的主要有1元、5元、10元三种。

(2) 小额辅助纸币

上面各银行的小额纸币有1角、2角、5角兑换券在流通，其中以山西省银行的最多。

注：

[1] 参照了前揭书《中国的货币和度量衡》第171页。另外，前揭书《中华币制史》第38页有如下的记载："石家庄：山西宝——此地同行山西运来之大宝。"

第四节　汇兑以及金融概况

石家庄位于广大的直隶大平原上，且处于平汉、正太两条铁路的交叉处，附近的农产品和山西省的煤炭集中在此，商业繁盛。特别是前面也已经叙述了，即运输业者兼批发商很多。当地的特产以铁、棉花、煤炭和洛花生等为主。铁主要销往山东省、东北三省等地，一年的交易额有百余万元。棉花以前就以山西棉最多，加上从附近运来的，棉花一年的交易额也有百余万元。最近在榆次、新绛等地，纺织工厂已经建成。主要把当地以东的晋县、藁城县的产出物运往天津、上海等地。煤炭虽然以正太沿线各地的为主，但据说此地运往天津、北平、汉口、上海等地的煤炭交易额一年约为80余万元。[1]

仅仅是上面这三者加起来就有约300余万元的特产商品上市，由于主要是运往天津方向，所以本地跟天津在汇兑上的关系也最为紧密。具体来说，到了秋冬棉花的上市期，从天津来到此地收购棉花的外商很多，在筹措资金方面，有使用一种汇票的习惯。这个汇票在石家庄收到现银，在天津，验过以后5日、6日或者10日再支付。委托给批发商和钱铺，代替他们卖给银行，或者说委托代理收受的情况也是有的。这些商人都是天津的出口商人，出差到石家庄来，采购土货。如果是买办的话，把货物送到天津，在天津再卖给外国商人。因此，其实质不过是买办个人的事。这种汇票的缺点是到了承兑或者付款日的时候，往往出现被拒绝或拒付的情况，这种情况在中国人之间存在。而且，在汇票上盖上购买货物的批发商的印章的这种情况，被区别开来，称为“借书”。[2]

然而，由于我们停留的时间只有一天，再加上这个地方不是我们预定要经过的地方，所以说调查的准备也不是很充分。因此，我们深感遗憾没有把这些事情弄清楚，只有等待新的调查。但是，不难想象这个地方的汇兑最终主要依靠银行，尤其是在天津、汉口、上海方向之间的汇兑。因此，钱庄的主要业务就是资金的融通，这个地方的利息，根据商会的说法，各钱庄的短期贷款为1分乃至1分2厘，存款利息短期为3厘5毛到5厘，定期利息为9厘乃至1分。而且，在上述的特产上市期的10月、11月、12月各月，金融市场很繁忙，利率也难免会上涨。

注：

［1］石家庄特产物上市金额来源于《中国的货币和度量衡》（大正15年）。

［2］参照了前揭书《中国的汇兑和通货》。

胶济、津浦北段金融调查*

第二十六期生

松井幸人

目　录

* 原文见国家图书馆编《东亚同文书院中国调查手稿》第 122 册，第 85~194 页。

绪　论

现在，说到金融的话，其范围非常广，可以从很多方面来对其进行观察。对于我们这些年轻人来说，对金融做一个全面的调查是遥不可期的事情。而且，金融界又有短期的季节性变动的特征。因此，我试图从金融机构和流通货币这两方面来对金融做一个观察，最后，把从各地金融业者那里听到的金融时事问题列举出来，以此来结束我的调查报告。

另外，有关京奉沿线到满洲方向的金融情况，满铁已经做了详细的调查。所以，我决定主要针对胶济线以及津浦北段沿线各地的金融情况做一个调查。

第一章 青岛的金融

第一节 金融机构

现在，青岛的银行，包括国内外的合计有13家。其中，日本人经营的有4家，外国人经营的有3家，中国人经营的有6家。此外，如果把和银行业一样从事地方金融的十多家钱庄业也算在内的话，实际上从事金融业的主要机构达二十几家。现在，如果我们把新式银行的名称列举一下的话，如下表：

名称	所在地	国籍	设立年月	代表者	名义资本	备注
横滨正金银行支店	堂邑路	日本	大正2年11月	武内和吉	1亿元	发行银票
朝鲜银行支店	堂邑路	日本	大正6年11月	平尾信通	4000万元	
正隆银行支店	堂邑路	日本	大正9年9月	国分壮介	1200万元	
济南银行支店	堂邑路	日本	大正12年4月	塚田王世	50万元	
中国银行支店	山东路	中国	大正2年3月	郇志和	20万元	发行银票
交通银行支店	山东路	中国	大正12年7月	丁乐年	2000万元	
东莱银行	天津路	中国	大正7年3月	吕月塘	300万元	
山左银行	胶州路	中国	大正11年9月	刘鸣卿	100万元	
大陆银行支店	天津路	中国	大正12年9月	刘润诚	200万元	

续表

名称	所在地	国籍	设立年月	代表者	名义资本	备注
明华银行支店	河南路	中国	大正 11 年 10 月	张絅柏	150 万元	
香港上海银行支店	馆陶路	英国	大正 4 年 3 月	ミーアール・ライス	5000 美元	
麦加利银行支店	馆陶路	英国	—	エム・ヂー・ホウイマー	300 万英镑	
德华银行支店	山东路	德国	—	ヴオスカンプ	—	

但是，关于上表中的这些银行在从事各国人的汇兑中到底占了多大的比例的问题，由于这些银行严守信息，所以，要从源头上知晓这方面的信息很困难。但是，在青岛的汇兑交易额中，银行汇兑为 21900 万日元，钱庄汇票为 3600 万日元，一年的总额约达 25500 万日元。现在综合考虑贸易额和其他的事情，对各国的比率做一个推算的话，大约如下：

日本　130000000 元

外国　73000000 元

中国　52000000 元

合计　255000000 元

第二节　流通货币

在世界上还没有见过哪一个国家像中国这样，有这么多种类的流通货币。这导致各种商业交易非常的繁杂，这种情况远远不是在文章中就可以写完的。青岛是中国的一个地区，所以这种事情也难免发生。现在，我们看一下当地流通的纸币。除了日本的金纸币外，还有正金、中国、交通三家银行发行的银纸币。另外，再看一下硬币，有胶州两和袁世凯银元（也就是大头银元）和铜元三种。其中，大头银元就是大洋，币值就是一元。银币小洋有50分、20分以及10分的区别。此外，海关使用的是海关两。在当地流通的货币的种类可达十几种。现在我们来看一下这些货币的流通状态。

（一）银元

在当地流通的银元只有上述的大头银元[①]。其中，作为大洋的一元银币以普通面额来流通，作为小洋的50分、20分、10分的各小银币不以其面额价格流通。一般，10分面额大约以一分半的折扣来流通。而且，大头银元对胶州两的比率是银元67.85左右，而且，其成色约为373.13戈端。

（二）胶州两

在青岛使用的标准银的是胶州平，在成色方面，使用的是二八宝，因此，以它为标准的青岛两比起以上海漕平作为标准的上海两（二七宝）要稍微高一些。

上海两1000两=942胶州两

这是它们之间的比率。中国各地汇兑的裁决都是在上海进行

① 即袁世凯和孙中山银元。

的。也就是说，上海对外国汇兑的最后的裁决变成了现银的授受。因此，在青岛建立的对外汇兑行情又以上海的外汇行情为基础而建立。这使得在中国各地的汇兑行情差异很大，我们下面来看一下。上海的外汇市场又是以上海对伦敦的外汇的对价为基础的。现在我们来看一下其对价的计算方法。

X＝1——上海两

上海两——111.20＝100——广东两

广东两——82.7814＝100——特洛伊盎司[①]

特洛伊盎司——100＝100.90——加上上海汇向伦敦的费用

上海进口银特洛伊盎司——100＝107.8829——特洛伊盎司伦敦本位银

伦敦本位银——1＝伦敦银块行情

$$\therefore \frac{11\times 10\times 100\times 100.9\times 107.8829}{111.20\times 82.7814\times 100\times 1}=11.182$$ [②]

根据上面的计算，我们可以知道，一两上海银的实价相当于1.182盎司的伦敦本位银。因此，假设现在伦敦银块行情是31先令，上海的T./T.行情是：

1上海两＝31×1.182＝将近37先令＝3/1

所以，青岛以这个37先令为基础作为汇率。当然了，青岛跟上海两之间的比率1000＝942，如果用上述的连销法加上的话，也能够计算出来。但是，这还不是一个从外国直接进口白银的大

---

① “特洛伊盎司”亦称金衡盎司，是国际上计算黄金、白银等贵金属重量的基本单位。1金衡盎司＝1.0971428倍常衡盎司＝31.1034768克。

② 原文如此，疑有误，数额为1.182。

市场，对于当地来说是没有用处的，而且实际上也没有进行。实际上，青岛元兑上海两为七十二两二分之一的时候：

上海对英为 3/1 的时候——青岛对英　$3/1\times72\frac{1}{2}=2/2\quad12/1$

上海对日为 70 的时候——青岛对日为 $72\frac{1}{2}\times70=10357$

上海对美为 60 的时候——青岛对美为 $60\times72\frac{1}{2}=500025$[①]

是按以上这样计算出来的。

另外，袁世凯银元与胶州两和海关两之间的比率为：

银元 $ 1000＝678. 509 胶州两

胶州两 100＝105 海关两

海关两 100＝154. 60 铜元

也就是说，在青岛进行的各种交易中，由于知道胶州两和上海两以及海关两，胶州两和首银之间的比例，所以才能使这种复杂的换算变得容易。

（一）日本货币（硬币）

青岛在日德战争中被日本占领以后，日本的势力得到了很大的扩展。在货币方面，日本货币也成了地方经济的中心单位。现在，其势力已经不可轻视。并且，金和银的比率不是固定的。其行情如前所述，基于上海对日元的行情以及按照当地齐燕公所的行情。

① 以上三处数字计算似有误，原文如此。

（二）纸币

当地流通的纸币如前所述，其中，按照面额价值流通的有正金银行的银票以及带有青岛印章的中国银行、交通银行两家银行发行的银票，山东银行发行的银票等。没有青岛印章的每一百元有一元的折扣。

（三）铜元

除以上列举的这些货币外，青岛在跟内地商人交易的时候，使用铜元来交易的情况非常多。而且，青岛铜元和袁世凯银元之间不存在固定比率，根据每日的行情而变化。

（四）铜子儿

在当地，作为小买卖中使用的辅助货币铜子儿，质地粗糙，目前的比率是十枚也就是10分。作为货币按照其面额的二分之一价值流通着。

第三节　金融时事问题

根据我从三菱商事会社村上那里听到的，关于低利资金的问题，虽然被有效地使用，但也存在着不良使用的情况，从而慢慢地出现了弊端。接下来是纸币，本地正金银行发行100元、10元以及1元的纸币，其发行额现在可达200万元左右。但是，值得注意的是，中国银行的20元纸币和有上海印章的纸币在青岛是等价流通的，而且，青岛的钱庄不发行庄票这种东西。

与钱庄相关的，在青岛有一个叫齐燕公馆的地方。山东以及直隶的主要钱庄汇集在那里，每天决定和公布胶州两对一百大洋，一块大洋对铜钱以及胶州两对上海两的行情。正金银行和汇丰银行也发布对外国货币的行情。两三个月以前，大洋出现了异常增加的情况，一时间也出现了银行拒绝接受大洋的奇特现象。正金银行在接受存款的时候，暂时以保管的形式接收，在经过两三天精密的检查以后才正式转入。现在很多的现洋被运往上海。

第二章　周村的金融

第一节　金融机构

周村作为一个纯粹的商业城市，从明朝末年到清朝初期开始出了很多的官吏，后来一个大官把这三十几个村子进行统一和合并，开始称之为周村镇。在周村镇主要交易的货物如下：

1. 茧：一年约有100万斤左右。
2. 羊毛：在50万斤~70万斤之间上下浮动。
3. 棉纱棉布
4. 杂粮类

接下来，我们看一下周村的人口。

中国人	10200户	45000人
日本人		83人
英国人	5户	13人

美国人　1户　1人

日本人主要从事蚕茧的收购以及药品贸易等，英国人主要是传教士，而美国人则是英美公司的出差员工。

以上我们大概对周村的情况有了一个了解，接下来我们来看一下该地的金融机构。

银行

山东银行	发行纸币
豫丰银行	发行纸币
周村商业银行	从事汇兑业务

钱庄

恒昌福	推断的投资额	16万元
德源永	推断的投资额	3万元
义泰瑞	推断的投资额	3万元
福泰瑞	推断的投资额	3万元
长聚泰	推断的投资额	2万元
存厚堂	推断的投资额	2万元
协昌恒	推断的投资额	2万元
庆来东	推断的投资额	2万元
德聚东	推断的投资额	2万元
庆元正	推断的投资额	2万元
滋厚福	推断的投资额	3万元

惠元昌	推断的投资额	3万元
三合泰	推断的投资额	3万元
三义泰	推断的投资额	3万元
德兴源	推断的投资额	3万元
德成	推断的投资额	3万元
德庆	推断的投资额	3万元
庆利成	推断的投资额	3万元
庆成	推断的投资额	2万元
庆泰永	推断的投资额	2万元
义聚	推断的投资额	5万元
会祥	推断的投资额	不明
祥盛	推断的投资额	不明
无锡瑞	推断的投资额	不明
德兴楼	推断的投资额	不明

当铺

阜祥当	推断的资本	12万元
永余当	推断的资本	10万元

（注：该村当铺的利息为每月2分3厘，10个月为满期）

第二节 通货

一 两

在周村，元宝银有50两和10两两种，市场中银的存量约为6万两左右。现在，如果把一两白银换算成周村的两的话，如下：

钱平	主要是洋布店在使用	0.6630（两）
库平	主要是银行在使用	0.6645（两）
市平	主要在普通商店使用	0.6745（两）
花店	主要在棉花店使用	0.6740（两）

二　银元

银元主要有袁世凯银元、香港银元，最近主要使用的是孙中山银元等。

三　铜元

所有的物价都是以铜元作为单位来决定行情的，我去的时候行情如下：

49枚铜元——京钱一吊文

5枚铜元——100文

四　纸币

流通的纸币主要以中国银行和交通银行两家发行的为主，正金银行的纸币虽然也在流通，但是每一元都被扣除5枚铜元。

兑换券根据发行者信用程度多少有些变动。每天早上六点或者七点的时候，大家都集中到城内万须街的钱业公所，决定当日的换算标准。现在如果要把其行情列举一下的话，如下所示：

元宝银一两	3 吊 950 文
站人银元一元	2 吊 620 文
杂牌（各种银元）一元	2 吊 500 文
中国银行纸币一元	2 吊 620 文
正金银行纸币一元	2 吊 560 文

但是，以上的行情是我们在三年前调查时的行情，现在大约上涨了一倍。

注：周村的调查全部是我们将周村的日本人会长下田的调查和谈话记录整理而来的。

第三章　济南的金融

第一节　金融机构

关于济南现在的金融机构，银行有 7 家，钱庄有 11 家。特别是由于济南处于内地市场的原因，钱庄作为一种旧式金融机构，在金融上有着相当的势力。而且，现在根据我所看到的，长期在济南生活的日本商人比起使用新式银行，反而使用旧式钱庄的人更多。根据这些人所言，如果你有了信用的话，这些钱庄比日本的银行还能给你更多的融资，因此很方便。

现在如果我们把济南的新式银行名称列举一下的话，如下：

银行名	国籍
横滨正金银行	日本
济南银行	日本
交通银行	中国
中国银行	中国
中国实业银行	中国
大陆银行	中国
中华懋业银行（停业中）	美中合办

以上各银行中，横滨正金银行是中外各国人所熟悉的银行，对于外国人或者中国人来说，使用横滨正金银行的也不少。

接下来，我们来列举一下钱庄的名字（我们从使用正金银行的中国人那里听来的）。

锦丰庆	德盛昶
义聚隆	庆聚昌
元丰成	普丰祥
德聚号	义聚盛
津济银号	鸿记号
厚昌号	

钱庄就是以上这些，其资本金非常少，最多的也就是 5 万元到 10 万元左右。钱庄的业务是针对济南的商人在向青岛运输棉花和落花生等时需要的汇兑业务。而且，由于事变[①]，钱庄几乎都倒闭了，现在存留下来的都是一些顽强的钱庄。其次，济南的汇兑交易额中，银行汇兑为 4500 万元，钱庄汇票为 2000 万元，达到了约 6500 万元，现在我们看一下按国别来划分的交易额情况。

日本人	30000000 元
外国人	5000000 元
中国人	30000000 元
合计	65000000 元

除了以上这些，还有一个钱业公会，每天早上决定铜钱的行情。

第二节　通货

一　两

济南两从七八年前开始，就被确定为每百元银币兑 70 两，成为一种固定不变的兑换比例。

二　银币

在济南，流通的银币如下：

① 1928 年济南事件。

袁世凯银元

龙洋

香港银元

孙中山银元

但是，孙中山币是在南军入城以后才开始流通的。

三　铜钱

有一文和二文。

四　纸币

在济南各发行银行以及发行额大体如下：

中国银行	100万元
交通银行	100万元
中华懋业银行	5万元

但是，中华懋业银行自昭和4年3月以来就一直处于停业状态，而且中国银行和交通银行两家银行也都是每年在不停地回收纸币。

以上都是一些大额的纸币，此外小额纸币实际上是多种多样的，现在流通的纸币的种类可多达23种。在这个地方特别值得注意的是，非金融机构的电器公司也在发行小额纸币。而且，由于其很有信用，所以市民都很乐意使用它。

第三节　金融时事问题

根据正金银行分店的岛田所言，自去年济南事件[①]以来，济南市场受到了非常大的打击。就像纯粹的日本金融机构——济南银行那样，自去年以来就处于没有交易、无利润的状态。而且在济南的夏季，一般6月、7月、8月处于淡季时节，几乎没有交易，只有从秋收后到春天的这段时间才有交易。

去年有一个时期，济南市场变得只有银元和银钱，让人感觉到非常的不方便。这个时候，由中国人经营的电器公司开始发行纸币，作为补充。虽然在以前也有过中国银行从天津带来辅助货币的情况，但是一般的中国人并不接受它，所以最后不得已又退出市场。

关于最新出来的孙中山银元，最初中国人是不接受的。但是，随着国民革命军占领了济南以后强制推行使用，中国人也慢慢地接受了。

现在，最大的问题是，济南从以前开始就有把制钱进行回炉制作成铜块然后运到日本去的现象。现在变成了购买铜钱进行回炉然后制成铜块出口到日本。在出兵山东时，这种情况尤为显著。这种被出口到日本的铜块的金额非常大，主要的目的地有神户和大阪。

从事铜钱回炉工作的主要是日本人，他们花费几千日元购买回炉用的炉子，阵势很大。我直接从从事铜钱回炉的人那里打听到，获利最高的时候可达三成。据说如果从青岛送走一车的话，

① 1928年日本为阻止北伐，制造的济南“五三”惨案。

就或能得近一千日元的利润。

最盛行的时间是去年的11月、12月到今年1月这段时间。据说在撤兵以后，青岛的海关变得非常严格。而且，在我去济南的时候也亲眼见到过不完整的用于铜钱回炉的炉子的原形。据说也发生了被海关发现变成非常严重的问题的事件。回炉货币这种事情，不仅是日本，在中国也是触犯国法的。然而，日本人却公然在做这样的事情，这对于我们来说是一件不得不考虑的事情。如果这一点被中国人指出来的话，那么我们作为日本人将无法辩解。

第四章　德州的金融

德州曾经有中国银行和交通银行两家银行，但在民国4年撤销了。钱铺虽然在以前有十五六家，但是，随着商业的衰退每年关门的都很多，特别是在安直两派[①]政治斗争的时候，德州成了一个交战地，所以金融业受到了明显的打击，现在只有德祥、钱行、泰和、福昌四家。它们都位于城内的南北大街。前面所提到的几个钱铺都发行一、二、三、五吊文的钱。当铺中的德恒当一家由于受到兵乱的影响而倒闭了。通货的情况如下所示：

一　银元票

中央银行　一块　五块　十块

中国银行　一块　五块　十块

中南银行　一块　五块　十块

① 指安福系的皖系军阀与直系军阀之间的战争，即1920年的直皖战争。

二　洋元

袁世凯银元、孙中山银元

三　铜元

如果把一元换算成铜元的话，如下：

一元——12毛（中央银行小洋票）

一毛——35个铜板

另外，市场上的大额交易都以大洋来结算，小额交易以铜元来结算。

第五章　天津的金融

第一节　金融机构

第一款　旧式银行

天津作为华北地区的金融中心，旧式银行的种类非常多，有：

1. 炉房
2. 票庄
3. 银号或者称钱铺
4. 当铺

此外，还有被称为烟草铺，从事烟草买卖、铜子儿和小洋兑换的机构，它们的数量也很多。以上这些旧式银行作为在中国独立发展起来的机构，可以说是中国金融界的一大特色。以前，它们在天津金融界的势力非常大。作为中国传统的金融机构，炉房和票庄独占着这个舞台。北清事变①以后，炉房的势力逐渐衰退，紧接着，票庄在辛亥革命的时候遭遇了掠夺，倒闭和停业接连不断。其结果是，新式的银行在近期不断成立，其数量在增加，旧式银行最终失去了往日的势力。

第一项　炉房

以前在天津市场上通用的白银的成色为992，作为化宝银，从其他省份进口的银两全部让炉房改铸成化宝银，法律上对炉房没有任何的规定，银两的铸造完全是自由的。

在以前还没有把银元、银两作为市面主要流通货币的时候，炉房的势力非常大。天津的炉房由于受到民间的依赖，除铸造化宝银或者改铸化宝银以外，或者根据自己的计算，把其他省份的银两改铸成化宝银，或者收纳从民间来的其他省份的银两。银炉则对其发行一种见票即付的支票（即具有一种发行纸币的权限）。炉房作为民间盈利事业，在法律上没有任何的规定，在很长时间里，自然而然地陷入了一种不正当的、滥铸的境地。炉房铸造成色为992的化宝银的商业规定也逐渐遭到破坏，这种趋势在北清事变的时候尤为明显。炉房的流通票全部遭遇了挤兑，破产者源源不断。从那以

① 1900年义和团运动及八国联军侵华战争。

后，其数量有所减少，生意也不如以前那么兴盛了。而且，自从以银元为本位的命令发布以后，委托炉房从事银两改铸，其必要性也没有了。到了现在，完全成为钱铺的一个副业，比如买入银块改铸成化宝银作为钱铺结算时使用，或者经营向市场卖出的业务。

明治 42 年，虽然本市的海关发布命令将炉房的数量限定在 19 家，但是，随着辛亥革命的爆发，炉房受到了致命的伤害，最终从根基上被颠覆了。这两起事件使得炉房沦落到了一个悲惨的境地。因此，被限定为 19 家的炉房，到现在，从事铸造的只有 3 家。

第二项　票庄

票庄以汇兑为主营业务，同时还经营贷款存款。作为旧式银行的票庄在以前的天津势力很大，但是，由于天津占据着陕西、河南等华北各省商业中心的地位，开放市场后，也有外国银行在这里开设，这个地方的票庄不像内地那样受到丝毫影响，依然保持着执金融界牛耳的地位。但是，自从受到第一次革命战乱的影响，票庄逐渐变得凋落，失去了往日的繁荣。

以前，都说票庄资本富裕、基础牢固，但是，实际上其基础非常薄弱，它只是利用信用从事着危险的业务。革命以来，金融界变得一片恐慌，票庄的缺点也暴露了出来，一夜间失去了信用，以前的汇兑业务也一下子跑到新式银行和外国银行那里去了，不再有往日的繁荣。

票庄在全盛时期有二十七八家，现在已经完全看不见其踪影。原来的票庄全部都改成了银号这种组织。

第三项　银号

银号在天津金融界占有非常重要的地位。随着最近中国经济的发展，很多银号改组变为新式银行，比如裕津、华比两家银行。

由于天津钱庄都集中在东街或者西街，被划分在城市的东西两面。所以，在旧城东面的被称为东街钱庄，在西面的被称为西街钱庄。由于传统的关系，这两条大街钱庄业务具有截然相反的性质。东街钱庄的经营项目以生金银的买卖以及外国货币、国内公债的买卖为主。在外国货币中，按日计息的贷款以及卢布的买卖占了大部分，公债的买卖几乎都仅限于九六公债，其经营全部是投机性的业务。

与此相反，西街钱庄的营业项目主要以存款以及贷款或者汇兑等实质性的业务为主，绝对不沾染投机性质的买卖。虽然偶尔也会有一些公债的买卖，但都是受到顾客的委托，绝不是自己的意愿。而且，东街钱庄和本地商家之间的关系非常远，西街钱庄和本地商人之间的关系却非常密切。从经营业绩来看，东街钱庄的损益变动非常激烈，而西街钱庄的业绩虽然每年都不是很多，但是也没有特别地减少，处于一个平稳的状态。

近年来，东街钱庄也逐渐意识到了不能仅仅埋头于投机，很多钱庄都开始把营业模式改成像西街那样。受时局的影响，东、西两街的钱庄都出现了往法、日租借地转移的现象。传统的天津金融市场的中心正在向外国租界内转移。

天津的银钱号有一个共同的组织叫钱业公会，它是一个处理银钱业者共同的问题、决定银钱行情的机构。

接下来我们来列举一下天津的钱庄。如下表：

商号	资本金	代表者	所在地	成立
益盛源	5万元	卞荣清、杨玉文	针市街	民国元年
洽源银号	7万元	合股，张云峰	竹竿巷	宣统四年
宝隆合	1万元	居雨清	针市街	民国2年
鸿记银号	10万元	张凤慧、曹小原	北门内	民国6年
晋丰银号	7万两	合股，朱余齐	竹竿巷	民国2年
盛德银号	8万元	卞淑诚、陈毅然	针市街	民国11年
志成银号	7万元	周宅、王慧泉	北马路	民国11年
永丰银号	7万两	合股，刘泽泉	针市街	民国9年
泰昌银号	10万元	合股，高俊明	针市街	民国11年
震华银号	1万元	北京分号　李茂生	针市街	民国9年
聚盛源	5万元	北京分号　崔鹤年	针市街	民国元年
聚义银号	5万元	北京分号　高霞轩	针市街	民国5年
聚泰祥	5万元	北京分号　刘盈芝	针市街	民国元年
利和银号	4万元	彭砥安、李致堂	针市街	民国元年
全记银号	5万元	北京分号　韩志齐	针市街	民国5年
永昌银号	5万元	吉少奄、王小舟	北门外	民国元年
天兴恒	2万元	沈致、王小舟	河北大街	光绪十年
永增合	5万元	合股、王甲山	针市街	民国8年
兴业钱局	5万元	山西运城县　李子厚	针市街	民国10年
汇号	2万元	周竹清	河北大街	民国6年
余火昌	20万元	王鸿丽、王筱岩	北门外	民国8年

续表

商号	资本金	代表者	所在地	成立
瑞甡银号	2万元	李宅、田子周	针市街	民国8年
义昌银号	3万元	石鹤齐、杨静波	针市街	民国8年
义兴银号	5万元	李纯、郭志香	针市街	民国8年
义胜银号	3万元	阎锡立、王晋齐	佐依街	民国8年
森源益	2万元	左小泉	河北大街	民国8年
隆盛银号	8万两	杨小泉、张济生	针市街	民国8年
敦庆长	6万元	乔*、王子青	北门东	宣统元年
裕通银号	8万元	山西合股，卢建周	针市街	民国8年
敦昌银号	5万元	冯宅、卢子林	宫北	民国8年
裕生银号	2万元	郭捷之	宫北	民国8年
益兴珍	1万元	王齐、徐升庵	东新街	民国8年
恒大银号	10万元	山东分号　高绪齐	六合里	民国8年
宏源银号	5万元	陈秉章	信成里	民国8年
日成号	3万元	北京分号　头芹舫	信成里	民国8年
世和公	25万元	奉天分号　胡少泉	六吉里	民国8年
世和银号	5万元	门杰臣、姚桐圃	宫北	民国8年
华盛昌银号	6万元	北京分号　郑鼎臣	信成里	民国8年
桐盛银号	4万元	李华亭、李墨林	宫北	民国8年
信富银号	10万元	刘冠雄、孙鹤臣	宫北	民国8年
永孚银号	10万元	阮寿岩、王华甫	宫北	民国8年
元利	4万元	邓震禹、李子华	宫北	民国8年
天昌银号	5000元	高鹤州	宫北	民国8年
久昌	5000元	张钱三、佐依街	宫北	民国8年
大通	10万元	北京分号　王心田	宫北	民国8年

续表

商号	资本金	代表者	所在地	成立
庆隆号	2万元	胡树屏、龚幼亭	宫南	民国8年
义成银号	5万元	陈子和、李云章	宫北	民国8年
义成裕	5000元	义成蔡厂　王子卿	乐壶洞	民国8年
义恒号	5万元	阮子楚、桑蔡卿	东新街	民国8年
义聚合	2万元	庸星圃、马子良		
义丰永	2万元	王仲贤、崔兰亭		民国6年
时利和	1万元	萧耀廷		民国3年
恩庆永	5000元	赵品臣	英租界	光绪三十二年
同丰号	2000元	李华廷	英租界	民国10年
中实银号	1.5万元	刘鼎卿、张锡九	日租界	民国10年
天源义	2万元	盛致齐、吴少圃	日租界	民国2年
大利银号	4万元	利中公司　宋云圃	日租界	民国10年
大康	2万元	郑志臣	日租界	民国6年
永信号	5000元	王小亭、安子修	法租界	光绪三十一年
吉通号	8万元	许国香、张家新	法租界	民国11年
振记	5000元	何振卿、刘文乡	英租界	宣统元年
福生厚	5000元	刘炳	英租界	宣统三年
德元厚	2000元	许土厚、刘文乡	英租界	光绪二十八年
恒兴茂	2000元	兰少廷	英租界	民国7年
恒义号	4万元	瑞焕章、李树屏	法租界	民国7年
蚨生祥	1万元	马国埠	法租界	民国10年
宏昌银号	3万元	方泽泉、郑小轩	日租界	民国11年
谦益	2万元	罗治庵、刘兰亭	日租界	民国9年

译者注：表中的 * 为译者所添加，表示原文中此处内容无法识别。

第四项 当铺

当铺实际上也可以称为中国老百姓的银行。它以金银衣物和其他的动产为担保进行贷款，相当于我国[①]的“质屋”。当铺在开业的时候需要官方的许可，没有得到官方许可的当铺只能面向穷人从事一些零碎的贷款业务。

在我国，质屋不是一个那么有价值的金融机构，但是在天津就不能这样说了。在中国各地，当铺对于一般的老百姓来说是一个重要的金融机构。在天津，当铺行业有一个同业组合，所有的当铺都加入了这个组合，共同结成了在营业上的一些规定，而且，当铺的贷款利息也是固定的。

- 对于金银工艺品和其他的装饰品，利息为每月3分。
- 对于衣服之类的，利息为每月2分。

另外，随着当铺贷款金额的增大，有时也会减少与当事者之间特别约定的利息。当铺有当、典、质、押四种，当是最多的，押是最少的，而且，其贷款的期限是：

- 当和典，3年
- 质和押，18个月

① 此处指日本。

在支付了利息后，还可以续贷。现在一般当、典、质、押等全部都以18个月为期限。接下来，我们把主要的当铺列举如下：

店名	所在地
天顺当	日租界
天聚当	特别第二区
元顺当	日租界
元亨当	西开
同义当	英租界
桐昌当	日租界
裕丰当	日租界
聚顺当	日租界

第二款　新式银行

关于银行，我们把它分为中国的、外国的以及中外合办的银行来论述。

第一项　中国的银行

在天津的中国的银行，如果把其总店和分店加在一起的话，有40余家。其中，除了中国银行、交通银行以及其他两三家银行以外，其余的银行很多都是在民国以后，特别是在民国6年、8年成立的。也就是说，作为在“一战”时经济景气时期成立的银行，还没做几单生意就被战后袭来的经济不景气所影响。再加上华北不同于华中，政变内乱接踵而至，所以资本很薄弱且生意坚实的银行又立即招来亏损，陷入了经营困难。现在，基础稳固生意兴盛的银行非常少。

接下来，我们列举一下天津的银行，如下：

表1　在天津设有总店的银行

银行名称	资本金	业务	设立	总店
直隶银行	200万两	作为一般银行业务主要是面向官厅贷款	光绪二十七年	天津
中国实业银行	2000万元	存款贷款、汇兑、保险、仓库、发行兑换券	民国8年	天津
金城银行	1000万元	以存款、贷款和汇兑为主	民国6年	天津
大陆银行	500万元	存款、贷款、汇兑	民国8年	天津
大生银行	200万元	存款、贷款、汇兑	民国8年	天津
中孚银行	200万元	存款贷款、代理发行中国银行兑换券	民国5年	天津
天津兴业银行	200万元	一般银行业务	民国10年	天津
裕津银行	100万元	除了一般银行业务以外，从事外国货币的买卖，天津造币局的银元铸造的合约	民国10年	天津
蒙藏银行	1000万元	边境开垦业务	民国12年	天津
怀远银行	500万元		民国12年	天津
天津大业银行	100万元	国内汇兑、其他一般业务	民国12年	天津
北京中国**银行	500万元		民国15年	天津
边业银行	2000万元	经营与内外蒙古矿山相关的库伦、绥远等各票据	民国9年	天津
华新银行	100万元		民国13年	天津
东莱银行	300万元		民国7年	天津

译者注：表中的*为译者所添加，表示原文中此处内容无法识别。

表 2　在天津设有分店的银行

银行名称	资本金	业务	设立	总店
中国银行	6000 万元	发行纸币、国库、募集公债、关税收入	民国元年	北京
交通银行	2000 万元	代理政府金库、募集公债、关税、盐务	光绪三十三年	北京
中南银行	2000 万元	一般银行业务、经营政府借款	民国 10 年	上海
浙江实业银行	2000 万元	代理政库金库、募集公债	光绪三十四年	上海
盐业银行	1000 万元	政府借款	民国 4 年	北京
劝业银行	500 万元	一般银行业务	民国 9 年	北京
新华储蓄银行	500 万元	一般银行业务	民国 3 年	北京
北洋保商银行	1500 万元	一般银行业务	宣统二年	北京
北京商业银行	1000 万元	退役军人的资金融通	民国 7 年	北京
五族商业银行	100 万元	蒙古、新疆、青海等的汇兑	民国 7 年	北京
山东工商银行	500 万元	买卖股票证券、承包铁路煤矿工程	民国 7 年	济南
农商银行	500 万元	经营国库券、募集债券	民国 10 年	北京
聚兴诚银行	200 万元	汇兑及证券业务	民国 3 年	重庆
华比银行	100 万元	办理各地开垦事业	民国 10 年	北京
明华银行	200 万元	汇兑及贸易证券等业务	民国 9 年	浙江
察哈尔兴业银行	200 万元	从事一切军需品的承包业务	民国 7 年	张家口
上海储蓄银行	100 万元	投资业务、买卖汇兑、火车汽船运输	民国 10 年	上海
中华储蓄银行	100 万元	一般银行业	民国 9 年	北京
山东银行	500 万元	买卖山东省公债	民国 2 年	济南

续表

银行名称	资本金	业务	设立	总店
山西省银行	200万元	一般银行业	民国2年	太原
热河兴业银行	1200万元	与蒙古的交易、汇兑	民国10年	热河
工商银行	500万元	国际汇兑及南洋各地的投资业务		香港

第二项　外国银行

天津的外国银行以正金、汇丰为代表，都是分店且设在租界内。其业务主要以外汇为主，从事天津的贸易金融。这些外国银行在金融市场中作为资金供给者来开展活动。汇丰银行根据从上海支店的来电，规定每天的外汇行情，发表天津的标准行情。

关于外国银行各分店的内容，由于其各自保守秘密，无从窥探。另外，受到战后不景气、天津地方内乱的影响，特别是作为日本人受到排日的影响很大，处于一个非常困难的状态。

天津的外国银行

名称	国籍	资本总额	总店所在地	设立时间
美丰银行	美国		上海	1917年
华比银行	比利时	100000000法郎	布鲁塞尔	1902年
东方汇理银行	法国	72000000法郎	巴黎	1875年
麦加利银行	英国	3000000英镑	伦敦	1853年

续表

名称	国籍	资本总额	总店所在地	设立时间
德华银行	德国			
远东银行	俄国			
汇丰银行	英国	50000000 美元	香港	1883 年
花旗银行	美国	10000000 美元	纽约	1901 年
中法工商银行	法国			
道胜银行	俄国	55000000 卢布	巴黎	1912 年
横滨正金银行	日本	100000000 日元	横滨	1880 年
正隆银行	日本	20000000 日元	大连	1908 年
朝鲜银行	日本	80000000 日元	京城	1909 年
天津银行	日本	5000000 日元	天津	1920 年

第三项　中外合办银行

几年以前，成立合办银行的计划非常多。在设立合办银行的时候，双方都认为，对于中方可以缓和其由于现金不足所导致的资本金募集困难问题，而外国一方则得以轻易地进入中国内地发展，并且能够借助中国人的力量轻松地招揽中国顾客。所以，对合办银行都很期待。但是，最近由于收回国权运动的盛行，这种期望也变成了绝望。营业的合办银行有很多都关门了。如果把合办银行列举一下的话，如下：

中华汇业银行（日中合办）（停业中）

华义银行（中意合办）

中华懋业银行（美中合资）（停业中）

中德银行（德中合资）

大东银行（日中合资）（解散）

各分店：

华法银行（法中合办）

华威银行（挪威与中国合资）（本年4月13日停业）……

第二节　通货

第一款　硬币

第一项　银元

目前，在天津流通的银元大体可以分为北洋银元、袁大头银元以及外国银元三种。而且，在这三种之中，代表性银元像青岛或者济南一样，为袁世凯大洋。其次是“北洋造光绪元宝”“造币总厂造光绪元宝”以及“北洋机器造光绪”这三种北洋银元。作为外国货币的大洋以及墨银的流通不是很多。三种北洋银元以及“站人”银元跟袁世凯大洋是以同等的价格来流通的，没有任何的折扣。而墨银在当地则往往需要被打折。

关于银元的流通额，天津跟上海一样，虽然各银行在周末不发布其货币的余额，但是，各银行的银元总额，据预计大概在

1500万元左右浮动，其中外国银行占60%，中国银行占40%。虽说在当地使用银两来进行各种交易的核算，但是，其主要的结算货币是银元。最近用银元来核算的交易在市场上也不断出现。如果是这样的话，那么其流通额恐怕就是元宝银的几倍了。虽然说天津市场现在还是以银元汇兑来进行交易，但是实际上银元应该被称为是最有势力的货币。

这是因为：第一，天津跟上海有密切的关系；第二，海关现在收受银两；第三，外汇的结算货币是银两，而银两是一种价格的标准。因此能看见相当多的元宝银在流通。

第二项　元宝银

天津的标准元宝银是成色为992的化宝银。由于炉房连年滥铸元宝银导致其品质低下。特别是北清事变以来，以前成色为992的元宝银的交易减少，反倒出现了用其他地方的元宝银来交易的情况。最终，天津市场上的元宝银由以前的独占局面变成了数种宝银混杂在一起流通的局面。

在此期间，作为从事中国海关税收业务的汇丰银行对化宝银进行了重新熔铸，发行了成色为955的化宝银，一般作为一种旧有的习惯，按992来进行交易。之后由于清朝政府将货币统一为银元，关于元宝银的收购价格，如果还按照以前的992的话，由于其损失巨大，所以在光绪三四十年最终以以下的理由发布了一个布告。

从前，尽管规定海关两100两兑换成色为992重量为

105两的化宝银并以此来作为标准率，但是根据附属银行的报告，化宝银的纯度仅仅只有955左右，这明显的造成了收入的损失。而且，按照标准率来纳税的话，作为商人的义务，今后按照$\frac{992\times105}{965}=107.04$，也就是说应该按照100海关两兑换107两4分化宝银这个比率来支付。

由于以上原因，劣质的化宝银虽以政府为背书人，但贸易从事者从一开始就拒绝接受化宝银，外国银行就更不用说了。同时，持有化宝银的人又争相地去换其他优质的元宝，所以化宝银终于暴跌，市场出现了恐慌，倒闭的钱庄业者也达到了十几家。在此前后进入市场流通的元宝银有很多，其中：

①东海关白宝银，作为山东省税务署的标准银，纯银。

②烟台花银，被称为烟台白宝银，亦称“芝罘银”，成色为998。

③河南省高足银，成色为996。

使用最顺畅又最广泛的天津原有的元宝银已经绝迹。在以上三种元宝银中，高足银的流通不是很广，一般使用的是东海关白宝银和烟台花银。其中，烟台花银经常从上海大量涌入，而白宝银在今天则是急剧减少，同时由于天津炉房的铸造能力非常小，所以，实际上在天津流通的元宝成了烟台花银。元宝银的流通价格跟上海一样，由天津公估局决定。其方法如下：如果把重量为

50两的元宝银跟与其同重量的天津标准银化宝银的纯度（成色）进行对比，对超出的纯度按照重量进行鉴定，在前面提到的重量为50两的元宝银之上再加上其超过的部分，即为流通价格。

虽然天津的元宝银的流通额在不断增减变化，但是据说约有500万两。其在金融界的势力就像上海的银库，还没有达到可以直接控制金融的缓急的程度，但由于其收受的计算方式非常复杂，所以使用范围主要被限定在金融业者之间。由于其是使用票据来进行交易结算的，所以实际上其在市面流通的范围非常得小。因此，综合来看，元宝银作为货币的地位很早就过了鼎盛期，并逐渐被银元所驱逐。

第三项　银角（小洋）

天津的银角可以分成旧银角和新银角。旧银角跟北洋银元是同时期铸造的。除了2角和1角两种以外，还有各省发行的，但是其流通额都很小。目前，比较盛行的是新银角，也就是按照“国币条令”而发行流通的5角、2角以及1角三种新银角。

按照十进一，10角银角就相当于1银元。但是由于其纯度不固定、品质低劣的原因，即便有中国银行和交通银行两家银行的面额交换保证，最终还是逐渐出现了贬值。特别是由于旧银角比新银角的流通价格低，一般情况下，1银元可以兑换银角11角五六十文乃至12角。

银角的流通区域虽然还不如银元那么广泛，但是在天津经济势力所能影响到的小范围内，还是能够看见其在很好地流通着。

第四项　铜元

天津市场上流通的铜元有当十、当二十两种。其中在光绪、宣统年间制造的占比最多，接下来是开国纪念币和各省的铜元。铜元的名义价格虽然是用新钱来表示的，但是其流通价格根本不按照生铜的价格来算，每天公布其行情。

天津的铜元存货据说大约有100万元。

第二款　纸币

天津流通的纸币有：

1. 中国银行纸币
2. 外国银行纸币
3. 铜票
4. 其他

第一项　中国银行纸币

现在，在天津从事纸币发行的银行有中国、交通、中南、中国实业山西省银行、保商银行、中华懋业各银行。其中，流通额最多的是中南、中国和交通三家银行的银行券。中南银行由于受财政部的许可与盐业、金城和大陆三家银行设立了联合准备库，其以丰富的资金为基础，兑换能力不断上升，发行的中南银行券，其流通额远远超过和凌驾于中国银行和交通银行两家银行之上，信用很坚实。

以上各个银行券的流通范围是天津和北京。虽然不能知晓其准确的发行额，但是据某位权威人士所言，中南银行发行额约为七八百万元，中国银行发行额为二三百万元，交通银行发行额为123万元左右，其他的为六七十万元，少的为五六万元。银行券都是作为银元的兑换券，其面额有1元、5元、10元和100元。在天津和北京，银行券没有任何的打折，都是按照其面额价值来流通的。

第二项　外国银行纸币

天津的外国银行中，发行兑换券的银行有：

1. 汇丰银行（英国）
2. 麦加利银行（英国）
3. 横滨正金银行（日本）
4. 东方汇理银行（法国）
5. 华比银行（比利时）
6. 花旗银行（美国）
7. 友华银行（美国）
8. 华俄道胜银行（俄国）

这些银行都发行银行兑换券。从前，正金、道胜和麦加利三家银行发行过银两兑换券，但是在最近没有发行，有的只是回收。正金银行的发行额为银元三四十万元，银两五六万。外国银行中没有一家像中国银行那样为了冲抵营业资金来发行，它们必须持有等于或者高于发行额的准备金，这点大家都没有疑问。因此，纸币流通状态与硬通货是一样的，信用很坚实。海关把外国银行的货币兑换券一律当作银币来收受。但是，这种兑换券仅限于天津各发行银行。

银行券的面额一般有1元、5元、10元和100元，极少情况下也会有3元、20元、25元和50元。

第三项　铜票

铜票是指在民国3年，以钱庄和大商店，或者由以统一铜票为目的成立的平市官钱局发行的不兑换纸币。有铜元10枚（即100文）和铜元20枚（即200文）两种。铜票主要在一些苦力和劳动者之间流通。

第四项　其他的纸币

日本银行和朝鲜银行兑换券合计约有四五万日元在流通，在天津交易所和中国钱业公所上市流通。

第三节　金融时事问题

关于天津的金融时事问题，根据正金银行的铁林氏所言，首先关于孙中山银元的问题，根据省政府的劝告，中国方面的银行决议从本年的1月12日开始无条件回收孙中山银元。中国也通知了外国银行组织，但是外国银行组织没有任何回应。同时，中国方面的银行在表面上宣布无条件回收，但是实际上效果却不太理想。最近，从上海进来了200万孙中山银元，其中有150万被送了回去。然而，大体上还是时间长短的问题。像袁世凯银元，一开始也是这样，但到现在却成了主要的货币。

接下来是铜元回炉的问题，这种情况在天津也有发生。6月12日的行情为一元兑换390文（195个大铜板），利益最高可以达到二成半至三成。最近对于把铜元回炉后制成的铜块的检查也非常的严格。4月18日，海关官吏对长安号轮船进行了检查，由于回炉的方法不当，还带有铜元的痕迹，最后这些东西全部被没收了。

现在，天津市场上银元在持续暴跌，银两又在快速减少。在造币局，如果银元的行情是100银元兑换68.475两的话，铸造银元会有很大的利益，但是，现在行情却如下所示：

5月23日	100银元——67.05两
5月24日	100银元——66.8625两
5月31日	100银元——66.925两
6月3日	100银元——66.525两
6月12日	100银元——66.7625两

天津市场上的现银一般在700万两左右，而银元约为2300万两。最近，银元对银两的关系为500万两银元兑2600万两银两。不仅如此，最近银元从天津市场上大量流到别的市场。比如说，4月18日以后，中国银行向“满洲”移出的银元约有300万元，

中国银行和交通银行面向上海出口的银元约有300万。不仅是这些大额的出口，正如前面所叙述的那样，银元价格下跌的原因是由于去年农产品没有丰收，导致出口不振，因此，银元向内地流入的数量也就比较少。对银元需求的减少再加上时局的关系，面粉的购买资金使用的是银元，这使银元大量地涌入。另外，进口结算使用的却是银两，这必然又导致银两的需求增大。而银两减少、银元过多必然导致银元的暴跌。

第六章　北京的金融

第一节　金融机构

第一款　旧式银行

第一项　银炉

在北京，银炉被称为炉房，而炉房又分为官炉房和小炉房两种。前者主要是经营元宝银的熔解和铸造，后者仅仅是从事首饰以及其他装饰品的制作，跟金融方面没有很大的关系。在以前，官炉房的数量被限制在18户，不得随意开业。除了前述的业务以外，还经营存款和代缴官金等业务。由于民国以来银元盛行、元宝银使用减少，官炉房的主业也渐渐萎缩，副业也没有了往日的兴盛，看不见其作为一个金融机构的样子。如果把现存主要的官炉房列举一下的话，如下：

同元祥

德顺

聚义

义泰源

德聚

万丰

祥瑞兴

恒盛

第二项 钱庄

以前，票号和钱庄作为经营汇兑、贷款和存款的机构，其势力很大。但是，在经历过数次的兵乱之后，其贫弱的特点也逐渐暴露了出来，有很多都倒闭了。现在钱庄的业务还处在一个尚未恢复的状态。在革命动乱的时候，钱庄的很多贷款资金不能回收，而且遭遇到滥发货币的票庄的挤兑，再加上革命以后外国银行的增设以及中国银行、交通银行两家银行增发纸币等，钱票失去了流通力，而且由于其经营官金的特权也被剥夺，所以生意变得非常的冷清，还有一些倒闭的，最终被各种银行的势力所压迫，没有能够实现复活。也有个别一些钱庄从前资金就很丰富，也很有信用，而且交易的范围也很广，它们把自己的组织变成新式银行或者跟其他有影响力的机构合作设立新式银行。但是钱庄大体上都没落了，现在只有一些在资金、信用和联络等方面优良的钱庄还在维持经营。

北京的钱庄根据资金大小和营业范围有银号、钱铺、汇兑铺、兑换铺等形式。前三者的主要业务都是对内汇兑、货币的买卖、小额的高利息贷款、存款和汇兑等。有影响力的钱庄在交易市场上从事大额（虽说是大额，也就是10万元到20万元）汇兑，或者是从外国银行或者中国的一流银行那里获得相当大额的面向上海、天津的汇兑订单。资金进行计算处理，对于银行方面来说，是非常便利的。可以将这些钱庄看成是银行的汇兑承包机构。这些有影响力的银号和钱铺大多都属于天津帮，它们在天津都有总店或者分店，而且跟上海也有联系，以此来应对各方面的订单。在固定的时间去银行，把买入和卖出进行平账。为了实现这个目的，它们会每天跟天津通几次电话，利用天津对上海的供求关系，处理面向上海的业务。但是，小钱铺从以前开始就有银钱铺、烟钱铺、酒钱铺等之分。银钱铺主要从事银钱的买卖，烟钱铺兼营烟草的贩卖，而酒钱铺则兼营各种酒水的销售。钱庄在革命以前发行了很多的钱票，有时候发行两三倍于其资本金的钱票，这导致了其信用扫地，最终遭遇挤兑，出现了跑路的现象。政府最终也禁止其发行钱票。到现在，钱庄主要以汇兑为主要业务，而且靠经营小额买卖来获取微薄的利润。在前清时代，这些银号和钱铺的开业需要向衙门申请并得到许可，而现在变成了只需要向警察厅申请且有一个保证人即可。如果把主要的银号和钱铺列举一下的话，如下：

名称	控制人
恒兴号	罗翔

恒利号	吴阴之
益顺号	吕文荣
会源号	王玉臣
隆兴顺	赵焕章
三聚号	杨士杰
裕泰厚	仪茂林
天盛号	杨小琴
公盛号	梁蓉章
庆丰号	李凤全
久成公	崔金锭
乾盛永	郝保之
德成号	王瑞巷
东和号	吉福谦
西和号	韩信臣
乾瑞生	张清海
恒裕号	王益堂
德成号	何星圆
同成号	顾成林
峰元号	孙济川
丽丰号	吴子珍
五昌号	韩勋臣
镒聚恒	王岐峰
益大号	扈永康
同康号	李振庭

振大号	王鹤庚
傅益号	韩勋臣
三合号	张俊德
裕丰号	葛月川
隆茂源	刘栋臣
源和号	张文麟
春华茂	陈及三
天聚丰	罗德奎
义兴合	史秀峰
天豫号	王瑞泉
德泰号	王佑庭
泰亨号	张锡庭
平易号	王云生
乾丰号	郭鸿儒
万义长	刘云科
裕通号	刘振声
宝成号	王钧山
亨记号	于滨
永增合通记	李常主
同顺号	张博渊
中源号	李振庭

（以上来源于北京总商会名单）

第二款　新式银行

北京的银行之所以发达，很多是由于政治或者财政方面的原因，而不是像其他地方那样，伴随着通商贸易而发展起来的。外国银行首先成立，之后才有中国的银行成立。在中国的银行中，虽然有根据政府“特种银行条令”而成立的以服务政府为目的的特种银行，但是，其大半都是民间经营的普通银行，而且业务主要都是与政府相关的贷款，其宗旨与其他地方性的银行完全不一样。因此，近年来受到几次政变的影响，出现了很多因发生贷款未回收而导致亏损的银行，现在已经没有几家银行有活动的能力了。特别是像中国银行和交通银行两家银行那样，一家是从事政府的收支业务，另一家是经营铁路收入。虽然它们在以前信用深厚，势力非常庞大，但是，在近年来由于跟政府关系密切，都产生了巨额的损失，发生了好几起停止支付的事件。其发行的北京兑换券不能按照规定兑换，被称为所谓的停止兑换，也完全看不见其流通的身影。但是，在最近又复活了。

外国的银行也跟其他地方不一样，在北京主要以政治借款为主要业务，一般的存款、贷款、贴现等业务非常少。另一方面，合办银行是各国为了其在中国投资的方便而设立的。像华俄银行那样，虽然它在以前的势力非常大，但是现在凋落了。近年来新设立的中华汇业和中华懋业等银行的势力正在快速扩张，但是在最近又开始没落了。

第一项　中国的银行

北京的中资银行以中国银行和交通银行两家银行的成立为开

端，接下来是特种银行和市内银行的成立。它们都因为革命以及之后政变的影响发生了贷款不能回收的情况。由于受到挤兑以及停止兑换等影响，出现了破产，一时间信用一落千丈。之后，随着政府政权的稳定，业务逐渐恢复。特别是在欧洲战争之后，虽然其业务得到了扩张，稍微有点整顿，但是在资金方面，还不充裕。因此，像政府贷款或者是认购公债那样，即使现在银行方面想要给政府的信用代言，但是银行自身已经没有从事认购的实力了。

中国的银行制定了章程，组织了银行公会，而且银行公会经常在做拥护政府债权的事情。但是，时局也有不利于银行业者的时候。现在我们把北京的中国银行的名称列举一下的话，如下：

银行名称	资本金	业务	设立	总店
中国银行	6000万元	兑换券以及新货币的发行	光绪三十年	北京
交通银行	2000万元	外国货币的交换，生金银的买卖	光绪三十四年	北京
盐业银行	1000万元	管理政府委托金库和在外资金	民国4年	北京
边业银行	1000万元	发行兑换券，从事国库事务	民国9年	北京
新华储蓄银行	500万元	一般银行业务	民国3年	北京
金城银行	1000万元	一般银行业务	民国7年	天津
中孚银行	200万元	一般银行业务	民国5年	天津
中国实业银行	2000万元	兼营运输和保险业务	民国8年	天津
劝业银行	500万元	发行劝业债务	民国9年	北京
农商银行	500万元	以培养农商经济为目的	民国10年	天津

续表

银行名称	资本金	业务	设立	总店
浙江兴业银行	2500 万元	代理发行中国银行兑换券	光绪二十四年	上海
北洋保商银行	1500 万元	一般银行业务	宣统二年	天津
北京商业银行	1000 万元	退役军人的资金融通	民国 7 年	北京
大陆银行	500 万元	存款、贷款、汇兑	民国 8 年	天津
大宛农工银行	100 万元	一般银行业务	民国 8 年	北京
五族商业银行	200 万元	同上	民国 7 年	北京
明华银行	200 万元	汇兑以及贸易证券等业务	民国 7 年	北京
新亨银行	100 万元	一般银行业务	民国 9 年	北京
聚商诚银行	200 万元	汇兑以及证券交换业务	民国 8 年	重庆
东陆银行	1500 万元	—	民国 5 年	北京
中华储蓄银行	100 万元	储蓄银行业	民国 8 年	北京
蔚丰商业银行	—	—	民国 8 年	

除了上述银行外，还有以下银行：

致中银行　　泉通银行

大成银行　　华北银行

中国女子商业储蓄银行　　华商银行

北京慈善银行　　日新农工银行

裕民银行　　裕大银行

裕华商业储蓄银行　　北京商业实业银行

新民商业实业银行　　京兆通商银行

大华商业银行　　北京大有银行

民业银行	蒙藏银行
大生银行	察哈尔商业银行
大中商业银行	四川濬川源银行
杭州华孚商业银行	浙江地方实业银行
直隶省银行	中原实业银行
天津商业银行	东三省银行
吉林永衡官银号	中南银行
热河商业银行	蒙古实业银行
怀远银行	河南省银行
上海商业储蓄银行	

（来源于北京总商会会员名单）

第二项　外国银行

在中国，国外银行的势力是非常大的，各国专心于利用银行的资本势力来扶植它们在政治和经济方面的霸权。实际上，从各个外国银行在中国的地位也可以窥测出这个国家在中国的势力。可以说，银行已经成了一个测试仪。中国新式银行的势力跟外国银行相比，不管是在资本方面还是信用方面，前者都不到后者的十分之一。如前所述，由于北京是政治中心的缘故，所以，各国都在这里设立了作为其投资机构的银行的分店。但是，自从银行向准首都南京转移以来，上海逐渐在各个方面都成了中心。现在，北京的外国银行有以下这些：

名称	国籍	资本金总额	实付资本金	总部	设立
汇丰	英国	50000000 美元	20000000 美元	香港	1864 年
渣打	英国	3000000 英镑	3000000 英镑	伦敦	1853 年
花旗	美国	10000000 美元	10000000 美元	纽约	1901 年
东方汇理	法国	72000000 法郎	68400000 法郎	巴黎	1875 年
华比	比利时	100000000 法郎	75000000 法郎	布鲁塞尔	1902 年
横滨正金	日本	100000000 日元	100000000 日元	横滨	1880 年
天津	日本	5000000 日元	1250000 日元	天津	1920 年
远东银行	俄国	—	—	—	—
德华银行	德国	—	—	—	—

第三项　中外合办银行

由于北京是政治中心，很多外国银行在中国财政救济、中国的实业以及汇兑业的发展等各种名义下，与在官场的中国人合作成立中外合作银行。但是，现在所有的中外合办银行都关门了。如果我们把过去的中外合办银行的名字列举一下的话，主要有：中华懋业、华义、中华汇业、大东等银行。

第二节　通货

第一款　硬币

第一项　银元

北京的通行银元有新银元、旧银元和外国货币三种。但是，现在流通的大部分都是新银元，也就是袁世凯银元，它是一种代表性的银元。其他银元在跟袁大头银元兑换的时候，每一元或者一银元有四个或者五个铜元的溢价。旧银元以北洋银元最多。此外，在吉林、奉天以及湖北有龙洋。外国的银元有墨西哥银元和“站人”银元。

墨西哥银元和其他的龙洋，不仅比新银元品质好，而且比新银元的价格还低，所以，政府就发布了一个货币政策，收购原有的元宝银，将其改铸为新银元在市面上慢慢流通。另外，龙洋的铸造随着革命被停止了。如果形成其额度减少这种趋势的话，由于旧银元的流通额减少，新银元最终会获得代表性银元的地位。特别是北京作为中国的首都，不仅是一个商业和工业城市，如果政府所有的收支都用银元的话，银元自然而然也就占据了流通货币的大部分。银元作为本位货币，其交易额到底有多少不太明确。但是，人们普遍认为在市场中有1000万元左右。

而且，最近孙中山银元的流通很盛行，将来其有可能取代袁世凯银元成为主要的通货吧！但是，在货币的交易者中间，钱业公所的银两兑换银元的行情跟各地都一样，几乎看不见在流通的元宝银。

第二项　银角

当地流通的银角为旧银角，也就是民国3年《国币条令》规定的5角、2角以及1角银币。在民国12年以前，10角相当于新银元1元，作为辅币发挥着重要作用。之后，由于造币局的滥铸导致其品质低下，流通价格递减，现在到了12角左右兑换1元的程度。银角是由中国银行和交通银行两家银行受政府的委托而发行的，虽然随时保证以10角兑换1元，但是在事实上，由于受中国银行和交通银行两家银行的信用状态和银角品质低下的影响，其价格已经不允许其流通了。在一个国家的首都出现这种事情，真可以说是奇怪至极。

此外，市面上还有在东三省和江南铸造的小洋，但是流通额非常的小。

第三项　铜元

铜元以光绪元宝、大清铜币以及民国开国纪念币三种最多，都有当十和当二十两种。现在，一元铜元的兑换行情在380文至420文之间上下浮动。

第四项　制钱

制钱的流通范围逐渐向内地转移，现在在北京已经看不到其踪影了。

第二款　纸币

第一项　银行兑换券

银行兑换券可以分为中国银行券和外国银行券。

1. 中国银行券

北京的发券银行如下：

中国银行

交通银行

中南银行

中国实业银行

中国农工银行

山西省银行

券面面值有1元、5元、10元、50元以及100元五种。中国的银行兑换券在北京和天津是通用的。所以倒不如说，把兑换地局限在北京来看的话，比起外国银行券，中国的银行券势力很大。流通额最大的是中南银行，接下来是中国银行和交通银行两家银行。中南银行券的流通额之所以大是因为：第一，相关的人有影响力，信用深厚；第二，中南银行拥有和盐业、金城、大陆三家银行共同的兑换准备金库，在各个银行都可以随时兑换，有跟现银一样的保证；第三，作为代表性的兑换券发行银行，中南银行从以前开始就占据了优越的地位。而中国银行和交通银行两家银行则由于近几年跟政府之间关系太紧密，先后发生过两次停止兑换的事情，所以其兑换券自然而然也就失去了信用。以上就是中国、交通两家银行排在中南银行后面的原因。中南、交通、中国三家银行的发券额正如我们在“天津的金融”这一章节中叙述的那样，其他各银行的发行流通额大概最少六七万元，最多七八十万元。

如上所述，虽然中国银行券能够按照券面面额顺利地流通，但是，如果从其兑换基础方面来考虑的话，则是十分的薄弱。第一，北京虽然是政治中心却不是工商业城市，因此其经济状况和其他经济型城市不一样，易受到政治的影响，挤兑频发。第二，中国的银行以募集营业资金为目的发行纸币，或者在给其他银行贷款的时候，有许多的特例。比如，无担保无利息，或者现金贷款的话每年是一分五六厘左右。而纸币贷款的话仅仅只需要五六厘的低息等，通过各种手段，推销纸币，容易陷入滥发纸币的圈子。第三，虽然法定准备金规定占各发券金额的60%，但是各银行几乎都在其决算书上不发布这一信息。实际上，以现金存款和其他的公积金为基础来发行纸币的话，就会造成存款支付的缺乏。也就是说，如果把兑换的基础放在各种存款上面的话，是非常危险的。由于以上种种事情，我们不能说纸币已经有了一个稳固的基础。

2. 外国银行券

在北京的外国发券银行如下：

花旗银行	200万元
华比银行	50万元
正金银行	30万元
汇丰银行	10万元
麦加利银行	10万元

券面面额跟中国的银行一样，有1元、5元、10元、50元、100元，都没有任何的贴现在流通。但是，其流通区域仅限于兑换地北京。此外，还有天津发行的外国银行券，有少额的溢价。

以前，外国银行券由于随时都可以兑换，所以信用度高，可以看得见其跟硬币一样流通额度很大。但是，由于现在受中国银行券的发行影响，发行的必要程度减少，再加上近年来的排外运动或者坊间谣言等的影响，不时遭受挤兑，各个银行都变得很消极，其发行额也在锐减，因此，流通额也不是很大。

第二项　铜元券

铜元券作为铜元纸币是由财政部管辖的平市官钱局发行的。面额有铜元 10 枚（1 吊）、20 枚（2 吊）、40 枚（4 吊）、50 枚（5 吊）以及 100 枚（10 吊）五种。一般铜元券在日用品的买卖中使用，其流通非常良好。但是从四五年前开始，由于受长期滥发、当局者不正当行为的暴露以及兑换停止等影响，铜元券的市价暴跌，铜元券和铜元之间的交换产生了巨大的价差。最终几乎看不见其在流通，但是，最近又复活了。

第三节　金融时事问题

根据正金银行的田中所言，自从首都搬迁到南京以后，北京日渐凋零，中国银行和交通银行由于政府不在北京，把总部设在北京的重要性也在减弱，最近它们把总部搬到了上海。

一般的交易额也处于逐渐减少的状态。接下来是关于孙中山银元的问题，去年 10 月王正廷向各国的公使馆下达了通知，说孙中山银元是正币，强制命令其使用。与此相对，外国银行经过开会，决定如果中国银行无条件让它们流通的话，就应该发布通知或者发布中国银行应该无限制接受的通知。

但是，问题在于在天津，如前所述的那样是受到限制的。如果在农作物的出货期，农村方面接受的话，那么就能够立即流通，但是如果农村方面不接受的话，就会成为问题。但是，不论怎样，只要孙中山银元的品质得不到改善，它就不是一种可被信任的流通的货币。

天津的钱庄*

昭和5年第27期生

岩尾正利

目 录

---

* 原文见国家图书馆编《东亚同文书院中国调查手稿丛刊》第127册，第497~580页。

第一章　绪论

现在的中国，新旧金融机构相互交错，与其他文明国家相比，中国的金融机构系统非常的杂乱。中国金融机构的业务也难令人产生信用。特别是其多数杂乱分布在各地方，而且金融票据因地方的不同在名称和习惯上也不一样，没有一种方法使其统一起来。

在中国的金融机构里，除了所谓的新式银行以外，还有如钱庄、票号、银炉、公估局等各种机构。这些金融机构虽然从前就一直霸占着中国的经济界，但是，随着中国经济机构逐渐走向近代化，最终被新式银行超越了。现在，这些金融机构已经逐渐失去了往日的势力。但是，由于新式银行尚未在各地普及，而且其信用情况也不是那么的可靠，所以这些旧式的金融机构还没有到完全不被需要的地步，还占有重要的地位，有着经济性的功能。

从理论上来说，正如现存这些旧式金融机构那样，西洋文明在入侵中国的同时，也在被排斥着。尽管如此，在中国新旧势力相互对立，而且还在竞争，这一点很有意思。

第二章　钱业的起源

天津钱庄的起源，是清朝初期的事情，也就是距今约百年以前的事情。当时的银号规模小且经营的人非常少。银号只不过是从事兑换制钱和银子的一种机构，之后直到清末，其在组织上也没有什么大的变化。当时，天津逐渐成为北方的重镇，在商业上是一个枢纽地。内地来的货物都汇集在此，天津开埠以后，其年出口额可达二亿元以上。

当时还没有现在的银行这种组织。银号由于适应了环境的需要，所以逐渐发展，在组织上也变得完善起来。这些银号广泛散布于天津宫南、宫北、针市街、竹竿巷、河北大街以及北门外乐胡同一带，资本平均为 3 万至 4 万元，最多的也不超过 10 万元。但是，跟其他的商业买卖相比，银号利润的大部分是商业买卖，很多银号都在各处开设分店，谋求各自的发展。

银号最初的业务主要是代替商人（转账），用银号发行的汇兑票来代替现金的交易。除了汇兑业务以外，银号还有炉房从事宝银的铸造。大大小小的银号都发行钱贴（庄票的一种），在天津流通钱贴的很多。由于钱贴种类也很多，此处简略对其说明。银号一开始运转时，就会出现钱贴发行过多的现象。现银准备出现了不足，因此运转困难。听说也有很多银号因此而倒闭了，最后钱贴也被废止。接下来是洋元钞票的发行。各个大小银号都有发行这种钞票的权力。钞票的种类有 1 元、5 元、10 元三种。但是，也发行过 50 元、100 元的钞票。在钞票发行的初期，银号的信用还是良好的。随着时间的推移，又开始重蹈钱贴的覆辙。因此，在宣统年间，恐慌迭起，发生了我们今天称为银行挤兑的事件。鉴于此风潮，天津总商会召集了钱商，对此事的善后对策做了一个商讨，结果是决议了以下的办法。

（1）各银号倒闭以后，应该以自家的全部财产来回收自家发行的钞票。

（2）在回收钞票和整理同业者的账簿之后，才可以开始其他债务的处理。

自从制定了这个规定以后，挤兑风潮稍微减少。但是，随着银行开始发行钞票，钱庄发行的钞票就慢慢地自然减少，最终被淘汰了。

当时，银号不相信团结的力量，仅仅只是设立了公估局一个场所来进行银色的鉴定。进入民国以后，银号业务被银行超越，同业者感到有必要商量出一个对策，于是就在民国 2 年，在袜子胡同成立了钱商公会。民国 8 年、9 年之间，在公会内开设会场，进行洋元、金票、羌贴（钱票的一种）的交易。之后又在民国 12 年，开始了公债的交易。金票和羌贴因为某种原因停止了交易。

总之，钱庄在组织上慢慢地具体化，虽说今年的市场情况不是很好，但是同业者之间的团结不断强化。在发生事故的时候，相互合作，努力促进本行业的发展。

很多银号都与官府、海关、道台衙门互相有联系，势力也颇为雄厚。著名的同达、兴泰等先后倒闭了。现在尚存的有位于宫北的益振兴、位于宫南的敦昌、位于竹竿巷的洽源。

现在，加入钱商公会的约有百数十家。

（1）在宫北一带约有四五十家钱庄从事汇兑业务，一般被称为东街。

（2）在针市街一带约有五六十家钱庄从事折交[①]业务，被称为西街。

（3）在租界一带约有五六十家钱庄，其业务包括分为汇兑和折交两种。

（4）小钱铺约有一百余家，未加入钱业公会的很多，分布在津市各处。

第三章　钱庄（银号）

第一节　钱庄的组织和资本

钱庄有个人出资的单独经营形式，另外，二三人或者五六人共同出资的也很多，出资者承担无限责任。例如有一个银号，其资本为10万元，由于经营失败产生了50万元的损失，这个时候该银号倒闭自然不用说。同时，向该银号出资的人负有偿还资本金以外的40万元债务的义务。主持店里业务的人叫经理，经理由股东聘请的情况很多，股东自己做经理的不多。当然，被聘请的经理是有年限的。

经理根据其经营业绩有连任的条件。经理有统辖以下业务的义务。

（1）会计：管理一切账簿和一切琐碎事务。

① 折即存折之意。折交就是在钱庄中通过存折中的款项进行结算的划账交易，在上海这样的钱庄叫作“汇划庄”。

(2) 营业：经营存款、贷款、汇兑业务、证券交易和代金的买卖等。

(3) 交际：从事对外所有的折交买卖和生金银的买卖。

(4) 外庄：管理汇兑业务，调整现金。

(5) 出纳：主要管理现金的出入。

各个部门的职责根据该店的业务性质及其轻重有所区分。比如，以经营分拆交易为主业的钱庄，会计和交际两个部门特别重要，而营业部门则起辅助作用。

在会计部门工作的人数多数为 20 余人，交际部门大多为 10 余人，像晋丰洽号、洽源号等以营业部门为主体的银号，营业部门和外庄发挥着尤为重要的作用，会计部门、交际部门起辅助作用。有的银号的营业部门人员多的有 20 余人，外庄人员多的有 10 余人。永清、敦昌等这些钱庄即属于此类。

除上述以外，钱庄内还有数名学徒，即学生。他们一般花三年的时间在店里实习，之后就能够拿到津贴。在实习期间，衣服和住宿由钱庄负责。年末的时候还发买鞋和买袜子的钱，这笔钱根据实习年限递增。

第二节 钱庄的设立

钱庄的组织跟在中国的一般企业组织一样，即一般由几个人共同经营。在成立钱庄的时候，要制作一个被称为“议单”的类似公司章程的合同书。它记载着各股东的住址、姓名、出资的种类和控制人的住址、姓名、权限、其他利润分红以及损失分担的方法和其他必需事项。相关的责任者在署名盖章之后，出资人和控制人各拿一份，以备往后发生纠纷时所需。

钱庄在开始营业之前要加入钱业公会。同业者在找到几名连带保证人之后，需要带着“议单”向钱业公会缴纳一定的入会金。这个时候，钱业公会召开总会决定是否允许其开业。在天津，入会金必须支付200美元（仅限于一等银号）。

这样，钱庄不需要获得政府的许可，而是需要获得钱业公会的许可才可以开业。

第三节　钱庄的业务

第一款　折交

从事折交业务的银号的营业范围中，存款和贷款尤为重要。春秋两季是这种业务最为兴盛的时候。夏季由于业务不振，因此钱庄一般也兼营其他业务。春季存款最多，秋季贷款最多。

存款的种类如下：定期存款、短期存款、活期存款、交易存款、个人存款（暂记）。

贷款的种类如下：交易贷款、担保贷款和无担保贷款。

当然，贷款根据该银号存款金额的多少来进行。一般各个银号的都以存款总额的5/10或者6/10作为贷款的基准。去年在时局稳定的时候，东西两街的贷款总额达到了七八千万元以上。银号的贷款额，有的可多达百万元以上。贷款的对象尤其以棉纱商最多，其他商人次之。

第一项　存款

1. 定期存款

定期存款有一个月、六个月、一年、三年、五年、十年等期限，一般以在年末时取出为约定的随时存入和以一个月为期限的定期存款最多。

利息根据市场情况来定，一般在一个月八厘至一分之间。

2. 小额活期存款（浮存）

小额活期存款个人可以自由地存入，没有期限，无利息。

3. 活期存款（往来存款）

这个属于同业者（银号）之间为了相互融通资金而设立的一种存款，不计利息。融通根据银号的名称、控制人，或者交易个人在社会上的信用来进行。如果发生不测，借款人发生倒闭的情况，首先必须清偿这种账户。这是一种不成文的规定。

4. 交易存款

由于各个商店在春季将货物出脱，对现金的需求比较少，因此，在这个季节存款的人很多。期限为无定期，官方利息为三厘。

5. 个人存款（暂记）

这种存款是为个人而设立的。所谓的个人，包含银号内的使用人或者银号外的人。这种存款是一个暂时保管个人零碎金钱的办法，很多都是无利息无期限的。

第二项　贷款

1. 交易贷款

以折交为主的银号对于其他银号和商家也进行这种放贷，利息平均为一分二厘左右，很多时候都是根据其他银号和商家的信用来进行放贷。期限多数为无定期，根据借贷人不同，有的时候需要提交保证书。

2. 抵押贷款

这种贷款主要指个人或者商号在一时手头不方便而急需现金的时候，他们以自己拥有的财产，如住房、土地、金属制品及各种贵重物品等作为抵押向银号贷款。一般情况下，银号会用抵押品价值的一半来进行放贷，利息为一分五厘左右。当然，还要制作借款证书作为证据。期限由银号和贷款人协商决定。

3. 信用贷款

这种贷款完全是以对方的（个人或者商号）信用作为担保。信用指的是借款人的财产、名望，以及社会上的一切信用。但是，贷款的金额一般不超过一万元。

第二款　营业

作为以营业为主体的银号，从事证券的买卖、外汇等带有投机性业务的很多。前述的所谓羌贴这个东西就是现在的证券。以前，羌贴盛行的时候，全市的业务几乎都是以羌贴来交易，其总额据说每年可达6亿元以上。羌贴被废除以后，证券交易变得盛行起来，往年时局暂时稳定的时候，银号每年的营业总额可达 20 万元以上，获得了很多的利润。由于这个原因，各个银号立即就把资本增加了数倍。但是，由于银号把手伸得太宽，终于遭遇了像去年[①]恐慌时如棋子般一个个倒下的情况。以下，我们分几个项目来进行说明。

（一）证券

经营证券买卖的银号一般在上海、天津、北平这三个地方相互有联络。曾经，天津的钱商公会从事过期货交易，分为两期进行，非常危险。以下我们举例来补充以上说明的不足。

甲银号承诺在月内的 10 日购买乙银号一万元的九六公债[②]。当然了，定价以时价来计算。甲开出批买票（购买合同），乙交付批卖票（卖出合同）。到了当月 25 日，甲向乙支付 10 日约定好的金额的钱，乙把九六公债以现金交还给甲。双方必须对公债价格的变化都没有异议，才能按照约定的价格进行交易。

在这里，我们必须考虑的是，甲在 10 日约定的价格跟现金兑换时的价格相比，如果市价变高的话，甲就会获得很大的利益，而乙就不得不蒙受巨大的损失。反之，如果价格在交货的时候下跌的话，甲由于获得的是比市价低的公债，就会蒙受损失，而乙则获得利益。投机性很强的中国人往往因此在经营方面变得困难，倒闭现象层出不穷。诸如此类的交易弊端特别大，钱商公会鉴于此严禁从事此种交易。但是，在租界内的银号仍然公然从事这种交易。现

① 1929 年。

② 1922 年 2 月 11 日，北洋政府发行用于偿还内外债的八厘公债 9600 元，俗称九六公债，以盐税剩余和关税余额为担保。

在，钱商公会从事的只有现货交易，商议时价，用现金来交易，这是为了避免上述弊端，另外，也可以减少手续上的烦琐。各银号为了自家的利益，在从事证券买卖以外，还代替外商从事买卖交易，从中收取每一万元35元的手续费。以下是期货合同。

今代客（或本号）批〇定 公债名 〇〇宝号〇〇〇〇元，每万价合行平银〇〇〇〇，期限至〇历〇年〇月〇日兑交，无论客家收否（或交否）全由敝号全数收清（或交清）。此证。 〇〇〇〇批单 中华民国〇年〇月〇日

（二）银元

银元为外行家[①]在采购货物时使用，这种交易很多以折子来进行。虽然在钱商公会每日都进行交易，但是合同平均可达10万元以上。银号的利润在冬季尤其多。一到冬季，银元的需求增加，因此市场一定变得紧张起来，银元的价格也会升高。于是，就开始买入生银委托造币厂进行铸造。夏季由于交易闲散，因此，银价也会走低。这种生意虽然说是常规性的生意，但是还是带有一些投机性。因此，也有不少银号因此陷入了危机而倒闭。

1. 国内汇兑

从天津的银号向国内汇兑可以到的地方有上海、北平、包头、

① 行商、流动商人，与坐贾对应。

张家口、哈尔滨、营口、奉天、大连等地。其中交易最多的是上海和天津之间。现在，我们看一下天津和上海之间的电信汇兑，每日可以达到五六千万元以上。这个金额根据市场的变动上下浮动。比如，据说当上海金融市场繁忙的时候，电信汇兑一般会增多至一千零七十两左右，而当上海金额市场不忙的时候，则会下降至一千零三四十两左右。其他的都是信汇，支付时间为一到二日或者五到七日。如果期限到了的话，不计利息进行支付。

2. 国外汇兑（外汇）

又被称为对外汇兑。在天津所谓的国外汇兑业仅仅是指面向日本的。很多银号都在日本有分店或者支店。其中，大阪最多，其次是神户。当地的棉纱商在反日以前，面向大阪的汇兑可达三四百万元以上。再者，由于海产品的进口向神户汇兑的也不少。

金镑业务：这种交易是指英美两国货币的买卖。

在欧洲大战结束的时候，两国都受到战争的影响，货币的市价涨跌不停。钱商（银号）趁着这个空隙获得巨大利益的相当多。但是近年来，从事此种交易的人很少。

金沙业务：金沙是俄国人带来的东西，在天津不能通用，所以很多人都把它卖给银号换成本地通用的银元。

羌贴业务：羌贴原本是俄国币制的一种。当俄国国力强盛的时候，其在很多国家都是通用的。民国 3 年，羌贴价格高涨的时候，一百元兑换中国货币一百三四十元。本埠的钱业者从客商手里买入羌贴，专卖给道胜、汇丰、麦加利、德华等银行，获取中间的利益。钱商虽然也有人开设市场从事交易，但是随着俄国革命的爆发，羌贴最终一落千丈，瞬间就变成了废纸。由此很多钱商蒙受了损失。

杂洋业务：此种交易主要是收购各省的杂洋，然后在和本地通用的银元之间赚取利润。

小钱铺（门市）业务：门市经营的主要业务有杂票的买卖、铜元的兑换、有价证券的中介业等。各种杂票在门市都被折价收购。

第四节 钱业的账簿

钱业的账簿一般分为以下几种。

第一，交易账。这个账簿记录各商人的账目。但凡是商人，只要在钱商办理存款的时候，全部计入此账簿或者说到了日期的话，此账簿就被截止了。

第二，往来账。作为同业者之间交通交易使用的账簿，每天晚上截止。截止后的第二天，各钱商用华账房或者银行支票来进行裁决。例如，假设本日甲银号向乙银号发生了银四千元的负债，这样一来，今晚甲乙两家银号在账簿截止以后，第二天早上甲银号通过华账房或者银号支票向乙银号支付四千元，乙银号又通过华账房或者银号支票向甲银号支付三千元，双方相互裁决。

第三，浮存账。一种商人的存款账簿，利息为三厘。

第四，浮欠账。作为商家来说，记录透支的账簿。

第五，银行账簿。作为银号和银行以及华账房之间的交易账簿，利息为每月三厘。

第六，水牌账。银号内的使用人在操作存款时候的账簿。

以上这些都是钱业中普通账簿的种类。

注：所谓的华账房就是作为交易银行的买办的意思来使用，指的是付款银行。钱商有时需要向外国银行买办开出票据。这时，买办承担责任进行支付。

第四章 天津市场上流通的各种票据

以往钱商同业者之间的买卖裁决使用的是现金，后来由于现金携带不方便而且危险，所以出现了各种票据，开始取代现金。

第一节 票据的种类及说明

在天津，票据的种类有以下几种：①拨条；②拨码；③取条。

有关拨条及取条的说明，第十七期学生片山和河村两位前辈已经在《以天津为中心的金融调查书》中做过论述。因此在这里我们予以省略，仅就拨码做一个说明。

所谓的拨码，可以看成中国的银号之间用于账尾结算时使用的交易约定票，开票人和付款人都是银号，在实际交易中起拨条的作用。但是，外国银行因其在形式上过于简单，伴有危险，所以绝对不接受。而且，拨码也存在跟拨条一样不规范的地方，即在支付从其他地方来的汇款支票的时候，付款银号必须换成其汇给其他银号的拨码。在开出拨码时，要具备如下要素。

第一，取得拨码承认的语言。也就是像“拨”或者“某某银号照交”等之类的话。但是，如果把它就看成拨码的话还为时过早，还需要具备其他写有以下文字的纸片，才能称之为拨码。

第二，一定的金额。由于天津的通货为洋银（美元）和两银（马蹄银），所以，必须记载一定的金额。在以美元结算时，可以写成洋或者大洋或者龙洋几百几十元几毛几分等。以前，也有写成天津通用银、洋元的。洋几元说的就是大洋几元的意思。在天津市场上，看不到票据面上的金额用小洋来书写的。一般写成行平化宝银一千元等的也是无效的。用两银核算的时候，必须把元宝银的种类和称重的衡器分别写明白。比如说，写成行平化宝银一千两百两七钱两分等，这样的话，行平表示衡器的种类，化宝银表示的是元宝银（马蹄银的一种）。如果写成银一千两或者行平一千两等之类的，由于说的不是一定的金额，所以无效。对于记载的金额，没有限制。

日文的支票用文字和数字两种形式来表示金额，而天津固有的支票则只使用汉字。但是，拨码也有只用中国的数字来表示的。

第三，付款人的签字。付款人的签字也只有付款人能知道，如何写没有关系。比如把“永康银号”写成“永康行”，把“信记”写成“正金账房”等。汉语中使用“宝号照付”“宝号验付”“台照”“照”等词，相当于日语中使用的“御中”或者“殿”等。

第四，开票人的盖章。在拨码里，不以开票人的署名为要素，如果有其盖章的话就可以了。这个盖章真伪很难识别，很多时候都伴有危险。

第五，开票的日期。开票的日期指的是发行票据交付给对方的日期，记载方法有几种。

根据阳历，写成中华民国某月某日；根据阴历，写成戊午某月某日；根据西历，写成为一千九百三十一年某月某日[①]，以上的任何一种都可以，一般使用的是阴历。在此日期之前的为无效，而在此日期之后，即便过了三十几天也没有关系。但是，这种情况下一般都要询问开票人。根据票据法的规定，支票的有限期为十天，即使没有任何规定，根据实际交易的状态来推测其有效期在一个月。

第六，拨码的常备要素如下。

①用纸

用纸根据开票人，很随意。一般使用的是粗糙的中国纸，大小为横一寸竖二寸左右。

②用语

使用汉语，但是在支票上用外语来写的话也可以。

③号码

由开票人随意书写票据的号码，在票据的左上位置用中国数字在左侧或者右侧中央位置，写上号码。

④骑缝印

在用汉字写号码的地方盖上骑缝印。

---

① 此处仅是举例说明，并非专指 1931 年。

⑤格式

一般是竖着分三行来写。第一行为票据内容的文字，第二行写收取人和金额，第三行写付款人、开票日期和开票人，按这种格式写的人比较多。

前面已经说过拨码起源于钱庄同业者之间的账尾结算。其便利性逐渐被世人所知晓，在天津，其他商人之间也开始产生了与此很像的结算方法。因此，最近在河北省，由于不知道钱商拨码的真相，出现了以拨码作为支票，要求在一张拨码上贴上二分的印花的事情。鉴于此，钱商公会发表了反对此种事情的声明。一方面，向河北省印花税局天津分局呈上了取消的请求，另一方面决定拒绝收用除同业者以外的人发行的拨码，并且还在报纸上登出了启事，向广大群众告知事情真相。作为参考，以下我们翻译了其中一篇文章，以此为例来弄清楚拨码的性质。

敬启：以前，本地的钱商同业者用以往的拨码来进行相互之间的尾账结算，但是最近听说其他同业者也开始仿照我们的拨码，且层出不穷。本公会的拨码仅限于在账尾结算中才能使用，跟其他商人所谓的拨码完全不一样。他们所谓的拨码我们知道其实可以称之为支票或者拨条。今后，除了我们同业者以外，其他商人在发行与我们使用的相类似的拨码的时候，本同业者各个商号均有权拒绝其流通。故此，我们发表以上声明。

敬上

钱商公会

作为支付用具，在本市场中流通的除了前述三种以外，还有以下几种。

（1）支票

①寄给外国银行的支票（番纸）

②寄给中国银行的支票

（2）银条、洋钱条

（3）Comprador Order[①]

（4）存条等

我们按照以上的顺序来说明。

（1）支票

①寄给外国银行的支票（番纸）

②寄给中国银行的支票（支票）

所谓的支票是指寄给中国银行的支票。所谓的新式银行是指中国银行、交通银行、直隶省总银行、北洋保商银行、山东银行、浙江兴业银行、盐业银行、金城银行、新华储蓄银行等。这些银行采用支票，其样式和条件跟我们的支票完全一样。

（2）银条、洋钱条以及钱条

作为中国固有的银行（钱庄），其发行的 Cashiers Order，银条在面额上是两银。所谓的洋钱条，指的是金额是洋银的东西。钱条指的是制钱（我们国家的一厘钱），标注票据面金额。在 30 年以前，作为代替兑换券使用的东西很盛行。钱条在现在已经看不到其踪影了，银条、洋钱条也慢慢地被废止了。现在我们来看

① 买办付款令票。

一下它的雏形。

钱条　　　　银条

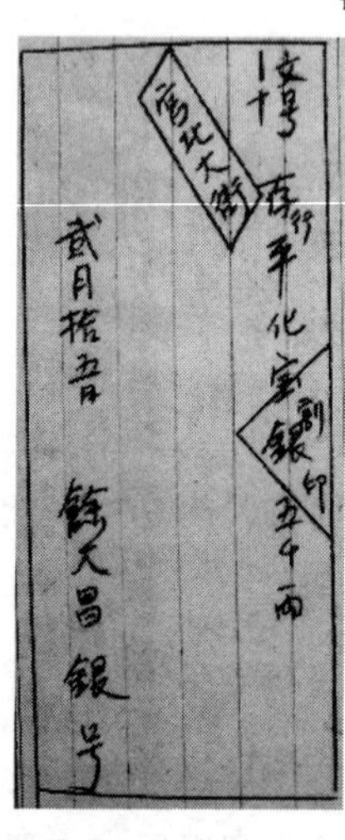

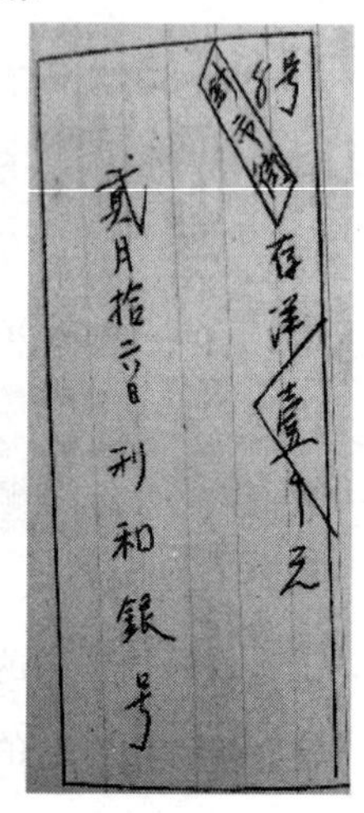

图上部分文字解说：

存：指的是预存的意思。

行平化宝银：行平指的是一种衡器，化宝银为马蹄银的一种。

五千两：指票据面额。

洋一千元：指洋银一千元的意思。

割印：即发行银行的骑缝印，它是证明票据真伪的唯一证据。

利和银号、余大昌银号、祥顺兴行：指开票银号的名称。

正月廿六日、贰月拾五日、贰月拾六日：指开票日期。

宫北大街、针市街：表示支付地，即银号的所在地。

〩号一十、〥号①：表示票据的号码。

---

① 采用的是苏州码子，1~10的数为〡、〢、〣、〤、〥、〦、〧、〨、〩、十。

（3） Comprador order

指的是外商或其买办，命令把一定金额的钱支付给固定的人的票据。以下是当地 William Forbs 公司采用的一种样式。

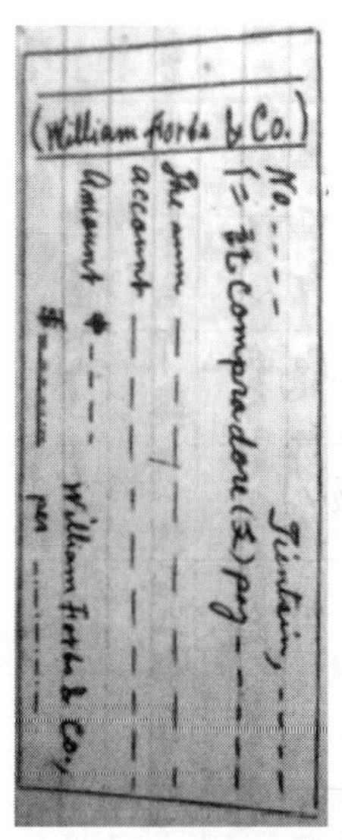

(William Forbs & Co.)

No. .... Tientsin, ...

To Comprador pay ....

the sum ....

account ....

Amount $ ....

William Forbs & Co.

per ....

（4） 存条

作为中国银行发行的存款证明书，可以看见其还在流通。

第二节　本地市场中国银行（钱庄及银行）的信用调查

以下这个表列举的仅仅是外国银行买办的客户，并非本地全部的银行。在这个调查中，关于经营者和资本金是以中国银行的调查为基础，关于信用，我们参考了中国银行间的意见，将其分为头等、一等、二等、三等、四等。按照这个顺序排序，如下表①。

名称	出资者	控制人	资本金	信用
信记（正金）	魏信臣		（身元保证金）7万两	头等
镰记（汇丰）	郭炬卿		（身元保证金）10万元	头等
伯记（道胜）	张扔龙		（身元保证金）3万两	头等
恒记（汇理）	訾质甫		（身元保证金）5万两	头等
致记（华比）	李致堂		（身元保证金）5万两	一等
守记（花旗）	金亮臣		（身元保证金）2万元	一等
乃记（中法实业）	陈及山		（身元保证金）5万元	一等
义记（渣打）	延年堂		（身元保证金）2万两	一等
北丰	左	李雅泉	2万两	一等
直隶银行			120万两	头等
中兴	范	王兰舫	2万元	一等
益盛源	卞	张少舫 杨郁文	4万两	一等
永亨	集股	刘泽泉	10万元	一等
永昌	吉	王筱舟	2万两	一等

① 表中所列出资者中有标明姓氏者甚多。原文如此。

续表

名称	出资者	控制人	资本金	信用
永成	吉（跟永昌为同一人）	王筱舟	10 万两	一等
永康	魏信臣（该行买办）、杜	雨香 王聘之	2 万两	头等
永信	集股	张吉林	1 万元	三等
盐业银行		与在天津的资本额一样	50 万元	头等
复大	王仲奇	任墨林	2 万两	二等
义成	集股	李云章	2 万元	二等
义兴	江苏督军（李秀山）	赵益齐	4 万两	一等
义胜	翁	王古清 焦	1 万元	三等
义聚永	盛 邱	杜善卿	1 万元	二等
交通银行			1000 万两	头等
金城银行			50 万元	头等
华充银行	冯大总统	孟慎吾	10 万元	头等
华通	胡 张	赵敬齐	2 万元	三等
华胜	冯国璋	杨＊卿	2 万元	一等
华信	集股	姚桐甫	1 万元	四等
协兴厚	肃	沈琴轩	1 万元	四等
治源	合股	张云峰	10 万元	一等
谦益丰	王兆祥	穆锦臣	1 万两	四等
蔚丰商业银行	合股	马聘臣	20 万元	二等

续表

名称	出资者	控制人	资本金	信用
思庆永	赵	赵聘臣	1万元	三等
宝隆合	居、冈	居雨卿	1万两	二等
隆华	杨少泉	长吉生	4万元	一等
利和	彭	李致堂	4万元	头等
慎昌	黄	黄子林	1万两	一等
晋丰	合股	朱余齐 马杜山	10万两	头等
正大	王景杭	毛敏齐	4万元	二等
震源	集股	薰越桥 徐子谦	4万两	二等
信富	（海军大臣）刘冠雄	韩玉堂 孙鹤臣	10万元	头等
祥顺兴	张敬尧	杜冠山 王少舟	10万元	一等
振记	宁	何振春	1万元	三等
志通	合股	杜幼足 刘文卿	10万元	头等
新华储蓄银行		跟在天津的 资本金一样	20万元	头等
时利和	钟芹初	于益之	2万元	四等
敦昌	冯	范钟轩 卢子林	10万元	头等
德庆恒	郑卢裳	周吉林	2万元	一等
之源义	盛	郭成麟	1万元	二等

续表

名称	出资者	控制人	资本金	信用
敦庆长	乔吉亭	高越村 王子青	3万两	一等
裕生号	敦捷之	纪瑞生	1万元	一等
余大昌	集股	王筱岩 张善卿	8万元	二等
豫泰厚	袁少明	姜慎清 李芝坡	6万元	二等

注：合股指的是股份组织，集股指的是合资组织。除了写有外国银行买办和某某银行之外，其余统称为银号。比如说，永成指的就是永成银号。

第五章　钱商公会

钱商在各地大都设立了同业组合，可称为会馆公所或者钱行。而且，在天津，钱业者的组合被称为钱商公会。

天津的钱商公会现有理事八人，其中从事会务整理的有一人，管理文书的有一人，整理会场的有一人。每天在公会里，当开市了以后，银号都会派一个负责人去（但是，仅限于被公会认可的人）。以前交易的羌贴、期货买卖、公债期货买卖、老头票等全部被取消了。现在能够交易的只有银元和九六公债现货两种。而且，钱商公会还另设有公估局。公估局主要是鉴定银号买入的生银，然后这个银子才能进入市场流通。民国15年10月，钱商公会拟定了暂行章程和办事细则，使其内容更加充实。下面我们分节来说一下。

第一节　天津钱商公会暂行章程

天津钱商公会之暂行章程

天津钱商公会，前在军阀压迫时代，受种种之束缚与苛求，办事诸多棘手，会务因之不振，一切建设计划更无具体表现，现在国民政府统治之下，民众意见，均可随时表现。一般有志改造钱商公会之董事，对会务颇有振作之意，爰于日前开会，通过钱商公会暂行章程及办事细则，内容颇称完备，兹照录其原文如下：

暂行章程

第一章　名称

（第一条）本公会系在天津本埠钱商各字号组合而成，定名曰天津钱商公会。

第二章　地址

（第二条）本公会事务所设在天津旧城北门内大街警察南五区门牌一百十五号。

第三章　宗旨

（第三条）本公会以维持同业利益剔除同业积弊为宗旨，联络戚情，固结团体，俾营业有发展之希望。

第四章　职务

（第四条）本公会有维护同业之义务，凡同业因商事行为有必要之请求时，得函商会陈请官府或转函各埠商会，充分维持，但营业范围以外之行为，本公会不负维护之责。

（第五条）本公会以谋金融之流通，及交易之安全，并巩固公共之信用为目的，就最小值范围言，凡同业商号每日收交电汇及买卖银元并有价证券等等。各行市均在公会内附设市场办理，以期画一，而免分歧。

（第六条）凡他业或客帮向我同业收交电汇及买卖银元并有价证券等等，均应照交手续费，及票贴转账费。若有破坏规章者，由董事召集全体会员，切实劝导，服从规章。如仍不服从，请其出会，以维会务。（此条俟查看街市情形再为实行）

（第七条）本公会附设市场，依照本公会章程第五条规定之各项生意，由街友居中说合，定章以在公会之字号为限制，至于会外同业各字号，街友不得在会内市场代为办理，倘街友有私自代办者，一经查出，将该街友逐出市场以外，永不许在会内办事。

（第八条）同业商号因商事行为有争执时，得由本公会董事调解之。

第五章　职员

（第九条）本公会应设之职员及其推举任期与执行之权限，依左列各款办理。

（一）采用董事制，设董事九人，接名誉职（以附属于总商会故不设会长、副会长）

（二）董事由会员中推举，推定后不得借词推却。

（三）董事以二年为一任期，如有中途补充者，按前任者之任期接算。

（四）董事任期满后，续被举者亦得连任。

（五）董事对内有表决事理之权，外有代表全体之权。

（六）董事表决执行之件，全体会员均须服从办理，不得借故有所争执，如果表决的事项与会员的利益有冲突，会员应该向理事会说明缘由，另行讨论。

（七）会内同业各字号，对于业务遇有周转不灵时，改号得向本公会报告，由本公会调查该号账目，如无亏累，实系一时周转不灵，经全体会员开会表决，取有确实保证后，由全体会员各字号按照等级，分别担任，暂行垫款，以资维持，事后应偿本息若干，由该号如数照还勿误。此项办法，全体董事均须担负责任。

（八）董事遇有事故不能到会时，得委托人执行代办之权，但所委托之人需完全负责，与董事本人无异。

（九）每届开会时，董事或所委托之代理人，不得相连三次缺席，有旷职责。

（十）遇有交涉事件，全体董事临时当场推定几人办理，以专责成。

第六章　会议

（第十条）本公会会议分三种

（一）年会　每年于夏历正月二十日召集，会员全体举行之。

（二）常会　董事会议，每月二次，以夏历每月初二、十六日为定期。

（三）特会　无定期，由董事认为必要时，或开董事会或开全体会员会。

（第十一条）本公会会议需列席者过半数，并得列席者过半数之同意方可决议。

（第十二条）本公会会员如有提议之事，皆得函请董事开会讨论，董事会议有未能解决时，由董事召集全体会员开会议决之。

第七章　入会

（第十三条）凡属同业殷实之商号，愿入本公会者，须开写资本总额，股东姓名住址及所占股份，并经理人姓名住址，有会员三人以上之介绍，写具志愿书，声明能确守本公会规定之章程，并认定某等级，日后无论有何应尽之义务，均按照某等级办理。经本公会全体董事审查合格，方得入本公会为会员，享受权利。

（第十四条）同业商号，凡已入本公会者，其经理人即为会员，皆有推举及被推举权，均须担负维持本公会全部之责任。

第八章　出会

（第十五条）会员有犯左列各项者，应行出会。

（一）妨碍本公会名誉信用，及不服从本公会规章者。

（二）干犯国家法律及破坏公益事项者。

（第十六条）会员出会，其入会时缴纳之会费及经常费，概不退还。

第九章　经费

（第十七条）本公会经费由会员全体担任之。

入会费　甲等二百元，乙等一百五十元，丙等一百元。

经常费　甲等每月四元，乙等每月两元。

（第十八条）本公会经常岁支由全体董事列为预算，就会内各项进款，酌为开销，于每年开年会时，将收支各项账目报告全体会员，以昭大信。

（第十九条）会中用款，由全体董事管理，不得超过预算表之数目，倘有特别需要，会中款项不敷支用者，得召集全体会员共商担任办法。

第十章　附则

（第二十条）本章由全体会员议决，呈请天津总商会立案实行，嗣后如有需修改之处，仍需召集全体会员会议，依本章程第十一条程序决议修改之。

第二节　天津钱商公会办事细则

办事细则

（第一款）本公会推举董事九人，共同负责。依据本公会章程第九条第五、六、七、八、九、十各项之规定办理之。

（第二款）本公会约聘秘书一员，辅佐董事办公。撰拟文稿及管理案卷。关于发出之函牍文件，经全体董事核准签字后，由秘书负责盖章缮发。

（第三款）本公会收支各款，有会计员经理一切。每月底缮具月报账簿，于开常会时，交全体董事查阅。

（第四款）本公会设书配一员，专司缮写文字事宜，事繁增设。

（第五款）本公会会议不举主席，议决事件依据本公会章程第十一条办理之。

（第六款）年会应议之事如左

（一）报告上年账略

（二）酌定本年预算

（三）筹划一切进行。

（第七款）年会之后，有合于前款第三项之事项者，得于常会或特会提出讨论，付诸公决。

（第八款）会议事件，应于开会前一日，摘要知照与议之人（如开董事会，则知照全体董事。开会员全体会，则知照全体会员），以便有所筹备。但遇有事关重要，未便预为宣布者，不在此限。

（第九款）会议事件，有一时未易解决者，得公推审查员先付审查竣事再行会议。

（第十款）议决各事，由书记备载于议事录，经列席之董事全体签字，秘书盖章，保存备查。

（第十一款）议决各事于未实行以前，会内人均不得有所泄漏，以昭慎重。

（第十二款）本公会董事，轮流值年，凡公会重要物件应存在保管箱者，由值年董事督同本公会人员存放或取讫之。至本细则第三款所载之月报账簿，由全体董事查阅后，送值年董事处保存。

（第十三款）本公会附设市场，依据本公会章程第五条至第七条办理。由管理员负责维持，全体董事监理之。

（第十四款）本公会市场经费，由在会各字号共同分担。该市场管理员，用量出为入之法，于每月底清结之，不得亏欠，亦不得盈余。至详细出项，每月缮具清单，在市场内公布周知，如有名实不符者，准在会各字号据情质问，以昭核实。

（第十五款）会内人员，均不得借用本会图章或名义，自办私事。

（第十六款）本细则如有须修改之处，仍依本公会章程第十一条程序决议修改之。

第三节　天津钱商公会认可会员及钱商公会之外会员

我们在第四章第二节已经做过叙述了，钱庄的资本以及控制人在这节中不再叙述。

字号	资本	经理	地址
洽源号			竹竿巷
晋丰号			竹竿巷
敦庆长			北＊路
利和号			针市街
余大昌			法租界
鸿记	8万元	曹趾厚	北门外
思庆永			英租界
德源家	5万元	毛敏青 倪岐山	竹竿巷
德源号	2万元	张锦堂 桑奎卿	东新街
义恒号	3万元	郭＊香	法租界
义兴号			针市街
永丰	合股无限公司 成本12万元		宫北街
永清号	成本5万元 副本3万元	张济生 张子王	针市街

续表

字号	资本	经理	地址
隆盛号	3万元	王兰舫	针市街
中兴号		沈治	河北大街
王兴恒	2万元	郭秀岩	北门外
森源益	15000元	王廷栋	竹竿巷
义成裕	5万元	王景西	估衣街
和济号	2万元	阎锡三、王善齐 彭贞甫、*世卿	法租界
义胜好		陶捷卿	宫北街
兴泰号	1万元	唐振山	宫北街
瑞茂号	1万元	翟铁山	日租界
信益	1万元	陈伯夫	日租界
敦昌号			宫北街
春华茂	2万元	孟吉甫	法租界
裕生号			法租界
庆隆号	1万元	不明	宫南界
益兴珍	1万元	范雅林 邢毓卿 孙升庵	宫北界
时利和			英租界
思庆厚	2万元	赵致申	英租界
信孚号	2万元	王竹生 程德隣	法租界
祥发号	合股5000元	张耀庭	考车站
永信号			法租界
聚丰永	3万元	崔兰亭 王仲贤	法租界

续表

字号	资本	经理	地址
恒兴茂	1万元	陈振声 兰仕之	日租界
中实号	合股2万元	刘鼎卿 张锡九	日租界
大康号	合股2万元	郑志臣 翟铁珊 曹兼中	日租界
民兴号	2万元	滑文辅	日租界
宝大号	10万元	毕声齐 穆轩清	法租界
永源号	10万元	王松臣 魏绍梁 张鲁溪	针市街
宝成号	5万元	纪瑞生	宫北街
庆亿号	10万元	胡相轩	法租界
梓茂号	合股10万元	张兰舫 王相林	法租界
同字号	合股10万元	王墨林	法租界
泰昌号	8万元	高俊明 刘锐波	针市街
天瑞号	合股7万元	顾育华	针市街
永增合	合股4万元	李瀛州	针市街
裕庆长	2万元	赵聘卿 孙献臣	日租界
肇华号	合股10万元	何巨川	宫北街
庆丰号	合股2万元	曹雨林	法租界

续表

字号	资本	经理	地址
宏利号	5万元	任良臣	竹竿巷
益善号	合股6万元 债本4万元	邓楚卿 顾益三	针市街
宝生号	合股2万元	张 * * 王铸生 于松乔	法租界
永昌号		段竹严	北马路
永达号	8万元	王宝藏	法租界
敦成号	8万元	赵子珍 王寿岑	法租界
永谦号	5万元	杜幼芝	针市街
裕津行	30万元	沈香雨	宫北街
同裕厚	合股无限公司 股本10万元	张奎卿	法租界

译者注：表中的 * 为译者所加，表示原文中此处内容无法识别。

天津钱商公会之外的会员

字号	资本	经理	地址
义信昌	3万元	翟文藻	日租界
兴达号	1万元	冠健成	日租界
顺兴号	1万元	于捷三	法租界
中和号	25万元	王士珍	北马路
颐和号	20万元	倪松生	法租界
和济号	10万元	王景西	竹竿街

续表

字号	资本	经理	地址
瑞茂号	2万元	萧汉成	日租界
义生号	10万元	王松榧	法租界
诚明号	4万元	不明	竹竿街
裕源号	10万元	张汉南	针市街
福东号	10万元	杨景波	法租界
保信号	2万元	阎雅卿	日租界
谦生号	20万元	王介石	针市街
德源号	5万元	王敏齐	竹竿巷
恒通号	2万元	张原伯	竹竿巷
聚成号	2万元	张任一	日租界
相丰号	1万元	孙仲和	法租界
宝兴号	2万元	果杰	法租界
协记	10万元	载熙雍	宫北街
瑞天号	2万元	孙后卿	宫北街
*生祥	4万元	内捷臣	法租界

译者注：表中的*为译者所加，表示原文中此处内容无法识别。

上海钱庄调查*

昭和8年第30期生

岛田幸吉

第一章　钱庄的起源

中国钱业的起源非常久远，在中国各种书籍中，有如神话那样的记载，在一些专业书中也提到过，故追究其起源是一件非常困难的事情。

作为一个金融机构，钱庄的起源可以看做是从物物交换时代进入金融货币交换时代后产生了对钱银兑换的需要而出现的。以下通过列举几个例子，来对钱庄的起源做一个考证。

①宁波商人创设的借贷起源说

一个城市发达的话，交易也就随之发达，这就对货币产生了需求。作为一种必然的趋势，借贷关系自然也就产生了。稍微有点资金富余的人就开始将其用于投资，谋求增值。

当上海还仅仅是一个渔村的那个时代，石福昌和冯承两位宁波商人即开创了借贷业。随后，从事薪炭业的商人某氏在南市开设了煤栈，当时他把自己的富余财产贷给他人。从此以后贷款这个事业

---

* 原文见国家图书馆编《东亚同文书院中国调查手稿》第148册，第1~114页。

产生了并最终成了一个专业，以至于形成了钱庄这种组织。

②富裕商人的外库发展说

个人或者少数的商人产生了剩余货币，在运用这个剩余货币的时候感到不便，于是便直接贷给他人。其中有几个人创立了钱庄，并把其作为外库。在他们需要资金的时候充当资金供给的角色，然后这个外库就变成了钱庄。

③山西票庄起源说

在前清乾嘉年间，有一个叫雷覆泰的山西平遥人。他携达浦村李某氏的资本在天津创立了一家名叫日升昌的颜料店。由于颜料中的铜绿产自四川，所以雷氏就去了四川。他在采购的时候对现银的移送感到特别的不方便。当他知道川商在向天津方面移送现银的时候也会跟他面临同样的困难，为此创立了汇兑这一方法。首先是在四川开设分店，四川和天津的商人都到日升昌来进行商业交易现银。就这样，日升昌获得了利益。在四川和天津之间进行商业交易的人也得到了极大的便利。而后，日升昌在各地开设分店，经营汇兑业务，这就是山西票庄的起源。此外，我认为没有必要对其他各种起源说一一列举，故省略之。

第二章　钱庄的意义和作用

第一节　钱庄的意义

在中国银行通行则例（前清光绪三十四年一月度支部发行）中没有关于钱庄的规定，在该则例中第一条（银行通行通则总共有十六条）有关于银行业务的详细规定，现在我们来看一下其大概内容。

【开设店铺，经营如下业务的，不管其名称如何，都被视为银行，都有遵守本通行则例的义务。】

1. 各种日期票据和汇兑票据的贴现
2. 短期拆息
3. 从事存款业务
4. 从事贷款业务
5. 生金、生银的买卖
6. 银钱的兑换
7. 代理接受公司、银行、商店发行的票据
8. 各种期票、汇兑票据的发行
9. 发行市场通用的金钱票

这种对银行业的规定也适用于钱庄。但是，不能将其看做是对钱庄的定义。那么，钱庄是一个什么样的东西呢？在这里我想综合我所知道的，对钱庄下一个定义。

一方面，钱庄是中国固有的一种金融机构，在其他国家见不到。另一方面，它把社会剩余的银元聚集起来（供给者），然后把它贷给资金缺乏者（需求者），调节需求和供给两者，把信用视为最重要的东西，其性质是无限的。这里，我们来详细地看一下。

（一）钱庄是中国固有的金融机构

关于钱庄的起源年代，在历史上没有人对其做过明显的记载。但是，其起源非常悠久，关于这一点毫无怀疑的余地。但是，通常在讨论钱庄起源的时候，都认为钱庄起源于兑换，兑换起源于币制。由于起源于币制，而货币又产生了理财，由理财产生了票据的发行，而且钱庄的兑换每年都有大的发展。

但是，中国的币制起源于周朝，而票据的发行则在唐代就出现了。从这个我们可以知道钱庄历史的悠久。

银行是最近数十年间发展起来的，从前没有这样的名称。清光绪二十三年（1897）有一个叫盛宣怀的人从度支部借了百万两白银，创立了中国通商银行，它是中国的银行业的鼻祖。而后在光绪三十年（1904）创立了户部银行。在民国成立之前，它被称为大清银行，民国成立之后，它被称为中国银行。从这里就可以知道中国银行历史之短暂。但是，中国银行条例是学习了日本的制度，而日本又是从欧洲学来的。总之，银行不是中国固有的金融机构，这点很明确，钱庄和银行的不同也就在这里。因此，虽然说钱庄和银行是中国现在主要的金融机构，但是银行是银行，钱庄是钱庄，绝不可将其混淆，这两者有着不同的性质。

（二）钱庄一方面把社会中的剩余资金集中起来，另一方面将其贷款给缺乏资金的人，发挥着调剂金融需求和供给的作用

钱庄一方面把普通民众的盈余和不用的资金集中起来，另一方面，将这些集中起来的资金贷款给缺乏资金的人。前者称为资

金供给者，在钱庄业务上称其为存款；后者称为资金需求者，在钱庄业务上称为放款（贷款）。因此，人们有了剩余资金的话，就会把它存到钱庄里，获得相应的利息。而缺乏资金的人在接受钱庄贷款的同时向其支付相应的利息。钱庄处于这两者之间，起媒介的作用。而资金的需求方和供给方都能获得同等的公平。这样，钱庄起的是一个将剩余资金集中起来供给不足的地方的一个作用。钱庄在这个过程中获得一些小的利益。因此，“钱庄”是一个调剂金融的机构，其跟当铺、高利贷、放贷等仅仅依靠自有资本来放贷而不接受外部其他人的存款机构不同。其次，钱庄跟储蓄银行、邮政储蓄以及储蓄会等只接收公众的存款发放大额贷款的机构也不同。后两者只是从事一种业务的金融机构，不能称为钱庄。

（三）钱庄对资金需求者和供给者只有信用二字

钱庄在接收存款的时候必须以信用为主，同时在放贷的时候也必须将信用视为最重要的东西。前者是存款者相信钱庄的信用，后者是钱庄相信借方的信用。因此，前者是钱庄自身的信用，后者是借方自身的信用。有剩余资金的人着急将其资金存入钱庄这点自不必说，存款人在这之前必须对其资金所存入钱庄的信用情况做一个详细的考察。如果钱庄的资本家、股东或者控制人值得相信的话，那么这个钱庄必然有信用，即便是初次存款的人也能放心存款。如果不是这样的话，即使是把宁口银存放在金库里，由于并不能靠其来获利，所以，钱庄在吸收存款的时候，首先需要的还是信用。而且钱庄在放贷的时候也是一样。钱庄吸收一般人的剩余资金，在接收了存款以后，就要尽快将此资金贷出去获取利益。但是，钱庄在放贷以前，必须对借方商人的信用做一个最详尽的调查。这就跟存款人在存款的时候考虑钱庄的信用如何一样。如果借方商人的资本雄厚，生意很大并且其借款的用途正当，也就说值得信任的话，钱庄则贷给其相应的资金。反之则不对其贷款，缩小营业，减少存款。因此，商人在向钱庄要求贷款的时候，首先自己必须要有信用。这样我们就可以知道钱庄是以信用二字来做生意的。

（四）钱庄负有无限责任

钱庄的性质是无限责任。所谓的无限责任是什么意思呢？也就是说，钱庄的股东对于钱庄内的债务负有无限的责任。换言之就是以其所有财产为担保。举例，钱庄在出现了赤字的情况下，各钱庄的股东按其持股的多少对其进行填补，不论多少都免不了。而且，有时遇到了市场紧急恐慌情况，钱庄的资金运转出现故障，股东按照持股的数量来分担资金的供给压力，等待市场恢复正常再进行回收。这也是钱庄不同于银行的一点。

但是，银行都是有限责任的组织，股东的责任以出资额为限度。比如银行出现了亏损，各股东不承担其出资额以上的责任。但是，钱庄的股东却不同，一方面钱庄的股东负有无限责任确实很危险，而且一旦钱庄破产，产生大的亏损的时候各个股东有可能因此而遭遇破产。但是从其他方面看的话，因为钱庄的股东要承担无限责任，所以才能获得像现在这样非常高的信用。

钱庄依据此信用得以吸收存款，发行票据。所以并不能批评说无限责任是危险的。而且，钱庄之所以胜过银行也是由于这个原因。虽说如此，钱庄的股东必须认识到自己责任重大，且从事的是一个危险行业，在营业方面，以稳健为主，在支配人的招聘方面应慎重选择，防止危险，这些都是钱庄业者应该注意的事情。

第二节　钱庄的作用

钱庄在经济社会里作为一种主要机构，对社会的作用很大，这里我们列举其几个显著的作用。

（一）增加资金的运用

世界上的企业家并不一定都是资本家，资本家也不一定都是企业家。因此，往往拥有巨资的人苦于资金的运用，放到金库的话，不仅不会获得相应的利息，还会有水、火、盗贼的危险。但是，有一个人，有经营企业的才能，能够运用这笔资金。这时，钱庄出现了。它以其信用来吸收社会上的剩余资金，然后把它贷给各个企业家。如此一来，资本家获得了利息，同时又弄出了一个企业，真可谓是一个一举两得的事情。资本以及运用资本的才能只有相互作用农工商业才能繁荣。同时，社会也因此而进步。还不仅仅是这样，钱庄自己也运用接收的存款，因此可以说钱庄增加了资本的运用，这是钱庄的一个作用。

（二）减少货币的使用

现今，由于工业发达、商业兴盛，交易也自然的多了起来，借贷关系也变得比以前复杂。但是，依然跟以前一样，在手续上必须以货币来进行债券债务的结算，其不便和不划算可想而知。现在，由于钱庄的出现，一切债权债务按照存款转账、支票转让、票据交换以及汇兑等方法可以结算。如此一来，就可以彻底地排除运输现银的危险和麻烦。而且货币的使用也可以随之得到节约，对于国家和社会均有裨益。这是钱庄的第二个作用。

（三）开拓投资渠道

钱庄在贷款或者贴现的时候，一定不能犹豫。要在事前派人秘密对借款人以及接受贴现人的信用程度做一个调查。对其是否将资金使用到有用的生产事业上做一个详细的调查。防止资金使用到不正当的地方，这是钱庄的第三个作用。

（四）防止投机的发生

所谓投机，一般指的是以买空卖空为事业的商人。这些人都借着充裕的资金想要获取投机的利益，无论如何，对于钱庄不得不接受金钱的融通，希冀万分之一的侥幸。但是，钱庄在放贷的时候，必须以稳健为宗旨。而且，钱庄非常害怕滞贷和倒账的危害，所以，钱庄对此种投机商人敬而远之。钱庄对此种投机事业者不予放贷的话，投机者自然而然也就减少了，对于社会的好处也是非常大的。这是钱庄的第四个作用。

（五）减少物价的变动

物价的暴涨、暴跌对社会的影响是不言而喻的。但是，在市场中资金的供给超过需求的时候，就会发生货币膨胀的现象，物价因此而升高。另外，在市场中资金的需求超过供给的话，就会压迫金融，物价因此而低落。调节物价，使其得到一个平均值。钱庄在资金的需求超过供给的时候，将多出来的自己吸收，投资于长期的贷款。如此一来，社会上的资金需求和资金的供给分别达到需要它们的地方。资金需求和供给得到平衡的话，物价的暴涨和暴跌也就减少了。这是钱庄的第五个作用。

（六）使工商业的事务变得简单

如果没有钱庄的话，工商业者就不得不每天靠自己的力量去吸收货币票据的地方来处理这些东西。如果是自己处理的话，其劳作、费用真的是非常之大。在这里，钱庄通过接收存款，代理这些人处理货币票据，不但使其劳作减少，而且也能大大地节约其费用。一般情况下还能获得一些利益。不得不说它很方便。这是钱庄的第六个作用。

（七）培养诚实的美德

在各国的经济社会里，往往存在在契约期间却不能遵守契约，采取延期支付或者拒绝债务履行，因此在社会上逐渐形成了这种不顾道德的不良风气。但是钱庄业者重视契约的履行，也严守支付期限。因此，慢慢就成了一种习惯，矫正社会上过期违约这种不良做法，培养善良的风气，诚实守信这种美德也就慢慢形成了。而且，钱庄本来就重视信用，不管是对自己还是对他人。现在据我的观察，虽然还没有看见钱庄设有信用调查部等机构，但他们都能对各个商家的信用了如指掌。因此，各商家都争先恐后地采取诚信的行为。从这点来看，不得不说钱庄确实在促进社会道德进步上发挥很大的作用。这是钱庄的第七个作用。

票庄曾是山西人的专业。庄内的店员也都是山西人，也有过绝对不聘用别的省份店员的店铺。绍兴派钱庄并不都是被绍兴人所独占，在庄员的任用上不排除外省的人。这是票庄和钱庄的不同点。

票庄的主要业务是汇兑，而钱庄的主要业务是贷款、存款。这是两者第二个不同点。票庄主要是接收官吏的存款，另外，给官吏发放金钱也经常通过票庄来进行。但是，钱庄的交易对象直至今日大部分都是商人。这是两者的第三个不同点。

票庄的资本大体上比钱庄要多，这是第四个不同点。此外，在组织方面，两者的不同点也有很多。山西票庄在清代达到鼎盛，但在今天没有任何的力量，仅仅是作为历史上的一件事被留了下来，不足一提。并且，如果从资本的大小和经营范围的大小对钱庄分类的话，可以分为以下三个。

1. 汇划庄

钱庄中级别最高的，资本多，营业范围广。因为加入了汇划总会，所以被称为汇划庄。

2. 挑打

钱庄中级别属于中等的。没有加入汇划总会，票据结算依赖汇划庄来进行。比起前者虽然稍微有点逊色，但是比后述的零兑庄要好一些。

3. 零兑庄

钱庄中级别属于最低的。有元、亨、利、贞字号钱庄之分。

主要在门前进行小额货币的兑换，同时一般还从事烟草的买卖。

在店前放置的黑板上用白字写着本日的行情，一元能换几个角子，多少角能换多少个铜元，几个铜元能换几百几十文，这个东西被称为标牌。这种钱庄通常位于电车站、公共汽车站，数量很多。而且，详细情况如下所述，为了说明元、亨、利、贞字号的钱庄，我们从其沿革来对其做一个分类。

1. 大同行

是钱业公会的会员，对于汇划庄从其他方面来看的分类法得到的名称。

2. 小同行

在其沿革上有元、亨、利、贞之分。

（1）元字号钱庄

俗称“挑打钱庄”。在中国数十年前（1850年左右），制钱的价值暴跌，因其在社会上的需求非常大，（制钱数量增多）所以一般商人在搬运它的时候感觉到了困难。所以，被命名为“挑打（钱庄）”。现在的“挑打钱庄”，一般据推测是从“打”和“担”的讹音产生的。从前，这种钱庄主要是从事贷款存款业务，现在这类钱庄虽然也从事汇划庄的业务，但是数量非常的少。

（2）亨字号钱庄

又名“关门挑打”，营业范围狭窄，没有运送现金和经营存款的能力。这种业务经常委托给汇划庄或者上一级的“挑打钱庄”，自己只是坐在家里。

（3）利字号钱庄

又称“拆兑钱庄”，一律不从事借贷业务，主要经营银元纸币的买卖。现在，在店前也从事兑换。

（4）贞字号钱庄

贞字号钱庄被授予现兑钱庄的名称，也称为门市钱庄，俗称烟纸钱庄。虽然我认为有必要对现兑门市、另兑、烟纸等名称的起源做一个说明，但是，中国人的这些所谓的称呼实际上是马马虎虎的一个东西，故此处省略。

接下来，我们看一下在上海调查的汇划庄元字号、亨字号、利字号、贞字号钱庄的情况（虽然错误之处在所难免，但是，作为掌握其大概情况还是可信的）。

民国 21 年加入上海钱业公会同行业者表（汇划庄）

牌号	地址	股东	股份	资本	经协理	备注
大德益记庄	北市天津路祥康里	王驾六 李清如	七股 三股	16 万两	经理：曹根仙 王秉澄 协理：汪仲仁	
大赉庄	北市天津路福绥里	李仲斌 王伯瀛 江裕生 匡仲谋 朱凤池 蒋泉茂 楼怀珍	二股 二股 一股半 一股半 一股 一股 一股	20 万两	经理：楼怀珍 协理：沈久余 李景霞	
元大庄	北市天津路景行里	薛宝润 叶鸿英 王伯元 张组英	三股 三股 二股 二股	20 万两	经理：王文治 副经理：陈恂如	

续表

牌号	地址	股东	股份	资本	经协理	备注
元盛庄	北市天津路 集益里	陈彦清 周晋甫 孙廷焕 田永祥	四股 四股 一股 一股	4 万两 附本 10 万两	经理：胡炎生 协理：陈玉堂 襄理：吴幼玉	
五里信记庄	北市宁波路 冠宁坊	陈青峰 毛商如 陆文澜 冯仲卿 陈松林 张文波	二股半 二股半 二股 一股 一股 一股	20 万两	经理：张梦周 协理：金裁庭	
仁亨晋记庄	北市宁波路 兴仁里	方濬年 杜启记 丁仁德 傅全贵 姚桂生 陈壁淋 戚锡鏴祀	一股半 一股半 一股半 一股半 一股半 一股半 一股	20 万两	经理：戚子泉	
生昶庄	北市天津路 长馨里	邶彭年 荣宗敬 程筬六 黄静泉	六股 二股 一股 一股	20 万两	监理：邶彭年 经理：王卓瀛 王调甫 薛金一	
永聚庄	北市宁波路 同和里	严康琳 徐承勋 陈星记 秦珍荪	二股半 二股半 二股半 二股半	10 万两 附本 14 万两	经理：吴延范 协理：朱岺乡	
永兴庄	北市宁波路 兴仁里	陈荻洲 郭若两 陈仲蓖 郁震东 陈子芳 单卓人 陈梅伯	二股半 二股 一股半 一股 一股 一股 一股	20 万两	经理：陈静涞 协理：王汉卿 襄理：陈荻一	

续表

<table>
<tr><th>牌号</th><th>地址</th><th>股东</th><th>股份</th><th>资本</th><th>经协理</th><th>备注</th></tr>
<tr><td>永丰庄</td><td>北市宁波路
同和里</td><td>陈春澜
王磬泉</td><td>七股
三股</td><td>20万两</td><td>经理：田祈原</td><td></td></tr>
<tr><td>安康昌记庄</td><td>北市宁波路
兴仁里</td><td>方武记
方季记
方濬记
方选记
方兴记</td><td>五股
四股
二股
一股
一股</td><td>19.5万两
附本6.5万两</td><td>经理：赵文焕
协理：范秉成</td><td></td></tr>
<tr><td>安裕资记庄</td><td>北市宁波路
兴仁里</td><td>方记扬
黄伯惠</td><td>七股
三股</td><td>24万两
附本26万两</td><td>经理：王鞠如
协理：凌伯康
徐长椿
襄理：田子松
冯哲轩</td><td></td></tr>
<tr><td rowspan="4">存德和记庄</td><td rowspan="4">北市宁波路
同和里</td><td>江同德
堂启记</td><td>六股半</td><td rowspan="4">6万两</td><td rowspan="4">经理：张文波
协理：宜新甫</td><td rowspan="4"></td></tr>
<tr><td>江鹤琴
冯瑞东</td><td>半股
半股</td></tr>
<tr><td>江逢源
堂祝记</td><td>半股</td></tr>
<tr><td>谢检庭
谢一珏
张蓉洲
张文波</td><td>半股
半股
半股
半股</td></tr>
<tr><td>同安庄</td><td>北市天津路
福绥</td><td>吴锦澄
陈一宸
周瑞庭
赵殿臣
丁厚卿</td><td>三股
二股
二股
一股半
一股半</td><td>16万两</td><td>经理：严仲澳
张子慧
协理：金赞臣
襄理：严水鑫</td><td></td></tr>
</table>

续表

牌号	地址	股东	股份	资本	经协理	备注
同春正记庄	北市天津路集益里四七四号	吴锦澄 李木公 陈青峰 黄德潜	四股 二股 一股半 一股半	20 万两	经理：裴云卿 协理：袁滋青 襄理：吴有香	
同泰庄	北市宁沈路山东路口	谭步韶 乐振葆 谭子临 黄振荣	六股 二股 一股 一股	20 万两	经理：傅玉齐 协理：傅玉经	
同余永记庄	北市河南路济阳里	陈济美堂 黄敦厚堂 姚饨厚堂 蔡一隅 谢光甫 邵燕山	二股半 二股半 一股半 一股半 一股 一股	20 万两 附本 5 万两	经理：邵燕山	
志裕庄	北市河南路如意里	刘星耀 徐樑卿 王养安 陈嗣生 严如龄 张兰坪	二股 二股 二股 二股 一股 一股	20 万两	经理：刘午桥 协理：曹炳臣	
志诚信记庄	北市河南路济阳里	徐承勋 徐乐卿 周廉甫 牛衍庆 冯仲卿 盛筱珊	二股半 二股 二股 一股半 一股 一股	12 万两	经理：秦贞甫 协理：盛梦鲤 襄理：冯鸿甫	
均昌安记庄	南市豆市街吉祥弄	翟鹤鸣 董袁青 吴润身 周瑞庭 祝伊才 王烈武 周楚琴	二股半 二股半 一股 一股 一股 一股 一股	10 万两	经理：周楚琴 协理：姚善孚	

续表

牌号	地址	股东	股份	资本	经协理	备注
均泰庄	北市天津路 福绥里	汪海楼 汪屡年 薛景荀	七股 二股 一股	20 万两 附本 10 万两	经理：钱远声 协理：方善瑛 襄理：王仰苏 施熙堂	
长盛兴记庄	北市天津路 福绥里	徐眉泉 张右方 孙吉孚 张青卿	六股 二股 一股 一股	12 万两 附本 3 万两	经理：张青卿 协理：周斐青	
承裕 甡记	北市宁波路 兴仁里三号	方稼孙 黄伯惠 陈友齐 方选青	七股 二股 二股 一股	18 万两 附本 18 万两	经理：谢弢甫	
怡大永记庄	北市天津路 集益里	苏直齐 胡耀廷 吴瑞元 胡莼芗	四股 二股半 二股半 一股	18 万两	经理：胡熙生	
和丰庄	北市宁波路 兴仁里	陈秋山 田祈原 李济生	八股 一股 一股	10 万两	经理：王经畲 陈济城	
信孚庄	北市河南路 如意里	陈青峰 郑其亭 郑建明 郑友松 胡莼芗	三股 三股 一股半 一股半 一股	8 万两	经理：胡涤生 协理：沈宽夫	
信康 昌记	北市河南路 如意里	叶逵记 余葆记 尤连记 朱掌记	三股 三股 三股 一股	20 万两	经理：朱掌衡	
信裕庄	北市宁波路 兴仁里	陈青峰 郭子彬 郑建明 傅松年	五股 三股 二股 一股	22 万两	经理：傅松年 协理：王桂馥 襄理：姚德余 傅廷绪	

续表

牌号	地址	股东	股份	资本	经协理	备注
恒祥永记庄	北市宁波路兴仁里	严康楙 徐庆云 黄伯惠 鞋楞辉 苏经田	二股半 二股 二股 二股 一股半	20万两 附本10万两	经理：邵兼三	
恒巽庄	北市宁波路兴仁里	秦余庆堂 徐庆云 李咏裳 恒丰昌 俞佐庭	三股 二股半 二股半 二股 一股	22万两	经理：俞佐庭 协理：夏圭初 李伯顺 襄理：陈馀庆	
恒隆泰记庄	北市河南路济阳里	秦余庆堂 孙衡甫 徐庆馀堂 张咀英	五股 二股 二股 一股	20万两	经理：秦绥如 协理：林友三 杨艺先	
恒赉元记庄	北市宁波路兴仁里	徐庆云 秦涵琛 孙衡甫 秦余庆堂	三股半 三股 二股半 一股	20万两	经理：陈绳武 协理：范来臣	
恒兴庄	北市宁波路同和里	秦君安 恒丰昌 李瑞湖	五股 三股 二股	10万两	经理：沈翌笙 协理：赵林 陈和琴	
春元庄	北市山西路179号	匡仲谋 李仲斌 朱葆元 陈芝生 黄振荣 罗元炽	三股 二股 二股 一股 一股 一股	20万两	经理：沈晋鏞 协理：陈光照 陈家泰	
益大昶记庄	北市宁波路兴仁里12号	郑友松 郑淇亭 郑建明 郑佐之	三股半 二股 二股 一股半	12万两 附本8万两	督理：何深甫 经理：何晋元 协理：石翰卿	

续表

牌号	地址	股东	股份	资本	经协理	备注
益昌慎记庄	北市天津路阜昌里三号	严如令 徐承勋 俞福谦 徐蔼堂 戴畊莘 孙衡甫	三股 二股 二股 一股 一股 一股	10万两	经理：徐伯熊 协理：林瑞庭	
益康丰记庄	北市宁波路	严如令 吴锦澄 彭桂年 徐宝源 尤连增 陈嗣生	二股半 二股半 一股半 一股半 一股 一股	12万两	总经理：陶善梓 经理：徐敏才 协理：徐镜明	
益丰德记庄	北市河南路吉祥里	周敏之 林照亭	七股 三股	26万两	经理：朱勤甫 协理：朱正科	
致祥庄	南市豆市街吉祥弄	严味莲	独资	3万两 附本3万两	经理：王伯理 协理：汪介眉	
振泰崇记庄	北市天津路福绥里	吴耀庭 荣宗敬 戚翼谋 赵竹林 梁振葆	二股半 二股 二股 一股半 一股	16万两	经理：金少筠 协理：姚承昌 潘荫甫	
乾元福记庄	南市花衣街施家弄	郑鉴之 郭光裕堂 陈子芳 姚紫若 王李谋 郑淇亭	二股半 二股 一股半 一股半 一股半 一股	16万两	经理：沈履康 协理：朱莼生	

续表

牌号	地址	股东	股份	资本	经协理	备注
寅泰庄	北市宁波路 兴仁里	徐蔼堂 徐庆云 王养安 沈辅卿 冯受之 冯斯仓	二股 二股 二股 二股 二股 一股	22 万两	经理：冯斯仓 协理：张润夫	
顺康庄	北市天津路 祥康里 475 号	程觐岳	独资	50 万两	经理：李来山 应芝庭 协理：陆书臣 襄理：应信森	
敦余泰记庄	北市宁波路 271 号	李咏芬堂 徐乐卿 徐庆余堂 俞勤条堂 宋季生 陈鲁孙	四股半 一股半 一股 一股 一股 一股	20 万两	经理：楼恂如 协理：赵松源 陈晋孙 襄理：袁礼文	
惠丰庄	北市天津路 集益里	孙直齐	独资	12 万两 附本 10 万两	经理：席季明 协理：王毅齐	
义生庄	北市河南路 齐阳里	张颜山	独资	20 万两	经理：田子馨	
义昌联记庄	南市豆市街 业盛里	王养女 翟鹤鸣 张绍连 陈宗根 刘输卿 谢永昌	二股 二股 二股 二股 一股 一股	12 万两	经理：沈景周 徐来昌	
瑞昶盛记庄	北市天津路 惟庆里	具润生 邱杨班 邱长荫 邱彭年	六股 一股半 一股半 一股	20 万两	经理：郑伯壬 协理：董子仪	

续表

牌号	地址	股东	股份	资本	经协理	备注
源昇庄	南市花衣街吉安弄	叶聘侯 叶理君 汪介眉 周子文	六股 三股 半股 半股	10万两	经理：周子文 周佩璋	
福泰庄	北市北京路庆顺里	叶鸿英 吴耀庭 潘璧臣	四股 三股半 二股半	20万两	经理：周介繁 张——	
福康庄	北市宁波路兴仁里口	程观岳 程荀庭	七股半 二股半	50万两	经理：陶王笙 协理：张达甫 田子伟	
福源庄	北市宁波路136号	程观岳 程荀庭	五股 五股	30万两	经理：朱润卿 协理：朱葆卿 襄理：徐文卿 顾雪卿	
汇昶德记庄	北市宁波路兴仁里	邱省三 邱彭年 邱长荫 周肇甫 荣宗敬	三股 三股 一股半 一股半 一股	24万两	经理：朱鸿昌	
庚裕明记庄	北市宁波路兴仁里	方季杨 黄伯惠 方式如 方傅潽 方选青	四股 三股 二股 二股 一股	18万两 附本18万两	经理：盛筱珊 协理：盛一甫 郑美棠	
聚康源记庄	北市北京路源远里	陈青峰 陈恒钦 谢光甫 王怀廉	四股半 二股半 一股半 一股半	22万两	经理：王怀廉 协理：严大有	

续表

牌号	地址	股东	股份	资本	经协理	备注
荣康庄	北市天津路 同吉里	王宪臣 颜联承 孙直齐 宋春舫	四股半 三股半 一股 一股	20万两	经理：席启孙 协理：朱吕生 襄理：秦光昭 钱纯夫	
德昶庄	北市天津路 鑫里	贝润生 薛醴泉	七股 五股	12万两 附本48万两	经理：何里筱 协理：傅佐臣	
滋丰庄	北市宁波路 同和里13号	赵殿臣 薛淦生 陈西园 李济生 乐振葆 徐宝源	二股 二股 二股 二股 一股 一股	20万两	督理：李济生 经理：李仲选	
庆大庄	北市天津里 景行里	王驾六 万振声	五股 五股	10万两 附本8万两	督理：叶继高 经理：叶秀纯 协理：周勉秋	
鼎康源记庄	北市大津路 惟庆里	土驾六 叶输甫	八股 二股	20万两	经理：诸增椿 吴子麟 协理：周子生 李仲梓	
庆成庄	北市天津路 福绥里	万振声	独资	20万两 附本10万两	督理：叶戴青 经理：刘淋一 席润身	
鼎盛庄	北市天津路 福绥里	陈王记 陈日记	六股 四股	10万两 附本10万两	经理：胡楚卿	
徽祥恒记庄	南市南豆街 吉祥弄	翟鹤鸣 王逸民 胡义儒 郭振鸣 丁仁德 方文年	二股半 二股 一股半 一股半 一股半 一股	10万两	经理：徐凤鸣 协理：沈荻庄	

续表

牌号	地址	股东	股份	资本	经协理	备注
衡九庄	北市宁波路 福绥里	梅丹如 杨淞生 周叔唐	六股 三股 二股	4万两 附本8万两	经理：周叔唐 协理：赵子锋 襄理：何逸云 奚锦蓉	
衡通钧记庄	北市宁波路 兴仁里	姚颂南 徐敏臣 沈和甫 包来伯	三股半 三股半 二股 一股	12万两 附本5万两	经理：陈焕傅	
鸿祥德记庄	北市宁波路 兴仁里	郭子彬 郑培之 秦润卿 郑秉权 冯受之	六股 三股 一股 一股 一股	30万两	经理：钱瀛宫 金俊瑜 协理：冯作舟	
鸿胜庄	北市天津路 源远里	郭子彬 郑培之 涞浩然 郑秉权	五股 四股 二股 一股	7.2万两 附本16.8万两	经理：郑秉权	
鸿丰庄	北市宁波路 兴仁里	郑培之 郭振鸣 郭辅庭 祝善宝	三股 三股 三股 一股	20万两	经理：祝善宝 协理：祝鼎臣 襄理：俞伯初 葛逢时	
宝昶庄	北市宁波路 冠宁坊	郑佐之 郑鉴之 郑伯遂 郑淇亭	三股 三股 二股 二股	10万两 附本10万两	经理：陈笠珊 协理：高子和	
宝丰馨记庄	北市宁波路 仁美里	徐晓霞 沈惺叔 席又渔	五股半 二股半 二股	20万两	经理：葛丽齐 协理：席惠生 陈伯琴	

译者注：上表人名中的“—”为译者所添加，表示原文中此处内容无法识别。原文见《东亚同文书院中国调查手稿》第148册，第29~46页。

从上表中我们可以发现几个事实。第一，中国的钱庄和现代的银行不同，只是重视信用，负有无限责任，这点我们从前述的内容就可以得知。而且，上表中的股东一般为三四家，投入资本，关于这点没有太被研究，由于我们想避开回答这个问题，故此处省略。第二，所有的钱庄分为南北，而且存在于天津路和宁波路一带。如果把其列表的话如下：

南市 6 家	北市 66 家	合计 72 家	天津路 24 家	宁波路 31 家	河南路 8 家	其他 3 家	合计 72 家

兴仁里 18 家	福绥里 8	同和里 5	长鑫里 4	济阳里 4	如意里 3	集益里 3	其他 27

接下来我们看一下钱庄的资本。构成中国金融中心的钱庄的资本额真的很少，跟现在资本在一亿日元、五千万日元以上的各个外国银行相比，钱庄只有它们的二百分之一。而且，作为大中国的金融机构为什么还存在着呢？其原因如前所述的那样，现在我们提出两三点。第一，中国的钱庄只是对人的信用，而银行是对物的信用。而且，与钱庄股东是无限责任不同，银行的股东是有限责任。第二，跟现在各外国银行相比，中国从经济方面来看，发展滞后，自然不太需要拥有大资本的金融机构。下表是民国 21 年度汇划庄的资本额构成情况。

（注意：把附本也计算在内）

50 万以上 4（家）	30 万以上 7（家）	25 万以上 3（家）	20 万以上 35（家）	15 万以上 9（家）	10 万以上 10（家）	6 万以上 2（家）

上表中资本金在20万两的钱庄有27家，钱庄的资本金普遍在这个水平。此外，在上海，虽说钱庄发布营业报告的例子很少，但是我们得到了一个，刊登在此处。

上海福源庄民国21年度营业报告

资产、负债表（民国22年1月25日止）

负债			
资本	300000.00	生财器具	500.00
公债	420000.00	信用放款	609748.30
甲种存款	1389872.30	抵押放款	4357346.80
乙种存款	440260.00	存放银行同业	596400.50
定期存款	88830.00	中央银券准备	87600.00
庄友存款	56321.50	同业票现基金	24600.00
往来存款	2319895.60	房地产购置	603027.10
外埠同业存款	331957.60	证券购置	72082.50
本埠同业存款	987481.30	应收未收利息	41545.10
领用中央兑换券	146000.00	库存现金	1787890.70
同业合作抵款	1603000.00	合计	8180741.00
票存	12577.80		
应付未付利息	22065.40		
上年纯利润	12215.00		
纯利润	50265.00		
合计	8180741.00		

利润表

损失		利益	
股东官利	12000.00	信用放款利息	21494.64
定期存款利息	4997.32	抵押放款利息	211182.15
特别存款利息	68769.28	往来透支利息	94883.03
往来存款利息	91488.14	同业拆票利息	614.63
各项开支	34479.61	票账回收	5127.50

续表

损失		利益	
银利	4074.60	杂项利益	126987.81
证券虚亏	1353.10	兑换利益	6794.39
呆账开除	209675.41	合计	10018.31
纯收益	50265.00		477102.46
合计	477102.46		

接下来是上海钱庄中汇划庄中的元、亨、利、贞字号钱庄，如下所示。这些钱庄的股东、股份、资本和督经协理等由于没有明确的书籍记载，以下仅把其名称罗列出来。

民国21年“元字”各同业牌号（7家）

元顺、鼎甡、永盛、隆昌、隆泰、晋泰、协和

民国21年“亨字”各同业牌号（25家）

益祥、同德、聚盛、恒裕、富丰、同宇、元丰、润丰、存益、永庆、元成、永孚、泰和、德泰新、慎康、裕康、立昶、宝隆、镃康、萃康、庆和、德茂、生大、春茂、久丰

民国18年“利字”各同业牌号（18家）

鸿盛、长丰、泰源、九如、同庆、盛丰、晋如、公泰、谦泰、萃源、顺余、乾丰、同顺、源余、大昌、鼎昌、广信、晋康

民国18年度“贞字”各同业牌号（40家）

义康、成茂、厚吉、通泰、怡和康、阜康、萃馨、镒大、庆康、宝庆、福和祥、连益、鸿利、正昶、镇兴、恒康丰、鸿大、聚兴、元昌、鸿康、恒大、乾康、元大、纯康、万生、万利、鼎余、晋源、鼎元、运大、新源、安祥、福泰、永康、义余、泰丰、法兴、和兴、永大、鼎鑫

第三章　钱庄的组织

第一节　钱庄成立的动机

关于此问题，已经有很多的论述了，其道理是不言自明的。简而言之，钱庄成立的动机是资本家的意志及其意志的表示。但是，如果要对其进行详细考察的话可以分为以下两种。

（一）根据自己的意志

所谓自动的，绝不是他人的劝诱，自己有资本的自发的行动。这种自发性质成立的钱庄我们称为“独资”。但是，现今虽说资本金有着巨大的财富，但是，有谁能够冒着危险、随意把资金投入到河里呢？因此，在现在的金融界里，独资的钱庄非常的少，在汇划庄中有2家。

（二）受他人的劝诱

他人的意见，也就受第三者的劝诱，然后自己对此表示赞同，共同设立钱庄。这种钱庄称为合资钱庄。现今，大部分的钱庄都是这种合资组织，通过排除独资的危险这种方法来获取利益。

第二节　钱庄成立的要素

钱庄成立的要素有四个，即股东、经理、资本、牌号。下面对其进行详细说明。

（一）股东

相当于日本的“株主”。钱庄的成立以股东（俗称老板）为主体，没有股东的话就没有资本，没有资本的话钱庄也就不可能成立，因此之所以说股东是钱庄的主体就是这个原因。

钱庄是一个无限责任的组织，股东在经营上负有无限责任。合资组织的股东负有连带责任，如果不是财力雄厚，有绝对信用的话就没有股东的资格。这是钱庄成立的第一要素。

（二）经理

相当于日本的“支配人”和“マネージャー”①。股东在开设钱庄的时候，首先必须选择一个适当的人，让这个人来主持。这个主持人也就是所谓的经理。经理对内代表股东，拥有管理权，谋求生意兴隆。对外代表本庄，吸收资金将其用于贷款。经理的职权很大，责任重大。因此，如果有一个好的经理的话，商业就会兴隆，股东也可以获利。但是，如果没有好的经理的话，就会产生营业亏损，股东也免不了受其所害。

（三）资本

资本实际上是经营钱庄的利器。拥有资本，也就是说能够开

① 即英文 manager，经理。

始营业，可以扩大。因此生意的大小和盛衰等几乎都可以从资本的大小来加以论述。

但是有一点值得注意，钱庄因为是无限责任，因此，股东的总资产也就是钱庄的资本。除了资本以外，还有护本（另外有称为“附本”，伴随着事业的扩大，为了补充资本的不足，在资本以外出资的东西，以存款的形式来存置），又名副本。资本在钱庄开设以前，根据各自的股份向钱庄认缴，称为钱庄的基本金，在运营资本时，通常可以得到7%乃至8%的官息。护本是各股东向庄内存入的长期不动的存款。钱庄拥有自由使用它的权力。这是钱庄成立的第三个要素。

（四）牌号

牌号俗称招牌，在商法上称为商号，代表各股东。钱庄在和各方面进行商业交易的时候，以商号为主体，写股东或者经理名字的情况绝对没有。这是第四个要素。

第三节　钱庄成立的手续

钱庄成立的手续大致如下：

（1）制作草案。这时，商量并决定商号。

（2）定期划本（在后面第二章中说明）

（3）公证人，即鉴定人。在我国是推举保证人。

（4）制作合同，这时草案就要被废除，合同正式的出来了。

（5）向董事（钱业公会理事）申请结交，讨好他们方便加入公会。

（6）联系同业者。形式上是去他们那里打招呼，实质上是寻求赞同。

（7）通知入会（钱业公会）的意愿。在开业的一个月前向会员通知资本总额、股东、姓名、住所，以及负担的股票数、支配人的姓名、保证人的姓名等。首先在理事会（公会）上审查，然后在全员会议上表决。这时，使用黑白字，如果白字占三分之二以上，也就意味着通过。但是，一般情况下，如果提前给理事放一些 *[①]的话，就没有通不过的。

（8）缴纳会费。也就是钱业公会的会费（想详细说明，但是篇幅有限）。

（9）选择设立钱庄的场所。

（10）雇用庄员。钱庄的店员一般是股东、理事、支配人以及其他友人推荐的，这些人再决定好时间入庄这件事俗称“聚人”。

（11）制作印章。一般是决定来客雇员以后制作。

（12）准备开店，其程序如下：

①决定日期

②挂牌子

③发出邀请函

④招待顾客

⑤陈列所有东西

⑥接受推花

关于推花有个故事。推花是老钱庄向新钱庄赠送的，被称为

① *为译者添加，表示原文中此处内容无法识别，原文见《东亚同文书院中国调查手稿》第148册，第61页。

推花银子。如果调查一下赠送推花银子的习惯的话，好像是从庚子年以后开始的。当时，上海的新钱庄向老钱庄租借了相当多的银子，以此在第一天盛大卖出，以此来炫耀自己的资金是如何的充足。从这以后，在这些钱庄新开的时候，老钱庄都开始赠送银子，这已经成为钱庄业者之间的一个习惯。

⑦开店，招呼客人。

⑧招待客人，举办宴会。

⑨重新举办答谢宴。

⑩决定庄员各自的分工。

如果不是钱业公会，在地方的话（5）（7）（8）这三个手续会出现被省略的情况。如此一来，才能开始营业。上海的元、亨、利、贞字号钱庄等手续不像汇划庄那样，非常的简单。

第四节　钱庄的管理

股东提供资本，把庄内的一切事物委托给经理。经理要达到自己想要达到的目的和能不能达成目的，就看这个经理的能力怎样了。因此，股东一旦委任经理以后，一般不会干涉。但是，在今天，受股东的委任派遣，有一个督理的职位。督理主要是视察经理的行为，将其大致的行为汇报给股东。但是，大多数的钱庄普遍都没有督理一职。庄内一般的职员都在经理的支配下，如下图。

关于各职员的职务虽然想说一下，但是鉴于我们考察中国经济情况的时间，此处省略。

作为必然的顺序，下面应该写关于钱庄的业务，但是由于远离我的研究范围，马场老师和久重老师写的书里没有。但是，钱庄公共机构及其附属机构，特别与汇划总会有关的不是太详细，因此我想写一下。

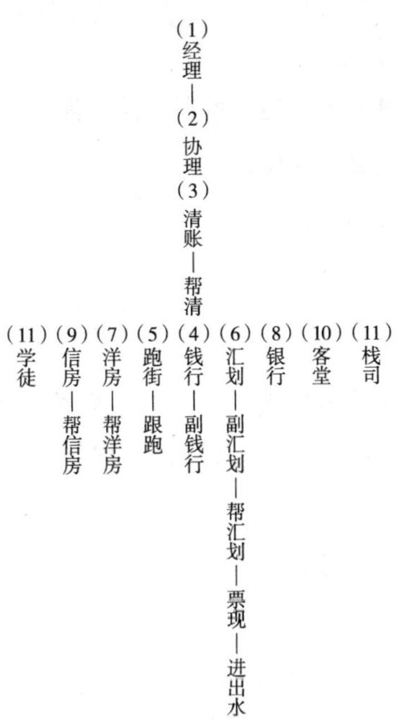

第四章　钱业公共机构

第一节　钱业公会

近年，从上海开始，在宁波、苏州、杭州、南京、天津、汉口等地都可以看到钱业公会的成立。虽然都制定了各自的章程，但是其宗旨、职务组织没有什么区别。这里，我们来粗略看一下上海钱业公会章程里有关钱业公会的目的和职务组织等的论述。

（一）目的

以追求金融的流通和交易的安全为目的。

（二）职务

（1）为了推进业务及经济事项，并对其进行研究。

（2）促进同业者的发展。

（3）矫正营业的弊害。

（4）提倡团结和信义。

（5）批判同业者（入会的）之间的争执，对其进行和解。

（6）有关同业者的商事，钱业公会代替其向商会转送通知，向官厅陈述，向各城市商会转送通知。但是，与商业行为有关的东西不在此列。

（7）其他，处理同业的事件。但是，该事件也必须在钱业公会能处理的范围内。

（三）组织

公会的组织非常简单，设理事长（总董）一人，理事（董事）十人。董事由会员（会员以每一个钱庄为单位，钱庄在入会时需要全体会员的许可）选出。总董和副总董推选出理事（但是为无记名投票），一旦选定就不允许将其辞退。关于这些人的职权，总董总揽会务，对外是全体的代表，公会的文件都需要总董的签字盖章。

副总董及董事辅佐总董处理会务，如果总董缺勤或者没有能力处理事务的话，副总董有权代表总董。如果两个人都去世的话，通过举行选举来补充名额。这些补充的人的任期截止到他们的前任的任期末（职员的任期为两年）。公会的会议分为三种：（一）年会，（二）常会，（三）特会。前面二者在一定的日期召开（年会在旧历正月十三日内园举行，常会每月召开两回，定期在旧历的二月十六日两天召开），后者不定期，在总董认为必要的日期可以随时召开。公会的会费由北市钱业会馆负担十分之八，南市钱业会馆负担十分之二。

第二节　钱业会馆

钱业除了钱业公会以外还有钱业会馆。虽然上海、杭州都有钱业会馆，但是其性质不一样。比如，杭州钱业会馆是每日上午把各同业者的把头（所谓的把头，就是指专门主管同业者的划账商议行情，同时从事汇兑，在交易中拥有一切权力的职员）叫出来，交换票据，评议市价，商议口息的一个聚集的地方。但是，在上海南北两市各自有一个钱业会馆（又名钱业公所），它的作用是讨论与同业者相关的公共事项，像上海汇划总会那样进行票据的交换、评议市价。由于这些活动都是在钱行内进行的，所以，这也就是上海的钱业公共机构比其他地方要多一些的原因。

至于上海钱业会馆的职务性质等，上海北市钱业会馆的碑上有详细的记载，我们来看一下。

上海当华商南北要会，廛市骈阗，货别遂分。侨商客佔，四至而集，废箸鬻财者，率趋重于是，就时赴机。归于富厚美靡所贮，陷靡所弥，均之失也。备豫不虞，而钱肆之效乃著。钱肆者，与诸商为钱通，合会钱币称贷而征其息。其利比于唐之飞钱，其利盖始于汉人所谓子钱家者。导源清初，至光绪间而流益大。委输挹注，实秉一切货殖之枢。杨雄氏有言，一关之市，必立之平；钱业之所次，市立市之平者，要非苟而已也，先是乾隆间，钱商就上海城隍庙内园立钱市总公所。互市次还，业稍稍北渐，初与南对峙，继轶南而上之。栉比鳞次，无虑数十百家，发征期会，不能无所取准，于是复造北市会馆统焉。楹桷焕赫，首妥神需，昭其敬也。西为所事，群萃州处整齐利导是议出焉，致其慎也。其后先董祠，祀耆旧巨子之有成劳于斯业者，次报功也。后养疴院，徒旅疾病猝无所归，医于斯，药于斯，次惠众也。他若职司所居，庖湢所在，簿籍器物之所度阁，房宦寮庑，毕合毕完。馆之外营构列屋，用给赁户，岁赋其赁所入，凡同业之倦休者，与其孤嫠之穷无告者，得沾被焉。缭垣为苍，署曰怀安，资出有经而缓亟籍次不匮，何其蓄念之繇邈颀至欤。自商政失修市师卖师之职，旷绝无闻，阛阓之地，散无友纪。而钱业诸君子，独恳恳务苟同，群谋众力，次集斯举，大而征贵征贱，展成奠贾之则，小而相通相助，讲信修睦之为，胥赖是次要其成，既均既安，百涣咸附，迄于今日，修葺有常，启闭有时，张皇周狭，亘三十余年而轮奂之美犹昔，高明悠久有基弗拔。然则肄业之日新而广大，其气象可睹也。秦君祖泽属余属记，遂揭其概于石，馆占地十六亩强，经始光绪十五年己丑，迄功十七年辛卯，自券地至落成，都费金十二万版有等。并事者，余姚陈淦、董复者，上虞屠成杰，余姚王尧阶、谢纶辉，慈溪罗秉冲、远鎏，鄞县李汉后，例得附书。越三十有四年乙丑　慈溪冯　并记。

第三节　钱行

钱行作为上海南北两市公共组的机构，所有同业者之间的所有事情都在此处决议。每天银洋的行情也在此处公决。钱业公会是一个对外的机构，而钱行是一个对内的机构，这是两者的不同。钱行有一个市场委员会，从委员中选出一个委员长、一个副委员长和五个委员。委员长和副委员长从当选的委员中选出。市场开业时间分为上午和下午两回。上午在 8 点、9 点之前开市，下午在 12 点前后开始交易。能够在市场上交易的只限于同业者，但是，实际上银行、信托公司和银炉业也加入了进来。

第四节　汇划总会

钱庄、汇划总会相当于银行的票据交换所。各钱庄开出的票据流转到了别的钱庄，因此，产生了相互之间抵消的必要。为了消除运送现金的烦恼，各个钱庄在每天下午的两点把当天收到的票据中有汇划文字的东西向开票的钱庄出示，和从其他钱庄被提出的自己的开票额一起分开计入账簿，另外做成一张表。在下午四点的时候拿到钱行去，再交给公会老师（也就是监事）的时候，公会老师（行会老师）对照各庄的计算表，把借贷进行抵扣。关于交换差额，由汇划总会开出划条，让交换差额变得明了。而且，交换差额的结算原则是以现金来进行，这点也非常的少，很多时候通常都是账簿上的借贷（称之为转账）。在第二天交换的时候，跟收支额算在一起，而且其利息每天在钱业公会决定，通过银拆来计算。通常在月末结算。

钱庄的优劣点及其补救

第一节　优点

总的来说，钱庄这种组织远不如现代银行这么完备，而且，其在资本金方面也远不及银行，营业范围也一样。那么，钱庄之所以在如今的上海金融界有这么大的势力，毫无疑问肯定有优于其他金融机构的地方。现在，我们将钱庄之所以有今天这样地位的主要原因罗列如下。

（一）比银行更加接近商人

一般商人为何喜欢与钱庄进行交易是因为钱庄比银行更加接近他们。为什么接近商人？是因为钱庄的职员都是一些身份不高的人，一点也没有强势的样子，商人相对能够比较轻松地来钱庄（办理业务）。正是因为钱庄接近市场人口，所以，它们比银行更通晓市场的习惯。这是钱庄的第一个优点。

（二）从事信用贷款

作为商人，在向银行贷款的时候，提供抵押品自然不必说，而且还要保证人的签字盖章，以此作为担保。与此相反，向钱庄借钱的时候，并不一定需要担保，钱庄对于做生意的商人的信用情况最熟悉、最迫切。所以，当那种信用昭著、值得信任的人向钱庄申请贷款的时候，不需要抵押品。这是钱庄的第二个优点。

（三）不论金额的多少

中国的工商业实际上可以说尚处在幼小期，这样的结果就是这些企业需要的资金以中小额度占多数。钱庄的业务虽然是小额的贷款，但是钱庄着眼于这一点，经营这项业务。所谓的钱庄这种东西，现在的世界上只有中国才有。我想这是因为钱庄适应了中国的经济状态。现在的银行，大体上只从事大额的贷款，对于一般的小工商业者来说（特别是在中国）很不方便。因此，一般人必然要向钱庄贷款。这是钱庄的第三个优点。

（四）时间上有富余

银行业务经营有一定的时间，在其他时间绝对不会从事业务。这对于有需要的人来说，没能给他们提供十足的便利。与此相反，钱庄一年中除了节日、休息日，几乎没有星期天，也完全没有其他的休息日。而且，在一天当中，从早上到晚上，和其他的商人一样，开始买卖，能够随时应对顾客的需要。也就是说，正是因为钱庄适应了中国的商业习惯，所以这是它在中国存在的理由。而且，我认为中国的商业习惯的改变（也就是欧美化），实际上和希望中国国家统一一样，在现实的经济组织中完全难以指望。因此，在有这样商业习惯的中国，为了适应这种情况，钱庄按中国商业习惯开展业务，这是钱庄的第四个优点。

第二节　缺点

钱庄的优点如前所述的那样，其缺点如下。

（一）资本薄弱

现在，钱庄的资本有个人（即独资）与合伙组织的人（即合资）两种。独资钱庄在资本额上较小，与合伙组织的钱庄相比一定是小的。虽然合伙组织钱庄的资本额较大，但是，60万两就算是高额的，资本在20万两左右的占大部分。这跟现在的银行资本额相比，完全没有可比性。比如，上海全部钱庄的资本总额合计还不如外国一流银行一个行的资本额多。总之，在经济界，资本的大小对于一个行业的发展和衰退，有着决定性的力量。如果从这个观点来看的话，我认为钱庄可以继续发展，其兴旺繁盛却是指望不上的。这是钱庄的第一个缺点。

（二）组织粗放

现在钱庄的组织往往是粗糙和杂乱的，而且，房屋也很狭窄，作为店员其住的地方也很不合适。另外，钱庄中还存在着一个人兼任好几项工作的这种习惯。由于人的精力是有限的，所以，没有人能担负起这个重任，犯错误的时候也比较多，能力也不能得到提升。这是钱庄的第二个缺点。

（三）营业范围狭小

钱庄由于其资本额小的原因，其营业范围也很小，开设分店的极其稀少。而且，跟别的省份和别国同业者之间的交易业务实际上很少，对其国际化发展难以寄予希望。这是它的第三个缺点。

（四）缺乏经营钱庄的知识

虽然不能断言在经营钱庄的人中间没有学识高、经验丰富的，但是，通常钱庄在招聘店员的时候，从经理协理开始，因为人情关系，对钱庄业务一知半解的人进入钱庄的占了多数。虽说是入了庄，但是因为没有经过像样的训练，也没有相应的规定，所以，往往店员写的东西不成文章，用算盘也不一定算的准确，这是一个混乱的集体。实际上，能够给钱庄的前途带来一点希望的、可以称为专家的人在钱庄完全看不到。这是钱庄的第四个缺点。

（五）账簿组织无能

钱庄一般用的记账在学术上属于单式记账，统计不明确，难免会产生错误。而且，即使庄员有错误，也难以被发现。一年最后的计算也是马马虎虎，绝对没有精确的计算。远远比不上银行记账的精确和明了，这是它的第五个缺点。

（六）学徒制度的不良

如果把钱庄学徒制度中不好的地方列举一下的话，有以下五个

①把学生或者学徒像奴隶一样对待。

②没有对学习到一定时间做规定。

③完全忽视学徒的卫生方面。

④不教授学徒有关钱庄整体的事务。

学徒在钱庄内学习的时候，只让他们做一部分工作，其他像学习内账房和外账房等知识的人极少。因此，会珠算的人不会写通信文，只知道一件事情而不知道其他事情，培养创造性人才非常的少见。

⑤不支付月工资

钱庄的小学徒们每个月有一定的报酬，但也只不过是四五十

分。这是让小学徒在工作上产生倦怠的一个有说服力的原因。

（七）买卖公债，且经营各种投机事业

现今，在各种银行的营业种类中，从事公债买卖这一项以及其他的担保贷款和准备金是一般性的。而且毫不夸张地说，没有银行把公债的买卖作为最重要的业务。近年来，钱庄业开始模仿银行的工作，在经营钱庄业务的同时，兼营公债买卖的钱庄也很多。但是，我认为银行从事公债的买卖是一种正当的活动，而钱庄在从事这项业务的时候应该最为谨慎。为什么这么说呢？因为钱庄和银行在其精神和规模方面完全不同。首先，钱庄的资本少而且在向一般商人进行活期贷款的时候往往会出现资金不足的情况，如果进行大额公债买卖的话，一定不能收到一举两得的效果，这是不言自明的。但是，银行的资本额较大，即使从事公债的买卖也几乎不会对其贷款业务造成影响。这就是为何钱庄不能模仿银行从事买卖公债的理由之一。

银行的业务种类非常复杂，然而，钱庄的业务主要以贷款和存款两项为主。由于存款少，定期放款又是在年末结算，所以，买卖公债必然会对资金的运转造成影响。我们看一下银行，银行一方面拥有纸币的发行权，另一方面兼营储蓄业务，所以如果公债价格低的话，银行可以用它作为准备金等待价格涨上去，再将其卖出换取现金。因此，不能把银行和钱庄放在一起来讨论，这就是钱庄应该满足于钱庄业务的理由。

因为公债的买卖是一个投机事业，银行一方面见识广大，这点就不必说了，另一方面，银行的消息灵通，如果需要买卖公债

的话，会和政府联系。由于受到双方的保护，所以能够相对确保实现盈利。可是，钱庄以一般的商人为客户，难以和政府沟通。因此，消息不灵便蒙受损失的情况就比较多。这是钱庄不能学习银行从事买卖公债的第三个理由。

在中国，公债买卖的两大市场是北平和上海这两大城市。而且，这两个地方的公债价格往往不一样。银行一般瞅准了这一点，在北平卖出的同时在上海买入，以此来获利。银行因为一般在平沪两地都有分行，所以从事这种买卖的话颇为便利。而钱庄在这点上就不太方便了。北平的钱庄在上海没有分庄，上海的钱庄同样在北平也没有分庄。因此，由于缺乏灵通的消息，所以感到买卖的不便。因此，钱庄的公债买卖必然以失败结尾。这是钱庄不能学银行从事买卖公债的第四个理由。

银行都是股份有限公司，因此，即使投机买卖失败了，其损失也仅仅止于股东自己的那部分。然而，钱庄是一个无限责任的组织，一旦投机失败，放出的资金全部损失的话，一般都是殃及股东的家产。这是钱庄不能学银行从事买卖公债的第五个理由。

从这些观点来看的话，总之，钱庄如果从事买卖公债的话，有害无利。钱庄或者经理如果以万分之一的侥幸作为唯一的希望，不反省自己本来的地位，铤而走险的话，虽然还没有听说哪个钱庄因为买卖公债而倒闭的，但是，在未来多数钱庄都会因此招来巨大的损失。而且，钱庄在买卖公债之外，还从事大量的外汇买卖期货业务，或者进行标金股券等的买卖，此外还有外国货币的投机。如果这些业务一旦面临危险的话，整个钱庄就会立即倾覆。因此，钱庄的投机事业真的应该谨慎。现在，各钱庄的业务有一半都是这种投机。我想，这确实对钱庄的发展投下了一个阴影，这是钱庄的缺点。

第三节　补救（改良）

钱庄的缺点如前所述，其对策如果把我们所知道的罗列出来的话，大概有以下几个项目。

（一）应该谋求资本的扩大

针对钱庄的第一个缺点——资本薄弱，其对策很明显就是成立大资本股份。所谓的成立大资本股份就是增加股东人数，形成巨大的资本。现在，对中国合资钱庄的资本额做一个调查的话就会发现，一般十股或者十二股的最多。由此导致在资本额方面六十万两或四五十万两的就被称为大额，普通的在二十万两开外。如果把股票数量增加到四五十股，或者一百股左右的话，那么其资本额也将增加至二百万两到三四百万两之间。

（二）职员决定其分担的工作，进行管理

钱庄的第二个缺点就是组织的粗放，作为其善后对策，应该是各职员决定其工作分担，对其所负责的工作承担责任。如果从事工作的庄员能够分担部门，各司其职的话，就能够专心于工作，秩序也会变得井然，账簿的错误也会自动的减少，非常有益。

（三）各地的同业者必须联合起来

针对钱庄的第三个缺点——营业范围小，应该通过把各地的同业者联合起来进行补救。钱庄大多数没有分行、支店，因此，

如果各地的同业者不相互联合起来的话，钱庄的经营发展难有希望。

（四）设立补习夜校

针对钱庄的第四个缺点——学识浅薄、缺乏商业知识，关于其矫正方法是，如果能够设立钱业夜校，弥补这一缺点的话，将是最好的方法。如果夜校成立，钱庄里那些中途辍学的庄员就可以学习商业上的法律问题、商业上的道德问题、商业上的计算问题、其他一切商业上的普通知识和英文。而且，一般学徒都能珍惜光阴，努力学习吸收实业的知识，学识和经验能够共同进步。从这点来看，设立补习夜校确实是处于刻不容缓的情况。在上海最早设立钱业夜校的是上海钱业公会。其他省份这种情况极少。外省应该学习上海，设立钱业夜校。同时，上海现在的夜校也有必要进一步充实。

（五）改用复式簿记

为了矫正钱庄的第五个缺点——账簿非常之粗陋，其对策应该是有必要采用复式簿记。所谓的复式簿记，据说是中国固有的，并非是现在银行所采用的那一种。有关此类的研究请参考东亚同文书院前教授有本邦造老师的论文。中国人所谓的复式簿记，一般被称为宁波簿记。其每日的支出和收入两者必须平均，一月结算一回。不管是多么小的金额，都要计入日记账（流水账），进行转记放置。因此，一天完了以后，本日的损失是多少一目了然。一个月完了以后，本月的损失是多少一目了然。到了年末结算的时候，只需要制作一个资产负债表调查一下，利润和损失都会一目了然，没有丝毫的错误。而且，调查记账人员的错误和结算的遗漏的手续也大为减少，非常简单。

全部都采用欧美式簿记的话，对中国的钱庄是不适合的。但是，很方便的一点是，西洋式簿记和中国的宁波簿记在原理上一样，所以没有必要突然改变。如果突然改变的话，由于西洋式账簿的高价纸笔有浪费之疑，因此可以洞察，一般现在的钱庄人不会全部表示赞同。

（六）应该改良学徒制度（小僧制度[①]）

有关改良钱庄学徒制度的条款，概括地说如下。

（1）采用考试制度

凡进入钱庄从事业务的人，不论是否是依靠亲戚朋友的人情关系，全部都得参加考试。而且，如果招聘学识优秀的庄员的话，庄员的学问水平也会提高。

（2）应该分部门让其学习

比如在内账房学习几天，外账房学习几天，珠算学习几天，商业文件学习几天。三年以后，举行一个简单的考试来毕业。通过这种方法可以培养一般的钱庄人才。

（3）应该改善待遇

经理应温和的对待学徒，绝对不能像对待奴仆那样对待学徒。

（4）应该支付薪资

现在的钱庄仍然和以前一样，不给学徒发工资。但是，想一下的话，如果在学徒从入庄开始一年左右的时候对他们的学业进

① 日文小僧即学徒。

步及对待业务的勤奋程度进行检查，并根据结果适当给予薪资，先行扣除百分之几将其储蓄下来的话，就能促进学徒的求学心，鼓励其勤奋学习，培养节约的风气。

(5) 应该注意学徒的卫生。

(七) 应该禁止投机买卖

关于钱庄不能效仿银行从事公债的买卖以及经营其他一切投机业务，我们在前面已经做了说明。作为其对策，现在能想到的是，一方面钱业公会要警告各钱庄而且对经理也要注意。另一方面，股东应该对自己担负的责任有一个心理准备，绝对不能让经理兼营各种投机业务，对其进行监督。如果发现庄内店员有秘密买卖的行为，对其严惩。而且，还要防止他们携带金钱外逃。这些都是钱庄的所有者应该注意的。

以上的七项大体是针对前述钱庄的缺点所列举的一些对策。同时，也应该根据现在银行所采取的一些方法来纠正钱庄的缺点。对其中一些著名的东西摘录一下的话，有如下几点。

(一) 应该在星期日休业半天

中国商店的习惯是，除了新年以及节气以外，一般没有休息日。其主要原因就是存在“休息一天就是一天的损失”这种思想。这种意见我们是完全不能认同的。即使是店员，其在精力上也是有限的，如果不休息的话，肯定会产生懈怠，效率也得不到提升。把星期日的半天用来休息的话，从现在的情况来看，不会给营业带来任何影响。店员也会因此身心百倍清爽，工作勤勉。我认为星期日的后半天休息真的是一件非常有益的事情。

（二）应该增加工资

当今，生活水平向上的时候，店主给店员的工资应该相应的酌情增加。如果店员没有了内忧，他们自然而然就会专心于业务。反之，店员就会嫌弃店里的工作。如果有其他好的去处，就会想要离去。店内经常充满一种懒惰的氛围，生意就不能发达。

（三）扩大店铺

钱庄的店铺虽然没有必要像银行那样大而且华丽，但是过于小的话，就不能够保持钱庄经营的威严，也让人在办理业务时感到不便。因此，保持店内的清洁自然不必说，完善庄内的器具，让人在办理业务时感到方便很重要。

（四）公布经营业绩

现在，银行虽然只是表面上在一年的结尾公布其资产负债表和利润表，以此来获得信用。而钱庄作为一种金融机构，如果也能够在大众面前公布其一年的业绩的话，着实能够获得社会的信任，进而促进钱庄的发展。我想，钱庄绝不应该像以前那样秘密地从事业务。但是，在中国钱庄业由钱业公会管理，钱业公会和其他与金融相关的公共团体之间，由于没有国家的统一管理，两者不能简单商量的情况还有很多。因此，即使是这样的小事情，也让人感到国家有必要统一管理。

（五）应该注意信用贷款

信用贷款作为中国钱庄的一大特色，非常重要。但是，近来新式银行的对担保物的信用贷款十分的盛行。中国的一般商人，其贸易活动已经大不如从前，如果对其进行信用贷款的话，往往是以失败告终。如果失败的话，除了提起诉讼要求偿还贷款以外，别无他法。在需要人气的商业活动中，采取这种行动，我想不是一个令人高兴的现象。因此，为了防患于未然，在进行信用贷款的时候，钱庄应对借款人的信用程度、资产、营业道德以及是否有正当的资金使用途径做详细的调查，然后认真考虑是否应该给予贷款。如果觉得有贷款风险的话，就应该中止，不能贪图一时之利。虽然钱庄本来就是以营利为目的而设立的，但是，如果只顾逐利而不考虑风险进行贷款的话，其利润也终将付之东流。因此，对于信用薄弱的顾客，必须要求提供担保物，才能进行放款。

（六）应该跟职员签订合同，交保险

钱庄职员虽说比一般普通劳动者要富裕一些，但是处在这个乱世中，谁也不知道什么时候就会失业。如果出现这种情况，其痛苦绝对不亚于一般的劳动者。为了防止这种危险，除了加入保险，几乎没有别的良策。加入保险的方法是，由钱业公会发起，和有影响力的保险公司签订合约（这种保险公司如果是加入钱业公会的钱业同行业者组织的话，我想是非常好的），每月从钱庄的工资中提取出百分之几，或是从年末的奖金中提取出百分之几作为保险费。如果发生不幸，店员不得已失业的话，或者说遭受伤害及其死亡等情况发生时，可以向保险公司要求赔偿，这样的话就能获得救济。

以上六项大概就是应该执行的补救改良措施，除此以外可能还有别的。

第六章　钱庄将来应该采取的方针

钱庄为何能在中国金融上占据有影响力的位置，我想通过前面叙述的一些事实我们已经可以了解了。但是，以后它们能否像现在这样有一定的势力或者说为了以后获得更大的势力应该怎么做，这确实是一个重要的问题。现在，钱庄虽然也在学习新式金融机构的一些长处，并进行改良和发展。但是，新式银行林立，在这两种金融机构开始猛烈斗争的时候，作为钱庄如果要构建自卫之路的话，或者说想要保持其固有势力的话，还说得过去。

如果仅仅只考虑贷款的话，现在中国的工商实业还处在幼小时期，其所需要的金融额度还是小额的，大多数都只不过是数万元，所以钱庄尚能应付得过来。但是在将来，随着工商实业的扩大，需要的资金也会从数万元增加到数十万元、数百万元。与此同时，钱庄的资本只有区区的五六十万元，这显然应付不过来。钱庄向银行要求贷款的这种方法既不能说一定好，但也不能断言其就是不好。但是，永远的寄人篱下绝不是一个办法。如果钱庄要想发展的话，就必须从银行完全独立开来，不能依靠银行。

如果要靠自己增加资本应对需要的话，就不得不采取以下的措施。

第一节　合股

所谓合股，就是召集多数股东开设钱庄。如果股东人数增加的话，其募集到的资金额也必然增加。想象一下，钱业公会一方面极力避免开设独资钱庄，另一方面如果决定开设钱庄的最低资本额并实施的话，钱庄的资本一定会增大吧！

第二节 合并

所谓的合并就是把小资本的钱庄进行合并变成大资本的钱庄。我们对现在的小资本钱庄的资本额做一个调查就会发现，由于资本额都在一两万至数万元之间，非常的小，其营业范围也很小。如果营业范围小的话，钱庄的扩大发展也就很难有希望。这种钱庄分布在乡下的街道上，由于这些地方需要的资金量少，所以暂时还能发挥它的作用。但是，在通商国和大城市省会等这些地方，其就不能发挥作用了。这些大城市由于是工商业的中心，所以所需的资金数目很大，可达数万到数百万元。这样的话，那些资本金只有一两万元的钱庄是不能够应对的。因此，我想，小钱庄应该尽可能变成大资本的钱庄。通过合并，一方面资本额增加了，另一方面，小钱庄之间的竞争自然也没有了。我们非常希望能够出现大资本的钱庄。

第三节 联络

合股和合并虽然是钱庄发展的一个重要的因素，但是，各省各地的钱庄同业者之间的相续联络是另一个不可缺少的条件。我们看一下银行，银行在其他省份设有分店和支店，在联络方面没有什么不方便的。但是，中国的银行间的联络和外国银行间的联络，正如在中国经济情况课上所讲的那样。作为钱业者，拥有分支店，和同业者有联系的非常少。由于这个原因，钱庄的营业范围得不到扩大，钱庄商业业务得不到发展，这就是一个证明吧！为了将来做打算，我想，全国的钱庄应该共同联络、相互交易、互补不足、共同扩大营业范围，这是钱庄必然不得不采取的方针。

第四节　设立

第一项　设立补习夜校

关于钱庄应该设立与商业相关的补习夜校，前面已经叙述过了，此处不再赘述。

第二项　设立信用调查部

中国的银行和外国的一样，都以担保贷款为主，都尽量回避信用贷款。中国的银行在进行担保贷款的时候尚且设立一个信用调查机构，负责调查顾客的信用，更何况是钱庄。钱庄的贷款主要是信用贷款，在以没有担保为基础调查信用的时候特别需要留意。在钱庄中，跑街（日语中译为外交员）就是钱庄的侦探员。平时，他们调查各个顾客的营业情况，以此来作为贷款的标准。但是，钱庄中的跑街的人是很少有具备信用调查所需知识的人。而且，由于他们不以信用调查为专职，所以也就仅仅知道某个顾客的过去和现在，对于这些顾客将来怎么样，毫不知晓。特别是他们不知道为什么信用调查这么重要。仅仅以已经知道的过去和现在的情况为根据，对于将来如何发展，没有一点洞察力。也就是说，对于钱庄的顾客仅对他们的营业情况以及财产在未来如何变化来进行贷款，并不管将来回收的可能性有还是没有，这被忽视了。但是，生意的变化绝不能从一方面来推测，而是要综合大势来看，而且还要参考与他们行业盛衰有关的资料，这样下推断，才能得到一个相对准确的结果。如果跑街这个人仅仅是以一种事业或者一人的营业情况以及营业范围的状态来作为信用调查的根据，就必然会产生一个偏颇的结果，这会阻碍钱庄的发展。这是我们认为设立钱庄信用调查部是当务之急的原因。如果，信用调查部的职员具备专门的知识，而且熟悉调查方法，且专门以此为专业的话，那么从调查部得到的调查结果就一定是值得信赖的，这个跑街的人也是优秀的。信用调查部成立以后，无论怎样，必须招聘到有专门知识的人才，而且，由于向他们委托了与信用调查相关的业务，钱庄其他方面的业务就不能开拓了，因为招聘具有专门知识的人会使费用增加较多。基于此，各钱庄将会提出异议，不会同意。但是如果这个问题按照以下的办法办，就会得到解决。也就是说，如今，中国各地的钱业者大都有钱业公会这么一个组织，由钱业公会发起成立信用调查部，费用由各钱庄来分摊的话就没有问题了。钱庄配有信用调查部的话，就能从跑街那里得到对商人的信用程度做出的比较正确且详细的报告。如果判明了商人的信用程度，并以此为依据来进行贷款，那么滞贷以及倒贷等情况也就没有了。因此，我们认为设立钱庄信用调查部是必要且是最重要的。

第三项　设立储蓄部

金融业以调节资金富余者和资金短缺者相互流动为宗旨，贷款与存款都是重要的。储蓄作为另一种存款用来吸收资金，因此，商业银行都有储蓄存款的机构。钱庄作为金融机构的一种，必须兼营储蓄存款业务，而且应该专门成立一个部门来管理。钱庄很适合兼营储蓄业务的原因有三点。第一点，储蓄机构增加的话，有助于培养一般人的储蓄美德观念。第二点，钱庄每天的营业时间比其他金融机构要长，对储蓄者来说非常的便利。第三，钱庄平时总是最看重信用，如果储蓄人对钱庄的信用增加，会往里面存钱。因此，我希望钱庄为了自己的利益和社会的便利能够尽早设立储蓄部。

第四项　设立保管部

探究国外银行业的起源的话，就会发现它们在成立初期的业务都是以保管为主。自从开始经营金银的存款以后，保管的情况也发生了变化，从主要业务变成了附属业务。但是，现在欧美各国的银行界对于保管事业，比起附属业务，更把它看成了一个重要的业务。因此，这方面的业务非常的发达。我们日本银行的保管业务也可以跟欧美比肩。中国现今由于国事动荡，军事不停，有价值的财宝遭遇厄运，所以，人民为了自己的安全考虑，需要把贵重的物品寄存到银行，产生了委托代理保管的这种需求。因此，我们可以知道中国的这些业务是在跟国外完全不一样的情况中发展起来的。不得不说，这是中国保管事业中兴的一个大趋势。

回顾过去，保管业往往只是钱庄业务的一小部分。时至今日，很多都处于荒废的状态。我们在探索其原因的时候也很困惑。但是，我们认为，在现在的金融界，钱庄如果想要保住其重要地位的话，扩大钱庄的营业范围不可避免。虽然扩大其营业范围有很多的方法，但是发展保管事业也是一个重要的因素。这里，我们说一下钱庄应该经营保管业务的理由。

①今天在中国，钱庄营业之所以胜过银行是因为银行很难接近一般商人，相反钱庄很容易接近一般商人。那么，为什么一般商人希望接近钱庄呢，是因为钱庄的一举一动很明显是为了一般商人的便利服务。保管也是一项确实能给一般商人提供便利的业务。如果这是一项对商人有利的业务的话，钱庄为了笼络顾客必须经营保管业务。这是钱庄应该经营保管业务的第一个理由。

②近来的中国，由于国家形势不安定，商业衰退和国家缺乏统一，钱庄业务在事实上也很困难，如果滥发贷款的话，其利益也可能会受损。为了将来做打算，钱庄应该适当地选择经营一些安全的业务，一方面防止资本的亏损，另一方面增加收入，维持生意。在这些安全且确定的业务中，一定得知道经营保管业务的便利性。经营保管业务对资本毫无亏损，相反还能从寄存者那里获得酬金。这是钱庄应该经营保管业务的第二个理由。

第五项　设立联合准备公库

在调查银行公会会员银行的时候发现它们已经早早地设立了联合准备公库，防患于未然。我们认为，钱庄为了确保其固有的地位，也应该成立联合准备公库。其组织应该采用会员制，以上海钱庄为单位，凡会员钱庄应该将其资本的一部分出资作为准备基金，在金融状态良好的时候，存放在准备库里，当金融吃紧的时候，向准备库要求贷款。

因此，公库也可以称为钱庄的钱庄。其业务主要是经营面向各钱庄的存款贷款，其权限是监视钱庄的一切事务。钱庄在经营业务中如果有不合理的地方，公库应该立即指正。而且随着这种公库组织的扩大，也可以从事票据交换所的业务，余额可以通过公库转账转记，这样现金运送的不便也消除了，危险也没了，信用也变得越来越确定。这是公库在钱庄中的利益。

第六项　设立同业者俱乐部

钱业的业务是非常繁琐的，容易让人觉得精神疲劳。作为其对策，在公事以外的闲暇时间，用娱乐活动来休养精神。这种娱乐不但没有害处，还是高尚的。这种娱乐能够使我们有无限的精神。现在的中国钱业者，如前所述的那样，没有娱乐活动，往往总是赌博，这对于金融界的危害很深。因此，我们认为在钱业界应该设立俱乐部，不仅能够安慰同业者，其利益也是很大的。

以上海为中心的最近的白银问题*

东亚同文书院第31期学生

林　茂

（昭和9年第31期学生第28回调查报告书）

第一章　银块市价的历史

第二章　白银收购法的主要内容

第三章　最近几年中国的通货状态

第四章　白银收购法案对中国的影响

第五章　中国针对美国白银政策所采取的对策

第六章　中国通货问题的前途

由1929年美国大恐慌所引起的世界性经济不景气依旧在持续，全世界经济正在陷入一个未知的、黑暗的、看不见底的深渊里面。在这个混乱的当口，英国、美国和日本等少数的几个金本位国家相继脱离了金本位，这导致了人们对以前几乎可以说被忽略的白银有了一个重新的认识，在这条苦闷的道路上呻吟，发现某个活路，就会变得更加的焦躁。伴随着世界经济的发展趋势，白银又一次出现在了世人的面前。具体来说，自美国政府实施白银收购法案以来，银块的市价不断走高，一度高达25片[①]八分之

* 原稿见国家图书馆编《东亚同文书院中国调查手稿丛刊》第152册，第429～468页。

① 日语中的英国货币单位（Penny），一般汉译为“便士”，以下采用原文。

三的水平。如此下去的话，银价急速增长所带来的必然结果就是：作为世界上唯一将白银作为货币的中国，将遭遇前所未有的通货危机。如何摆脱这个危机将是一个十分困难的事情。

在本文中，我们首先对导致现今银价暴涨的直接原因——“白银收购法”做一个说明。然后对以上海为中心的白银的变动问题做一个考察，最后再研究一下当今白银问题产生的经过。

第一章　银块市价的历史

在进入正文之前，我们有必要对迄今为止的银块交易的历史做一个回顾。伦敦的银块市价从 1835 年开始就有了准确的记录。在截至 1872 年的前半段时间里，银块的市价几乎都是处在一个稳定的状态，即在最高值 62 便士四分之三（1859 年）至最低值 58 便士半（1848 年）之间来回徘徊。然而从 1873 年开始，白银的市价进入到一个动荡的时代。继德国在 1873 年确立了金本位制以后，美国也转向了金本位制。不仅如此，在 1876 年，从挪威和瑞典开始，法国、意大利、比利时、瑞士等拉丁货币联盟诸国也相继成为金本位制国家，还有一些国家把采用多种本位制作为一种过渡性措施。从此，银价跌破 60 便士，开始明显走低。

然而，在这之后截止到欧洲大战以前，银市价走低已成为一个大趋势。在此期间，美国虽然受《布兰蒂埃里森法案 1876》（Bland Allison Act in 1876）和《谢尔曼法案 1890》（Sherman Act in 1890）等影响，采取了一些防止银价下跌的措施，但并没有达到良好的效果。随着欧洲大战的开始，银市价逐步迈上了上涨之路，在大战后的1920年创下了89便士半的最高纪录。从战时一直到战后，银价猛涨的原因有：①辅助货币的铸造；②印度对白银的需求的激增；③墨西哥、加拿大、澳大利亚等国家白银供给的猛降，等等。在这之前的1918年，美国根据“英美协商”颁布了*Pit-man Act*法案，在此之前根据《布兰蒂埃里森法案1876》和《谢尔曼法案1898》收购来的银块开始往外抛售，并且在1919年的5月抛售完，英国和美国放弃了银块政策。到了1920年2月的周末，于是就出现了前述的银价冲破89便士的最高纪录的情况。

然而，银价的高位并没有持续下去，随着供给的增加逐步走向低落，特别是在印度宣告采用金本位制以后，银价以更加迅猛的速度开始下跌。从欧洲战后开始到最近，银价下跌的原因有很多，主要原因有以下几个。

（一）欧洲各国的银块抛售和通货的恶化

伴随着白银市价的走高，法国、德国、意大利等通过采取把银块回炉融化后再次抛售，或者改铸银钱减少白银含有量等措施，导致对作为辅助货币的白银的需求降低，而供给还在增加。

（二）各国币制改革所造成的对白银需求的锐减

受1926年印度决定采用金本位制和1930年印度支那[①]采用金本位制等的影响，出现了卖出和处理多余银币的现象，白银需求大国变成了白银供给国家。

（三）世界性的不景气带来的银价下跌

白银由于其自身的特殊属性，有下跌的时候，也有随着物价

① 原法属东南亚殖民地。

的涨跌而涨跌的情况。也就是说，在战时，随着通货膨胀和物价上涨，白银的价格也在上涨。而在战后，随着通货紧缩，白银也跟一般物价一样，一起下跌。如此一来，导致白银价格跌落的原因除了几个特殊情况以外，我们不得不承认白银作为一种商品，它有追随一般物价涨跌的特点。

（四）产量的增加和调控的困难

导致白银价格下跌的另一个原因是银产量的增加。战后，白银的产量之所以急速增加，是因为电气分铜法的发明。这产生的结果就是，以前只能通过银矿采掘而来的白银现在也可以从铜矿或者其他矿山中作为一种副产品被生产出来。现在，作为副产品的白银的生产量已经占到白银总生产量的约七成左右。所以，以前作为决定白银价格的第一主要因素的生产费用也就失去了往日的重要性。这样一来，银价急速下跌，产能过剩的调控也不好掌控了。

（五）印度和中国对白银需求的锐减

印度因为币制改革，而中国则受持续内乱的影响，腹地的产品市场价格不振，这造成了农民购买力的下跌，特别是在上海，白银库存停滞不动。因此印度和中国两国对白银的吸收额最近正在明显地减少。

以上就是银价暴跌的大体情况。可是，最近的世界经济以1929年美国大恐慌为开端，遭受了非常严重的创伤。在这个背景下，英国于1931年突然放弃了金本位制，接着日本也效仿英国，最后，美国也在1932年3月的时候放弃了金本位制。这样，世界各国在脱离金本位的同时为了防止物价暴跌，努力尽量地降低自己国家货币的价值。能够反映这一情况的一个例子就是，截至1930年前，已经跌到最低位的银价开始表现出反弹的迹象。然而在1933年夏季，银价还没有达到一个太高的水平时，在伦敦经济会议上，为了防止白银价格暴跌维持银价稳定，八国协定诞生了。自同年12月美国的白银收购法颁布以来，银价开始走高，加之1934年6月19日“1934年白银收购法案”的颁布更使得银价向着高涨的趋势发展。

第二章　白银收购法的主要内容

最近让白银问题沸腾起来的美国白银收购法案是一个什么样的东西呢？在说明这个问题之前，我们先来简单看一下美国的白银问题。美国的白银问题，从1870年代的“自由银运动”（Free Silver Movement）以来，在每次的议会中几乎都成了一个必被提及的话题。提出白银问题是一些代表白银生产者利益的，被称为“silver man”的人。这种倾向在去年的世界通货经济会议前后变得更加的明显。美国政府先是提出了金银复本位的方案，到了最近又有了白银收购法和白银国有法。这些法案的实质都是试图将现今低落的银价提升起来。

那么，美国为什么要如此重视白银问题呢？对于现如今的美国来说，白银问题对美国经济直接意味着什么，大体可以归结为以下两点，即①美国作为白银生产国的立场；②美国对外贸易的立场。

①美国作为仅次于墨西哥的世界第二大白银生产国，其生产率占全世界生产量的20%。此外，据说墨西哥与白银相关投资的80%都是来源于美国的资本。从这点来看，美国的白银生产者为了自己的利益，叫嚣着要提高白银价格。这样的话，美国重视白银问题也不是一件令人难以理解的事情。

世界白银生产量

单位：千克

产地	1929年	1930年	1931年	1932年
墨西哥	3381.0	3272.3	2677.0	2155.5
美国	1893.0	1484.4	958.7	755.2
加拿大	719.8	822.5	639.6	570.9
秘鲁	666.8	482.1	*343.6	196.5
英属印度	227.0	220.0	179.5	186.7
玻利维亚	193.3	220.6	178.3	—
其他	1144.2	1202.1	1147.4	—
合计	8225.0	7704.0	8030.0	5000.0

注：*表示推定。原文数据如此，似有误。

②在采用了银本位制的国家，因为它们货币的对外价值被银价变动所左右，所以从经济方面来看这个问题的话，银价的上涨使得银本位国家的进口增加，而银价的下跌则导致进口的减少。出口的话刚好相反。因此，对于跟银本位国家进行贸易的金本位国家来说，银块市价的变动会使其在贸易上受到影响。然而在今天，以白银作为货币的只有中国一个国家。因此，在看待与美国对外贸易相关的白银问题时，最终的落脚点不得不放在美国对中

国贸易和银价的关系这一问题上。而且，美国的对华贸易还有增长的趋势，特别是在出口方面显示出强劲的增长率。这也预示着今后美国将把中国作为一个出口的市场来加以开拓。果不其然，美国当局在兼顾解决国内白银问题的同时，实施了大胆的政策，这是导致银价一下子猛涨起来的原因。

以下我们做了一个表，来看一下美国对中国贸易的大体情况。

美国对中国进出口总额表

单位：千美元

年份	出口额	进口额	差额
1912	19800	14147	-14347①
1913	25300	40121	-14821
1914	20368	36314	-15946
1915	19748	52838	-33090
1916	31516	80042	-48526
1917	40292	125106	-84814
1918	52571	110971	-58400
1919	105540	154685	-49145
1920	145737	192708	-46971
1921	108290	101136	7154
1922	100357	134609	-34252
1923	108595	187602	-79007
1924	109189	117888	-8699
1925	94442	168939	-74497

① 原文如此，疑有误。

续表

年份	出口额	进口额	差额
1926	110205	143204	-32999
1927	83471	151680	-68209
1928	137671	139951	-2280
1929	124163	166293	-42070
1930	89605	101464	-11859

美国对中国进出口指数（1880年=100）

年份	出口	进口
1880	100	100
1885	581	75
1890	268	75
1895	327	94
1900	1386	124
1905	4865	128
1910	1482	138
1915	1490	184
1920	13219	885
1925	8578	776
1930	8139	466

美国白银收购法的出台也是为了适合这个形势，是美国白银政策的一个体现。此法案的主要内容可概括为一句话，那就是把白银纳入和黄金一样的货币圈内，把白银作为一种基准货币。即

把白银作为兑换准备的四分之一。换言之，对于黄金来说，在没有到其三分之一的时候，白银作为一种兑换准备。这样做，第一，可以弥补金本位制的缺点；第二，为了防止通货膨胀对收购的白银发行银券，以此来达到恢复经济的目的。特别是在 8 月 9 日美国发布了白银国有法。这是从白银收购法颁布以来，银价急速走高，导致政府不得不采取收购措施，最后决定将国内的白银全部国有化。

继续回到白银收购法，看看美国能够收购多少白银。美国白银的存量截至去年 5 月有 2 亿盎司，在这之后收购了约 1.8 亿盎司的白银。加上进口的两三千万盎司的白银，现在民间的白银存量只不过五六千万盎司。针对上述这个情况，即使全部发行白银证券，按 1 盎司白银 1 美元 30 美分计算的话，将会产生不到 1 亿美元的通货膨胀。而现在美国的货币流通总额算上纸币和其他一切货币总共加起来有 70 亿美元。对于美国来说，1 亿美元的纸币膨胀应该不会带来多大的通胀效果吧。

第二，这次的法案允许白银成为黄金储备的 25%。按这个计算的话，77.57 亿美元的黄金储备所应该收购的白银的金额为 25.8 亿美元。换算成盎司的话，美国应该购买的白银约为 20 亿盎司。但是美国手头已经持有 7 亿盎司的白银，还可以购买 13 亿盎司。但是美国国内的白银存量，如前所述，怎么也不能满足这个需要。这导致美国不得不到海外市场去发展。

再来看一下在世界市场这个范围内，美国到底有可能购到多少白银。我们先看一下世界上白银供需关系的大致情况。每年新产出的白银产量为 1.6 亿盎司，再加上废弃的银币按 4000 万盎司计算的话，白银的供给量约为 2 亿盎司。与此相对，白银的消费主要有：①印度、中国的储藏用银。②货币用银。③美术工艺品用银。其中，印度和中国的白银储藏量受其经济形势和银价高低的影响而变动，与其说这是左右白银市场的原因，倒不如把它看成是一个结果。也就是说，这些国家的出口增加，白银流入或银价走低，在使用白银不划算的情况下，还不如将其储藏起来。这并不是说白银有多么大的需求量。④用于制造货币的白银最近有稍微增加的势头。像去年那样，增加到 5000 万盎司。其他的需求都是一些不太稳定的东西，比方说，银块市价降低了需求就增加，市价变高需求就减少。

紧接着在 1933 年召开的世界经济会议上，以白银相关国家为中心，形成了一个有关白银的决议。根据这个决议，①印度政府从 1934 年开始的 4 年时间里，每年向世界市场出售不超过 3500 万盎司的白银。②澳大利亚、加拿大、墨西哥、秘鲁和美国五个国家每年购买本国产白银 358 万盎司，或者从市场上回收。③以上这些白银要么用于制造货币，要么用于储备货币，不得流入市场。④中国不得让铸造碎银流入市场。⑤西班牙政府不得向市场投放超过 2000 万盎司以上的白银。

根据以上这些决议，印度每年卖掉 3500 万盎司的白银，而美国则把这些白银全部收购。

由于以上原因，我们可以得知美国政府从世界市场上可能收购来的白银的数量。当然了，就储备来说，孟买有 1000 万盎司，上海有 3 亿多盎司。随着储备的逐渐降低，价格开始走高。或者说只要美国不再购买，可以稳定在 50 美分左右。今后这些储藏的白银也不可能全部流向美国。先不说白银收购法的坏处，像美国这样先行制定大规模收购的方针，而由此造成了世界白银市场逐渐走高的趋势。

第三章　最近几年中国的通货状态

在讨论白银收购法给中国造成了什么影响之前，我们前面也说到了，银价从一个暴跌的时代转入一个缓慢增长的时代，然后又进入一个暴涨的时代。最近几年中国的通货状态是一个什么情况，以下就此问题进行研究。

中国的通货状态最正常、最健全的时期是从海外来的白银入超，每年有大约 5000 万~8000 万盎司的入超。这是由白银的国际贸易特点决定的。也就是说，中国在进出口贸易方面，即使成为债务方，然而由于有华侨的汇款和其他贸易外收支的关系，最终还是成为白银的债权方。那样的话，中国国内的正常状态应该是从海外汇集到上海的白银，在生丝、棉花和米等农产品的出货时期从上海向内地移动。也就是说，白银首先从世界各国被出口到上海，然后这些白银又流向汉口、九江、天津等中国国内的各个主要城市，这才是一个健全的中国通货状态。

然而，这样的一个健全的状态在最近的数年里，不管是对内还是对外，都发生了显著的变化。第一就是前述的银价暴跌时代发生的现象。即 1927 年到 1930 年间，白银的进口显著增加，1927 年是 9000 万元，第二年是 1.29 亿元，第三年达到了 1.3 亿元。

就这样，巨额的白银从世界各地流入上海。其原因前面也提到过，一方面是由于白银投资的兴起，另一方面是由于华侨看见白银价格跌落以后更加积极地向国内汇款。那么，应该如何处理这些陆陆续续流入上海的白银？这些白银大部分作为存货留在了上海。如果国内的通货关系还能继续保持正常健全状态的话，这些白银应该是流向了内地。然而事实却是完全相反。

为什么会这样呢？这里有第二个异常状态。即在 1931 年发生了长江洪水大灾，中国经济受到重创。除此以外，共产党革命、土匪和满洲事变等问题也在此时相继发生。这些因素导致中国各地经济陷入了极度凋敝的状态。经济的凋敝最终导致内地失去持有金钱的能力，或者意味着内地农产品失去了流向城市或者国外的能力。同时，不管从政治上还是军事上来说，内地都处于一个非常不安的状态。而财富总是寻求安全的地方，自然地向城市集中，最终集结在了上海。另外，贫苦的农民由于根本没有什么可以变卖的农产品，同时他们又为了获得一些生活必需品，不得不拿出所有的积蓄往城市里汇款。这样的异常状态从 1932 年、1933 年到 1934 年一直在持续。仅去年一年时间，流入上海的白银就有 2 亿元。今年截至 6 月，流入上海的白银就已达 7700 万元。这就是所谓的第二个异常状况。

接下来，从 1932 年左右开始到 1933 年，第三个异常情况出现了。在 1932 年以前的十多年里，中国的白银一直保持入超的状态，从去年开始有了 2600 万的出超。特别是到了今年，又有了 1.9 亿元的巨额流出。这是什么原因呢？中国没有从海外来的应收的账款（账目）、移民汇款的中断、外国人对中国投资停止等。所以中国要想购买各种必需品，就必须往国外送银子。这就是第三个异常状况。以上的三个异常状况就是前述的美国白银收购法制定以前的中国的实际情况。接下来我们做了一张表来反映这段时间的趋势。

上海白银移动表（一）

单位：千元

年份	进口（-）	出口（+）	差额
1926	73034	23419	49615
1927	111116	19239	91877
1928	148695	8904	139791
1929	138778	8489	190287
1930	75544	11571	14557
1931	29802	15245	11286
1932	92307	21027	63973
1933	36880	63296	-26416
1934	1477	209503	-208086
合计	647573	368088	279485

上海白银移动表（二）

单位：千元

年份	流向内地（-）	从内地流出（+）	差额
1926	108565	61459	-47122
1927	205682	98574	-109108
1928	197046	94542	-102504
1929	159192	107124	-52068
1930	87854	72015	-43805

续表

年份	流向内地（-）	从内地流出（+）	差额
1931	85538	39733	-15839①
1932	99147	141288	+42141
1933	31247	247421	+216147
1934	136934	175286	+38352
合计	1057524	1025249	-32277

第四章　白银收购法案对中国的影响

最近，上海市场的白银库存在不断增加，至1934年6月末，已达到空前的5.82亿元。与6年前相比，增加了3倍半。上海市场持有过多的银储量，据说这也让各银行的消息人士感到很苦恼。可是，仅仅一天，在白银收购法案颁布以后，据说美国政府不仅在国内市场，还在国外的印度、伦敦、上海市场购买了大量的白银，仅在上海一个月就购买了2000万~3000万元。于是，银价开始暴涨。然而，如前所述，在上海有5.82亿元的不知道怎么花的白银，这使得上海的银价涨幅常常跟随着英美之后，出现滞涨现象。自然而然地，上海的白银便以便宜的价格流向海外，流出的势头在7月更加明显。从去年开始就有了流出的迹象，白银收购法案的实施加速了白银的流出。仅8月份一个月，就有一亿数千万的白银流向国外。7月初有5.82亿元流出，11月末变为

① 疑有误，原稿第450页。

3.6亿元，减少了2亿元，其中有来自内地的白银。但是不管怎样，有大约2亿元的白银主要是在8月和9月这两个月流出的。即在仅仅不到6亿元中，有占三分之一的2亿元的出超。由此可见，不得不说白银其实是非常缺的。

如此一来，白银出口的第一个原因自不必说就是银价的暴涨。而第二个不可忽视的原因是各个方面对白银储备的期望。也就是说，中国政府可能会增发纸币，或者征收银输出税，或者禁止白银出口。不管你如何去揣测，只是一味害怕白银货币的下跌，更加刺激了中国的资本流出。如果大量白银流出的话，迟早会造成中国的白银短缺，而且只要美国的白银政策不改变，银价就一定会持续上涨。如果那样的话，其结果必将导致通货不足、物价暴跌，最终可能会让经济濒临破灭。对于整个中国而言，虽然2亿元左右的流出并不算什么，况且一般认为白银流出已经出现减少倾向，在10月中旬已经渡过了难关。但是据爱德华·凯恩（Edward Kane）推测，中国的白银储备量为20亿两，按中国银行公布的数据，市场资金应是其四分之一。根据中国银行的换算率1元等于0.715两，20亿两约等于28亿元，其四分之一约为7亿元。7亿元中的2亿元其实是一个相当大的数字。中国政府到了必须采取一定措施的时候了。

仅看上海的话，进入本年下半期之后，估计大约有2亿元的白银流出，市场中的银库存只有3.8亿元，即日方的银行1700万元，外方的银行5000万元，中方的银行3.13亿元。然而1934年9月末中方银行的兑换券发行额为3.8亿元，对此法律要求准备金应占到六成，即达到约2.2亿元。3.8亿元减去

2.2亿元，仅剩下1.6亿元。中方银行的存款无论往多么小的估算，据推测也有5亿元到10亿元的存款。而事实上，对于这些存款，相对应的支付准备金却只有1.6亿元，这种不安的金融状况在别的国家是闻所未闻的。因此，最近市场的利息上升了一成六分左右。眼下上海市场呈现白银短缺状况，而中国腹地的银行更是遭遇了挤兑。汉口突然出现金融恐慌，发行了兑换券，拥有存款的银行遭遇了强烈的挤兑。由于由上海向外运输白银是有必要性的，所以国民政府规定，国内白银的运输必须持有通行证，以此来进行管制。即使是这样，每天仍有200万~300万元的白银被运向腹地，上海的金融每况愈下，处于不安和梗塞的状态。

至今为止，国民政府并不是对此袖手旁观，虽然期间也采取了外交手段、金融应急手段，为摆脱本国的货币危机也做出了极大的努力，但是最终未能扭转大局，就到了今天这个局面。关于这一点，我们接下来会叙述。现在我们列举两三个表格来看一下大的趋势。

上海白银储备额：1934年7月和12月的比较表

单位：千元

	10月1日	11月24日	+ −
三菱银行	1556	1110	-446
三井银行	5926	3221	-2625
横滨正金银行	18392	3700	-14692
台湾银行	7512	6134	-1378
朝鲜银行	2129	2700	+641
住友银行	970	840	-370

续表

	10月1日	11月24日	+ −
日资银行合计	36485	17705	−18870
汇丰银行	58170	11962	−45608
花旗银行	24964	14443	−9169
渣打银行	67264	6904	−59460
其他外国银行	55356	11959	−41022
外国银行合计	205754	45268	−155259
中央银行	119601	113147	+4031
中国银行	96020	84800	−10578
交通银行	43200	45532	+4352
其他中方银行	81102	61886	−23920
中国方面银行合计	339923	305365	−26115
总计	582162	368338	−200244

译者注：原表格式如此，原文参见《东亚同文书院中国调查手稿丛刊》第 152 册，第 455 页。

上海白银储备额

单位：千元

月末	数额	+ −
1926年6月	187267	
1926年12月	175614	−11653
1927年6月	186672	+11058
1927年12月	160384	−26288
1928年6月	159195	−1189
1928年12月	197668	+38473
1929年6月	251242	+53574
1929年12月	275893	+24651

续表

月末	数额	+ －
1930年6月	319429	+43536
1930年12月	324027	+4598
1931年6月	313068	-10959
1931年12月	294779	-18289
1932年6月	333151	+38372
1932年12月	348097	+14946
1933年6月	444867	+96970
1933年12月	537855	+92988
1934年6月	582162	+44307
1934年12月	368338	-213824

中国银行兑换券发行额一览表

单位：银元

	中央银行	中国银行	交通银行	其他	合计
1931年末	24773439	123493968	38000769	56056555	242364731
1932年末	39140360	112872274	38453060	78259704	268729907
1933年6月末	45533179	104737183	33459269	73296614	257026245
1933年末	70271542	121878855	42702869	93295244	328148510
1934年7月末	74440206	117871801	43684731	113632250	349628988
1934年8月末	77841337	121556006	45543231	118962100	363902674
1934年9月末	80216875	125954349	46464131	123491300	376126655

上海银行白银出口额一览表（从 1934 年 1 月 1 日至同年 11 月 26 日）

单位：千元

银行	$	——	——	Total
横滨正金银行			$ 5936	5936
三井银行	$ 1150		3150	4300
朝鲜银行	755	1680	2435	
住友银行	500			500
三菱银行			336	336
台湾银行			294	294
	2405		11396	13801
汇丰银行	28300		25340	53640
渣打银行	14280		12600	26880
花旗银行	20202		4270	24472
摩根银行	17393	556	3738	21687
国民城市银行	8200	444	4536	8052
—	7660		392	6922
比利时	2120		4802	6902
—	4900		2002	6194
—	4500		1694	5772
—	1117	231	4424	4000
—	4000			2956
—	730		2226	1915
—	1355		560	1440
—	1440			7640
—	5960		1680	13180
	$ 122157	$ 1231	$ 68264	$ 191652
Total	$ 124562	$ 1231	$ 79660	$ 205453

译者注：上表中的“——”为译者所添加，表示原文中此处内容无法识别。原文参见《东亚同文书院中国调查手稿丛刊》第 152 册，第 458 页。

第五章　中国针对美国白银政策所采取的对策

国民政府为上述迫在眉睫的金融危机而苦思焦虑，抓紧时间研究对策。当时他们考虑了种种措施。比如，果断禁止白银出口、征收出口税、降低平价、请求外国特别是让美国采取某种对策等。然而到了8月9日，美国白银国有法的颁布，更加刺激了白银价格的暴涨，这使中国不得不立即考虑对策。于是财政部部长孔祥熙于8月中旬将在上海的几位银行家召集到庐山研究对策，会议的结果虽然是决定请求美国采取一定的对策（来缓解中国国内白银暴涨的状况）。但是（国民政府）表面既没有禁止白银的出口，也没有征收出口税，只是依靠贸易的自然调节来矫正白银的外流，他们是这样进行说明的，并且发布了数次声明。而事实上，从8月到10月中旬的两个月间，他们进行了文书交换，这个既没有请愿也没有抗议意思的文书的大致意思是：美国政府白银收购政策导致了银价的高涨，外国人在购买中国商品的时候，中国商品变贵了。与此同时，由于伦敦和美国的白银价格较高，所以中国的白银流出很明显。其结果导致中国的白银保有量锐减。总之，中国因为美国的白银收购政策而蒙受了以上的损失，如果银价还继续上涨的话，那么我们认为中国就会废除银本位采用金本位。美国政府是否会在中国拿出白银的时候，用黄金与之进行交换呢？

以上内容虽然以信件和电报的形式数次发给了美国，但是美国政府在8月、9月间对此一直置之不理，不予回复。终于在10月8日，美国政府发表了大概意思如下的声明：按照自由市场的设定，虽然任何国家都可以自由地买卖金银，但是政府间直接进行金银交换的事情还没有实际发生过。至于这件事情能否实施，美国政府做好了进行友好磋商的准备。同时，美国政府期待通过白银收购计划带来整体性的利益，让银价稳定下来。在世界市场，我们每月购买大约5000万盎司的白银，今后将努力做到不影响和不扰乱中国经济，我们将在调整白银收购时间和地点的同时，不遗余力与中国政府进行友好磋商。

总之，这个回答给人一种非常冷漠的态度，即美国想说，很遗憾，由于白银收购法案是经过议会通过的法律，所以在今后如果是可以商量的问题我们接受，但是关于这个问题，我们无法做出改变。这封回复的电报于10月13日到达南京政府，南京政府立即研究对策，终于在第二天决定开始征收白银出口税。

白银出口税虽然是从10月15日开始实施，但实际上是由一成的基本税和平衡税两部分组成的。前者是针对银货币征收2.25%的铸造费，对于银块的话是征收10%；后者是对伦敦银块市场和上海白银汇兑的差价进行征税。因为上海和伦敦每天有8小时的时差，所以采用的是一天前的伦敦银块市价。假定现在是23.875片，乘以对英法定数的0.8165744，得到19.49571片。这个数字再减去当天上海上午2点半的对英汇率16片，等于3.49571片。这个数字再除以前面的16片，等于21.85%。然后再从中减去7.75%，就得出了14%的平衡税。结果，在同一天，对银货币课以

21.75%的税，对于银块再加上了2.25%的税率，即被课以24%的税。因此，无论汇率如何变动，如果想要出口白银，都会比海外高出10%。没有相当的看涨，不会贸然出口白银的。从结果上来看这就与禁止白银出口政策产生了同样的效果。

在实施出口税之际，中国、交通、中央这三家银行各选派一个委员组成了一个叫平市委员会的机构，即平衡委员会。他们每天上午10点召开会议，确定当天的平衡税。平衡税实施之后的一段时间，确实如孔祥熙所预料的那样，白银出口得到了完全杜绝。究其原因是：比如出口商15日在银行支付了一成的出口税和当日的平衡税，办理完了通关手续，于16日出航。而如果16日的平衡税比前一天高的话，船在领海内还需要再支付追加税，这样的话，对于出口商来说就很不划算了。由于都说这样做太过分了，从10月26日开始，规定只要办理完通关手续就可以了。于是，白银又开始少量的出口。

以上是平衡税实施后的表面状况，而平衡税实施的实际意义怎样呢？其实是中国从事实上脱离了银本位。即在中国，作为流通货币的白银，在出口的时候要被征收约两成的税收，变成了一个便宜的白银。虽然只有真正按照银价，才能算作银本位。但是像中国那样，作为通货的白银比世界上的白银还要便宜，这就是中国脱离了银本位最明了不过的证据。

先不说这个，依照白银出口税，混乱的状况看似暂时得到了稳定。而事实上正相反，白银的走私悄然开始了。受惠于白银出口税，如果走私白银的话，多少能赚点钱。对于精于谋利的中国人来说，是不会无动于衷的。他们从厦门、福州、汕头经由香港，或从华北经由大连进行走私活动，而且走私的现银数量绝不在少数，日本的造币工厂似乎也因此忙碌了起来。在天津、青岛等地，由于白银储量急速减少，结果是从前在上海与华北之间的内地汇率中，华北要比上海的白银便宜，但是到了现在反而是上海的白银变得便宜。

以前，大量白银的出口是为了贸易结算，而到了现在由于走私盛行，出口税起不到任何作用，感觉反而刺激了白银的向外流出。除此之外，国内白银囤积情况也非常严重。之所以会这样，是因为对于白银的持有者来说，在将来是一个赚钱的机会。而且，如果是存款的话，损失的概率也比较大，因此，白银大量的由上海向腹地流入。对此，南京政府解释说因为这是农产品进入了上市季节，但事实上并不是这样的，即使进入 11 月份，仍有约 4000 万元的白银流到了汉口、天津、香港、满洲等地（11 月 27 日根据法律禁止对满洲出口白银）。这些白银都是银行为走私或者囤积白银需要在银行挤兑而准备的，所以前景不容乐观。

这个出口税有什么缺点呢？以下做一个简单的说明。

（一）刺激了白银的走私和囤积

如前所述，如果没有出口税的话，除非是有利可图，否则白银是不会被出口到国外的。正是因为征收了出口税，反而刺激了白银的走私（这让原本就不充足的白银变得更少，更加刺激了白银的囤积，从汉口到内地的银行频繁遭遇挤兑，使得金融状况逐渐变得更加混乱）。

（二）没有平衡准备金

没有平衡资金却想要调节汇率，简直就是缘木求鱼，最终是无法达到目的的。中国连一分钱的平衡资金都没有。有趣的是他们却决定：今后要以应该征收的平衡税来作为平衡资金。也就是说，平衡税是出口时征收的钱，如果没有出口，就得不到平衡资金。做没有希望的事情，以此来获得资金，这简直是毫无道理、自相矛盾。

（三）市场控制的不当

如果市场上正常的你买我卖、你卖我买不能实现的话，那么就无法实现统一。以下的事情虽然无法肯定，但是据说，由于通过所谓的御用经纪人即使没有外汇也可以实现黄金的交易，政府为了让他们有利，几乎都是像赌博市场一样，只专心于金块的交易。

这样的话，通货的稳定就不能轻易实现。

（四）其他缺点

决定平衡税①的仅有三个人，而且由汇兑的从业者随意的决定这件事情实在是有失得当。

平衡制度的实施，还有一个目的是要扩大中央银行的权益。当局者利用这一点，也包含了从事外汇和白银的装运，以及民间谣传，当局者想要利用这一制度来装运（运送）白银，这里面包

① 1934年10月17日，中华民国财政部为安定汇市，成立外汇平市委员会，委员共有3人，由中央银行、中国银行、交通银行各指派一人组成，中国银行上海分行经理兼总处国外部经理贝祖贻被推举为委员会主席。

含了很多暧昧的地方。中国方面想要利用输出税，收回外国银行的实权。像中国这样的公私不分，任何的政策都无法达到其目的。总之，出口税作为当下通货危机的对策是失败的。

第六章　中国通货问题的前途

像这样，白银出口税与其说是在挽救通货危机，倒不如说是刺激了白银的走私和囤积，使得事态变得更加恶化，作为一种对策完全是失败的。然而，今后采取什么样的政策，是降低比价还是采用金本位，这两者对于目前的中国来说最终都是不可能实施的。

且在那两个政策失败之后，美国总统现在正处于想要采取某种对策来实行经济改革的当口中，而且总统选举也如人们所料的那样，以执政党的大胜而结束。所以，白银收购法案在相当一个时期内会继续持续下去这件事情是很明显的。因此，白银的行情即使在表面上有一些波动，但可以预测的是，银价实际上会以相当稳健的步伐上涨。

在这样的大势下，对于开始通过出口税来管理货币的中国来说，将面临极大的危险。打个比方说，中国要走的路就像一条很窄的断崖的山谷，右边的山谷将会引导纸币，引起恶性通货膨胀，最终将陷入往年德国马克的那种惨状[1]。而左边的山谷则是在保护白银通货期间，由于白银被大量的出口和囤积，结果造成

① 一战结束后德国马克恶性贬值。

市场缺乏现银，最终引起通货的匮乏，物价暴跌，经济破产。

然而，今后国民政府将采取什么样的政策，这不好轻易预测。特别是如美国的 sliver man 说的那样，银价的高涨并没有让中国的购买力增加，反而减弱了其购买力，这是一个事实，美国白银政策的一半目的落空了。同时，面对前所未有的通货危机，中国今后将不得不继续努力应对。

（完）

昭和 9 年 12 月 24 日

以上海为中心的中国财阀的研究*

上海调查班

森次勳

目　录

* 原文参见国家图书馆编《东亚同文书院中国调查手稿丛刊》第 152 册，第 479～548 页。

第一章 绪论

中国财阀不同于日本的财阀，或者说有着不同于日本财阀的一些特点。

概括起来说，日本的诸如三井、三菱等财阀，作为一种高度的由金融资本支配的体制，具有一种作为中枢性的支配机构的强化、独占的结合和集中化过程。

与之相对，由于中国资本主义发展过程的不成熟，其必然带有一些不自由性和脆弱性的特征。

首先，不得不承认中国财阀的总体势力还不像先进资本主义国家财阀那般的强大。众所周知，在中国的主要城市，特别是在上海等地，存在关于中国的金融资本最近过于集中这一事实，受制于某个特定条件的制约，中国资本这种畸形的、不自由的集中的趋势，相当或者更极端地再次朝着畸形的方向发展，这对于中国本土企业来说其产业资本转化几乎是不可能的。甚至在极端情况下还会变成一种畸形的东西。因此，很难认为中国在整体上是逐渐朝着资本起支配地位的市场经济方向发展。

在最近的一些关于金融行业调查的报告书中，至少有关这件事情时愈加的明显。中国的财阀之所以被关注，是因为他们拥有相当大的势力，这点不言自明。关于这一点，没有任何的疑问。

可是，在这个时节，立马就能想到与之有关的在中国的外国资本问题。如果考虑到跟强大的外资之间的本质性的诸多关系——和世界经济关联的话，很容易让人想到，问题的本质就是：中国财团的这种势力和发展，仅仅就是一个比较的、相对的势力和发展。

前面所说的，中国资本主义发展的障碍，指的就是，跟这种国际资本关系以及国内各种情况——特别是指各种残存的封建关系。也就是说，这一点如前所述的那样，中国的财阀不像发达资本主义国家那样，是一种高度金融资本支配的教条式的发展形态。其受制于本国资本主义发展这个根本特征，所以形成了一种非常畸形的、不自由的、朴素的东西。那么，首先，我们先将这些作为条件，然后再进入对中国财阀的研究，这点要特别的指出来。

接下来，有关中国财阀的几个特质，有必要在此处交代清楚。

（1）被人们称为或者被人认为的中国财阀，如浙江财阀和广东财阀等，都是一些由同乡（地域）的结合所形成的财阀，这点很好理解。关于中国同乡团体的发展，此处不予详述，中国财阀也是在其发生和发展的过程中发展起来的，虽然说这种同乡的即地域的结合、集中、发展是一个明显的事实，但是这一点却很重要。

（2）所谓浙江财阀，就是指那些出身于浙江的人之间的结合组织，实际上是一些以上海为据点的、浙江出身的金融业者为主的一股势力，应该把其看作是严格意义上的浙江财阀。可是在今天，也有一种广义上的浙江财阀的看法。比如，像江苏财阀那样，在今天已经全部或者几乎全部跟浙江财阀原来的势力包含融合在一起，在上海的资本家（中国本土的）都把这些看作是广义上的浙江财阀。

这一事实的原因在于中国的财阀本来就是一种地域性的、笼统的结合形态。在本研究中，我们把各个财阀严格的加以区分，原则上以地域（同乡）财阀为标准来进行研究。为什么要这么做？因为这样一来，在研究的时候最清楚，也能使各个要素变得最明显。但是我们也不能忘了，原来的同乡性的结合从以上海市场为中心逐步扩大转换为地域性的结合这一事实。而且，其中枢性的支配体制，依然被旧有的同乡性的结合给推在了前面。

（3）前文中提到浙江财阀是一个以金融资本为中心的财阀，此外，还有一些以工商业资本家为主体的财阀，这些特质渐渐变得明了起来。特别是，其结合是一种横向的连接，是一种利益合作的链接，这应该算得上是其一个特质吧！这个事实又证实了中国财阀不可能是一个中枢性的统治组织、完整发展的支配体制这一事实。以上列举的就是中国财阀的三个主要特质。

众所周知，上海现在是中国经济界最重要和最强大的市场。本研究只对上海做了调查，并不是对中国的展望。虽然只对上海财阀的研究并不可能代表对中国财阀的研究，但是可以预测未来，这样就可以知晓全中国的大势。

虽然不能得出一个绝对的结果，但是可以得到一个大致的判断。另外，说到中国财阀，首先第一个被列举出来的就是浙江财阀。事实上，在上海浙江财阀的势力也确实处于支配地位。因此，研究也多倾向于以浙江财阀为主。本研究致力于在前人研究的基础上尽量地揭示各个财阀的全貌。

浙江财阀是一个以金融资本为中心的财阀。而且，它还是当今中国当地资本的王者。我们先从中国，特别是上海的金融发展史来看一下。

第二章　上海的金融机构发展概况

——浙江财阀发展小史

在1842年的《南京条约》中上海被指定为开放港口中的其中一个，在英国租界设立之初，能够看到的金融机构或者财阀只有山西票号。

然而，随着外国银行的设立、银号以及钱庄业的兴起、国内新式银行的发展等，山西票号的势力逐渐消失了。

首先，钱庄业的飞速发展值得一提。据统计，在光绪初年最鼎盛的时候，南市和北市合计有400家以上的钱庄业者。而且，自不必说这些钱庄业者都形成了一股支配上海金融界的势力。另外，这些经营钱庄的人从地域性关系来看，出身于宁波、绍兴、苏州、镇江等浙江周边以及江苏四地的人占了大部分。

然而，以光绪七年（1881）爆发的中法战争为契机，[①] 财界发生了非常严重的动摇和混乱，钱庄从业家数一时间仅剩20多家。之后，随着和解条约的签订，钱庄的数量再次恢复到百余家。

如果把这个动摇期看成是一个转折时期，那么钱庄业中值得注意的变化就有了结果。也就是在今天所谓的浙江财阀的基础在那个时期形成了。

① 中法战争的时间应该是1884年。

以这个动摇期为界限，从前处于对立的浙江和江苏两地出身的钱庄业者之间的势力相对平衡的分布被改变，苏州、镇江等地江苏系财阀被绍兴、宁波等地的浙江系财阀慢慢地超过。有关这个势力淘汰的原因，有以下几点。

①其一，宁波、绍兴系的金融从业者的绝对数量要优于江苏系财阀。

②而且，浙江财阀随着上海港的开放，跟外商之间的贸易使得其能够积累巨额的资本，这是第二点。

之后，上海的钱庄业界遭遇了几个事件，每次都受到其动摇和影响，这个行业也发生了很多的变化。主要有以下几个事件：

①光绪二十年（1894）营口市场恐慌的影响——也就是受甲午战争的影响，旅顺、大连、营口的天字号钱庄相继倒闭，对上海的金融界也产生了影响。

②从光绪二十四年（1898）到宣统元年（1909），橡皮股票投机的反弹。

③辛亥革命的影响——辛亥革命的爆发对全国产生了影响，上海北市的钱庄业者数量也锐减至不到50家。

④自此以后，上海的金融市场进入到一个相对的稳定期。无论是欧洲大战还是之后发生的世界经济危机，上海都能得以保持一个相对安静的状态。但是，这也仅仅是一个比较的、相对的状态。随着世界经济危机的发展和国内经济陷入绝望的崩溃之中，钱庄业的危机也是不可避免。在本研究中，对于这些时时刻刻显现出的转变，我们最终没有能够对其做出详细的调查。

然而，我们也不能忽视这一点，即在此期间宁波、绍兴（浙江省）系的钱庄业者逐渐确立了其独占的地位。

对于和钱庄业者处于对立地位的国内新式银行。首先，作为国营银行的大清银行（中国银行的前身）和交通银行两家银行，从成立之初就被以焦乐山、倪锡崎[①]等几乎全部是镇江出身的人所支配。四明银行是一个纯粹的民营银行，由上海、宁波出生的朱葆三、孙衡甫等巨商经营，从前，其作为一个金融机构，也是被人当成一个宁波、绍兴系的根据地来看待。

浙江兴业银行的成立虽说与浙江铁路（现在的沪杭甬铁路）的建设有关，但其实权却被宁波系的盛竹书、叶揆初所控制。浙江实业银行在民国元年（1912）成立时采取的是官商合办的形式，后来变成了民营，以李馥荪为中心成了所谓的浙江系的主要金融机构。

众所周知，这些国内新式银行的势力从清末到民国初年，不像浙江系钱庄那样拥有巨大的实力，进入民国以后，其势力逐渐增强，以至于形成了今天的样子。浙江系已经把在上海的本土新式银行的大半收入其麾下。

关于这些浙江金融财阀发展的原因，可以列举出以下几点：

①自民国初年以来，上海财阀圈中有影响力的人以浙江系居多，或者由其把持政治势力。比如，民国初期上海的都督陈其美（浙江吴兴人）为浙江革命党的首领，曾在一时间把持了上海的权利。蒋介石在当时也只不过是他的一个参谋而已。被视作浙江财阀中心人物的张静江（浙江省吴兴人），现在是国民党的元老。

① 原文模糊，字迹难认，这两个人名需再考证。

作为财政部长的宋子文也是出生在广东，祖籍为浙江。还有上海财界的大贤，民国16年（1927）任国民政府署理财政部长的钱永铭（祖籍为浙江的上海人）以及王正廷（浙江省奉化人）、陈其采（浙江省吴兴人）等人，不胜枚举。这些人对浙江财阀形成今天这样的势力有着很大的贡献。而且，上海财界的中心是相当于浙江财阀的盾牌的上海总商会，其他还有闸北商会、上海县商会、上海银行公会、上海钱业公会等，这些机构的实权都掌握在浙江系的人手里。比如代表性的人物有：严筱芳、周金箴、朱葆三、宋汉章、傅筱庵、虞洽卿、方椒伯、沈联芳、王晓籁、王一亭、钱永铭、张公权、卢文溥、秦润卿等。

也就是说，我们可以认为，浙江系资本家从很早就开始作为中国的国家资产阶级的前卫，积极地开展活动。

②浙江金融界的这些有影响力的人，从共存共荣的立场出发，致力于协作和合作，通过横向的结合，确保其享有独占性的支配势力，这一点更加值得被指出。因此，他们跟历代军阀进行联盟，努力获得政治上的权利。比如，上海都督陈其美出事以后，浙江系资本家和北京的政府要人结合起来，尤其是和梁士诒一派合作。或者当孙传芳当上了五省联军总司令后，与其结盟。国民党北伐以后，浙江金融系已经完全把其控制在自己的手里，承接国民政府的公债，接受发行贷款，最终浙江财阀和国民政府之间的资产阶级政治体制大体上形成了。

进入民国以后，中国银行和交通银行当初的实权者开始由镇江系的资本家势力逐步向浙江系转换，以宋子文、钱永铭、盛竹书等为中心，从事管理的都是浙江系的人。事实上，已经形成了浙江财阀的一个根据地。

另外，在民国 17 年（1928），财政部长宋子文设立了作为国家银行的中央银行。不用说，这个银行也是完全被浙江人所控制。

正是这些重要的银行，即所谓的浙江财阀在今日的重要中枢机构，造就了其支配性、独占性的地位。通过以上对上海金融界发展做的一个概述，我们能够一瞥浙江财阀的发展小史。但是，这也仅仅只能知晓作为金融财阀的浙江财阀的冰山一角。接下来，我们对上海各企业的发展做一个概述，简单的追寻一下财阀角逐的历史。

第三章　上海的主要企业与财阀
——企业结合发展过程概说

近代产业革命从国际上来看都是发端于轻工业部门，某国生产技术的发展首先从轻工业部门开始，然后向重工业部门转移。也就是说，不发达资本主义的中心产业是轻工业，发达资本主义的中心产业是重工业。

资本主义在中国的发展，如前面第一节已经提到过的那样，受制于外国和国内的阻碍，发展受到明显的约束，因所谓的半殖民地各种关系，充满巨大的烦恼。但是不得不承认，以各个城市为中心已经形成了相当的发展，上海是其中最重要、面积最大的区域。

关于中国民资企业在上海的现状，不必说，仍然呈现出不发达资本主义的要素。在此节中，我们把有关于这个问题的所有解说性分析都放在后面，先简单叙述一下上海民族企业的发展过程。

西历1842年上海开港以来，很快就成了对外贸易的中心地。我们先从商业部门或者原始产业部门看一下。

作为出口贸易的重要组成部分，生丝和茶叶为第一线，其他还有皮毛、药材和杂粮等。

在上海，最初控制生丝海外出口的是存在于外商下面的广东人买办。然而，由于地理等关系，其控制权逐渐转移到了浙江系。在今天，浙江湖州人夺取了生丝的控制权。

茶叶的经营也是由广东人主宰。今天在这方面，广东系仍然保持着优势，其次是安徽系，浙江系和江苏系虽然近年来也逐渐崛起，但其势力仍不及广东系。

皮毛和药材等是浙江系占有的领地。杂粮和油类是江苏系和浙江系角逐的领域，其中江苏系稍占优势。

接下来是进口贸易。国外进口货物中的金属、染料、棉布、棉纱、砂糖、机械、杂货等的经营，数十年来一直处于宁波人的绝对控制之下，每年都表现出强大的一面。我个人认为，虽说存在一些相当有实力的竞争者，但是还没有达到与宁波商人相抗衡的程度。

再下来是工业方面，当然我并非说轻工业就是中国工业的全部。中国的本土重工业几乎谈不上。在轻工业方面，面粉和纺织是其主体。

中国的面粉业最初诞生于三十几年前的山东巡抚孙家鼐在上海开办的阜丰面粉厂，这是面粉业最初的原型。之后，中兴和华兴两家面粉厂也成立了。今天，阜丰面粉厂依旧相当的兴盛，但是中兴、华兴两家被福新面粉厂合并了。福新面粉厂由无锡人荣宗敬经营，它除了在上海拥有七家工厂以外，在汉口等地还有分厂，是中国面粉界的统治者。

纺织业最早是盛宣怀于光绪十四年（1888）开办的三新纱厂。该工厂在民国元年（1912）以后被革命政府没收，后来又被更改为英国籍。众所周知，在欧洲大战的时候，纺织业迎来了前所未有的发展期，振华、申新、永安、大中华、华丰、溥益、纬通、厚生、统益、恒大等工厂增加到约70万锭。在今天发展较好的有：从属于广东系的由郭乐、郭标等经营的永安纺织工厂（永安纺织公司），由制粉界的统治者荣宗敬控制的申新纱厂等，宁波系、江苏系、湖南系等也保持着相当的势力。

制丝业在约40年以前的苏州河畔一带就已创立。它最初由潮州系所控制，最近十几年来，其霸权渐渐转移到无锡系手里，最近当地制丝业者处于绝望的烦恼之中，特别是在作为中国本土的无锡系成了控制者之后。

机械钢铁工业虽然很微小，为宁波系所控制，从当初的仅仅只不过是一个小规模的旧式工厂，到了最近七八年前，由于大隆机器铁厂的成立，钢铁业走出了新式化的第一步。工厂的主人是严裕棠，控制人和其他的人都是宁波系的人物。

关于造船业，在南市有一个求新船坞厂，由上海系的朱志尧在二十几年以前创立，现在为中法合办企业。

烟草业公司有中国南洋兄弟烟草公司、中国兴业烟草公司、华商烟公司等。其中中国南洋烟草、中国兴业烟草和华商烟公司都属于广东系。其余各个小烟草公司多是由浙江系的投资所经营。

本节我们仅讨论了以上问题的概况。另外，在后面的第五节，我们还会就上海的企业结合进行研究。

但是，针对以上的概述，我们有必要把握住以下几点。

①浙江财阀是一个以金融资本为中心的财阀。

②因此，在上海的各个企业，特别是在纺织业中，浙江财阀的力量相对较弱。

③中国民族产业的贫弱性、脆弱性和不自由性以及作为上海企业结合的各财阀系统的分布相当复杂，要把它弄清楚，必须在下面的章节中进行论述。

④但是，各个财阀从整体来看，都被“资金难”问题所困扰着，其所经营的各个产业在现在或者将来，都仰仗以金融为中心的浙江财阀的援助，这将是一个非常迫切的问题。金融资本控制企业的现象将会出现。有关这一点我们在下一个章节进行详细叙述。

第四章　上海的中国钱庄业和银行业的构成

——浙江金融财阀的中枢体制

本章在跟第二章的关联上，在让我们进行考察的时候能够得到一个最明白的理解。它直接就是第二节的具体调查材料。

1. 钱庄业

民国17年（1928），上海的主要钱庄（加上汇划庄）在北市的有60余家，在南市的有十余家，合计有70余家。其中，主要的有以下44家。下文这个表在现在虽然有更改和修正的必要，但是作为一个能够从大体上知晓现状的材料，总的来说还是可以的。

也就是说，在现状下，如果注意到有必要再次变更这一点的话，这个表在本质上能够较好地体现今日的状态。

这完全是浙江财阀的经营，从资本家到其管理上的重要职员全部都被浙江系所独占。上海钱庄业也是被浙江财阀独占。而且，在那里盛行结合和合作，形成了浙江财阀的中枢体制。钱庄业在面临今天的危机的时候，其盛衰的变动很激烈，虽然不能得到准确的报告，但是暂时依靠此资料，能够得以继续进行基础性的研究。

钱庄名称	资本金	经营者	经营者的出生地	备注
元甡庄	4万两　附本*6万两	沈景芳	绍兴	*对于普通的特定的利息是官利，利益分配的追加是红利。附本就是不要官利资本。因此，附本的很多经营都是良好的。
元盛庄	4万两　附本8万两	蒋福昌	绍兴	
五丰庄	16万两	张梦周	宁波	
永聚庄	10万两　附本6万两	吴廷范	甬江	
永余庄	10万两	李菊亭	绍兴	
永丰庄	20万两	田祈原	绍兴	
安裕庄	10万两　附本14万两	王鞠如	甬江	
永康庄	30万两　附本6.5万两	赵文焕	甬江	
同春庄	12万两	裴云卿	宁波	
同泰庄	12万两	傅裕齐	宁波	
同余庄	6万两　附本4万两	邵燕山	甬江	
志裕庄	12万两	刘午桥	宁波	
志诚庄	10万两	盛眉仙	宁波	
均泰庄	12万两	沈荣文	甬江	副经理—钱远声
承裕庄	12万两　附本6万两	谢谈甫	甬江	
和丰庄	10万两	王经畬	绍兴	副经理—陈济城

续表

钱庄名称	资本金	经营者	经营者的出生地	备注
信成庄	6万两　附本10万两	陈梅伯	宁波	
信孚庄	8万两　附本2万两	胡涤生	绍兴	
信康庄	16万两	朱掌衡	绍兴	
信裕庄	22万两	傅松年	宁波	
恒大庄	22万两	周雪舲	宁波	
恒祥庄	22万两	邵兼三	宁波	
恒隆庄	22万两	陈子壎	宁波	
恒兴庄	10万两	沈翌笙	绍兴	
春元庄	10万两	沈晋绣	绍兴	
益昌庄	10万两	徐伯熊	宁波	
寅泰庄	11万两	冯斯苍	宁波	
顺康庄	36万两	李泰山	宁波	副经理—应芝庭
敦余庄	20万两	楼恂如	宁波	
义昌庄	12万两	沈景周	宁波	副经理—徐寿昌
义兴庄	20万两	夏圭方	绍兴	
瑞昶庄	4万两　附本4万两	罗似莲	绍兴	
福泰庄	10万两	周介繁	宁波	
福康庄	36万两	陶玉笙	宁波	
福源庄	30万两	秦润卿	宁波	
汇昶庄	24万两	诸增煊	绍兴	
赓裕庄	12万两　附本6万两	盛筱珊	宁波	
聚康庄	6万两　附本4万两	王蔼生	宁波	
滋康庄	12万两　附本18万两	傅洪水	甬江	
滋丰庄	10万两	陈东山	宁波	

续表

钱庄名称	资本金	经营者	经营者的出生地	备注
鼎盛庄	20 万两	胡楚卿	宁波	
衡余庄	10 万两　附本 2 万两	沈采三	绍兴	
鸿祥庄	24 万两　附本 6 万两	冯受元	宁波	
实丰庄	4 万两　附本 16 万两	赵漱芗	绍兴	

以上列举的都是第一流的钱庄。虽称为汇划庄，但几乎都为宁波、绍兴系的浙江财阀所有，这一点很明确。其他很多第二流、第三流的支票钱庄也都几乎是浙江系。

汇划庄的资本，如上表所示不是太大，存款也是从二三百万元到四五百万元之间，虽说单个钱庄的力量不是很大，但是作为一个整体其势力依然根深蒂固。就连上海的新式银行也都需要跟他们协商。这样，两者间的两位一体制就形成了。

2. 银行业

浙江财阀所属的主要银行有：

中国银行

交通银行

浙江兴业银行

浙江实业银行

中国通商银行

四明银行

中华商业储蓄银行

中华劝业银行

正大商业银行

道一银行

中央信托公司

通易信托公司

此外，“中央银行”虽然在形式上是国民政府设立的国家银行，但事实上从属于浙江财阀。

而且，由中南银行、盐业银行、金城银行和大陆银行组成的四行联合储蓄会以及准备库从钱永铭等的人际关系方面来看，都可以称得上是浙江系的旁系。以上各银行（包含信托业）占了上海和全中国最主要各银行的大半以上。

除了上面的银行以外，加入银行公会的银行有：

江苏系——江苏银行、上海商业储蓄银行、金城银行、盐业银行

广东系——广东银行、东亚银行、新华商业储蓄银行、工商银行

福建系——中南银行、和丰银行

安徽系——中孚银行

山东系——东莱银行、中国实业银行

以上这些银行怎么也达不到由浙江财阀构成的金融势力。因为只需要看一眼各个银行的资本金，这件事情就再明白不过了。

然而，正是因为这一点是众所周知的事实，所以我才不打算尝试进入这个领域进行研究（《中国研究》第18号久重教授论文的416页有一个一览表）。比如，研究上海的发券银行有这么一个事实，那就是较之中国银行、交通银行、浙江兴业银行、四明银行和通商银行等浙江系银行的压倒性势力，仅有中南银行（福建系）和中国实业银行（山东系）才能够挤进去。

另外，浙江系银行除了上述主要各银行以外，还包含很多的小银行，我们将在后面的章节里对其进行概述。另外，有关于这些银行持有的公债和国库券等的调查，我们将其省略掉了。

第五章　上海各企业间的结合及金融资本

1. 海运业

关于海运业，在中国最早和最大的企业是现在国民政府管理的招商轮船总局（实际上是浙江系，今后其色彩将会更加明显吧），此外，要说最有影响力的，还有三北轮船公司和宁绍轮船公司这两家公司。而且这两家公司都属于浙江系——宁波、绍兴系。

（1）三北轮船公司——创立者是浙江财阀的泰斗虞洽卿，其所拥有的汽船有凤浦、伏龙、绍兴等合计20余艘。最大的是2700吨，最小的是1700吨，平均两千二三百吨。

（2）宁绍轮船公司——由在上海的宁波和绍兴人为了对抗当时独占上海宁波航路的英商太古轮船公司而创立的。该公司现在经营的宁波长江航路的船舶有新宁波（2200吨）、宁绍（1900

吨）、甬兴（1400吨）等。主权者是上海著名的实业家袁履登（宁波人）。

2. 粮食产业

（1）制糖业——上海的制糖业公司大小约有五六十家。规模较大的有厦门的黄炳记、祯祥、日兴行、黄日兴、聚德隆等18家。它们都是由华侨来经营，从爪哇直接进口。

与厦门帮相抗衡的是宁波人方氏经营的元益、元裕、方惠和、方本和、元泰恒、裕大恒等十几家企业。它们不仅仅跟爪哇系做生意，与日本系的贸易也很多。方椒伯、方稼荪作为方氏一族的代表，是上海财界著名的人物。此外，镇江系的元和、仁和、广源等也是一流的公司，但是还是赶不上厦门系和宁波系。

（2）海产品业——海味行大小有50家以上，大部分是宁波人在经营，资本在10万两左右的就算大的了。设立在新开河的东盛公、东源、源记、震新等很有名。

（3）米、杂粮、油业——被称为"行"或者"号"的一般是规模最大的，约有20家。主要集中在南市豆市街。规模较小的在南北市有无数个。规模大的资本在10万两左右。一般由上海人经营。其中，宁波甬江出身的李氏所经营的新丰行最有名。但是，在其经营中，由于与金融方面的关系非常重要，因此今天这些企业和浙江财阀有着不可分割的关系。"行""号"的经营者虽然上海系比较多，但是控制人和职员则以宁波和绍兴出身的比较多。

（4）酿造（酱油）业——在上海南北市，规模较大的有百余家，规模较小的有无数家。主要的有位于福建路的张崇新酱园和位于新闸路的张振新酱园，两者都持有百万两以上的资本。这是由浙江系张逸云（上一辈）开办的，在其控制下，有70余家。店号上有“张”字的，表示由张家直接经营的，店号上带“万”字的，表示由张家间接和共同经营的。张家完全独占了酱油业。

（5）调味料制造业——张崇新酱园的主人张逸云（浙江人）在13年前，用20万元资本金在法国租借采市路开设了天厨味精厂，这是中国的“味之源”制造的开端。在此前后，程龄荪（安徽系富豪）投资50万元在法国租界谨记桥开设了中国根泰公司。接着，天厨味精发起人之一的宁波人方液仙（砂糖主方椒伯的侄子）在小沙渡创办了中国化学工业社。

民国15年，叶墨君（杭州人）和孙春荣（宁波人）共同出资在韬朋路集贤里创立了天一味母厂。

3. 药材、颜料业

（1）药材行及药店合计有二百几十家，大部分为浙江系。药材行主要分布于南市咸瓜街，有元丰润、元大、元升、日新盛、裕大等（最大的药店资本为四五万两）。作为大药店，蔡同德、胡庆余、王大吉、奚良齐等资本为二三十万两。

（2）人参业——上海的参行大小有40余家，以南市咸瓜街为中心，几乎全部是宁波系。阜昌、元昌、德昌等最有名（资产约五六十万两）。

（3）颜料系——约有80余家，大半是浙江系。今天，上海的主要颜料商都是在大战当时获得了巨额的利益。瑞康盛（宁波系，贝润生经营）、咸康润（宁波系，薛宝润经营）、恒丰昌（苏州系，秦涵琛经营）、德昶润（镇江系，邱省三经营）等资本有四五百万两。

即使是二三流的企业，其资本也有二三十万两，生意很兴隆。

4. 纤维产业

（1）棉花业——在上海从事棉花业的有花行和花号合计60多家，轧花厂有十余家。花行以上海系最大，花号汉口系占优势，宁波、余姚、南通花号等次之。规模大的有五六十万两左右的财力。在纤维产业中，虽说浙江系一般占劣势，但从金融方面来说，其构成了紧密的控制关系。最大的轧花厂是由薛文泰（浙江系）经营的益泰顺记（厦门路）。

（2）纺织业——在纺织业上，浙江系表现相对的不是很好，这一点我们在前面的章节中已经提到过。在这里，我们仅看一下与浙江系有直接关系的一些方面。

①大丰庆记染织有限公司

资本金150万两，是宁波系布业界的巨头，由徐庆云和上海钱庄业界有影响力的秦润卿共同经营（徐已经死亡）。

②厚生滋记纺织有限公司

资本金200万两，由宁波系颜料业主薛宝润和贝润生共同经营（现在已经停业）。

③振华利记纺织有限公司

资本金30万两，由宁波系的薛文泰经营。

④振泰纺织有限公司

资本金80万两，由宁波系的余葆三经营。

⑤崇信纺织公司

资本金150万两，由宁波系邵声涛和苏州系吴麟书经营，有英国资本，与印度棉纱商秦逊斯有关联。

⑥华丰纺织有限公司

资本金200万两。发起人是王正廷和钱永铭，但是现在被日华纺织经营。

（3）棉纱业——有大小百余家。浙江系和江苏系处于对立的关系，广东系和四川系次之。势力最强大的是益大号（天津路鸿江里），由江苏系的吴麟书经营，资本是500万两。接下来是福泰号（宁波路永青路）和崇德号（天津路集益里），两者都是浙江系。前者由徐庆云（资本300万两），后者由邵声涛（资本百万两左右）经营。

（4）棉布业——有大小300余家，主要经营日本产品和英国产品。规模较大的资本有百万两左右，一流的企业有五六十万两，二三流的企业有10万两左右。最有名的是杭州系陈、步两家经营的，位于法租界公馆马路的日新盛、日新增（以上两个由陈晋轩、陈吟轩经营）、协祥、小东门的恒丰（以上由步翰承经营）等，资本在百万两。宁波系的万成永、源茂盛（以上位于南京路）、正大（天津路五福街）等则稍微逊色一些，资本在50万两左右。此外，宁波系的徐承□经营的裕康、裕春等也很有实力。

而且，兼营棉布业和染织业的有达本染织厂和轮昌染织厂。主要的出资者是万成永号的店主李荣畅，其他稍微重要的棉布商是该工厂的股东。

（5）制丝业——上海的制丝业工厂虽说有50余家，但是一般都不是自主工厂，而是从别人那里租赁来的工厂，自己经营的。规模最大的有约五百几十锅[①]，最小的有200锅左右。其流动资金都很少，最大的也不过有20万两左右。因此，现状是原料的购入和工厂的经营都不得不依赖金融界的融通。

接下来我们简单看一下生丝商的情况。特别有影响力的被称为“丝栈”，有20余家，几乎都是湖州系，其他是宁波系。著名的有泰康祥、同康泰（以上都是湖州系）、宝元祥（宁波系）等，资本在三四十万两。

（6）绸缎业——大小有200余家，除了苏州系以外几乎都是浙江系，湖州、杭州、绍兴、宁波系统。其中，著名的有南京路的老九章、小东门内的何恒昌以及悦文昌等的杭庄（杭州绸缎店），资本有四五十万两。现在它们组成了绸缎银行。

5. 煤炭业

上海的煤炭商有大小200余家，大都是宁波、绍兴系。主要的煤炭商如下。

（1）义泰兴煤号——开业以来已经有26年，最大的股东是绍兴系的杜家坤。由于他已经死了，且其子杜启明年纪尚轻，故由经理沈锦周监督。该企业是上海煤炭业界的巨擘，资本在300万左右。

（2）源泰煤号——由宁波系的刘鸿生经营。刘是开滦矿务局的买办，与开滦煤矿有着紧密的关系。他是上海煤炭业界的第一

① 缫丝用的蒸汽锅炉。

人，资本有800万两左右。

（3）源记煤号——经营者是浙江绍兴系的韩芸根，与刘鸿生齐名，其资本看似有300万两左右。

（4）此外，泰记、裕昌、元一、人和新、三和新、升和集等财力也在二三十万左右。规模更小的煤矿的财力在三万至五万之间。

6. 金属业

（1）五金业——也就是金属制造，与此有关的商家大小总计一百六七十余家，大半是浙江系。其中最有名的是宁波叶氏经营的新顺记、老顺记、新顺泰（各100万两左右）。最近，慢慢发展强大起来的有瑞昌顺（由宁波系杨氏经营）、顺利（由宁波系徐悉顺经营），快要超过老顺记，资本在百万两左右。第二流企业的资本在二三十万两，三流的在10万两。

（2）锡、铜、铁业——大小有百余家，宁波系占了半数。资本在四五万两左右，其实力大都相当。其中，利昌铁号（宁波系戴耕莘经营）、可炽铁行（宁波系陈受昌经营）、宏承铜锡号等比较有名。

（3）银楼——从分类上来看，放在此处可能有些不合适，但为了方便我们先这样做。银楼在南北市有六十余家。有大同行（一流的老店）和新同行（二三流的商店）之分。大都是宁波系。

大同行中尤其著名的是裘天宝、老凤祥、杨庆和、方九霞，费文元（以上在南京路）等，资本在三四十万两。新同行的资本在10万至20万两之间。它们也经营金融方面的业务。

第六章　上海财界各财阀的势力分布网

1. 银行业

浙江系：中央、中国、交通、浙江兴业、四明、浙江实业、中国通商、永亨、道一、中华劝工、百汇、绸业、煤业、江南、大陆各银行。中央、通易信托公司。

江苏系：江苏、上海商业、盐业、金城、华大各银行。

广东系：广东、香港国民、东亚、新华、工商、中华、国华各银行。

福建系：中南、和丰、厦门商业、正大各银行。

安徽系：中孚银行。

山东系：东莱、中国实业各银行。

2. 钱庄业

浙江系：元甡、元盛、五丰、仁亨、永山、永余、永丰、安康、安裕、同安、同春、同余、同丰、志裕、志诚、均泰、承裕、和丰、恒大、恒祥、恒隆、恒兴、恒贤、春元、厚丰、益昌、均昌、益康、益慎、寅泰、裕大、裕成、敦余、义生、义昌、义兴、瑞昶、源升、赓裕、涵丰、宝平、鼎盛、征祥、衡九、衡通、达源、宝大、同泰、信成、信孚、信康、信裕、顺康、福泰、福康、福源、汇昶、圣康、衡余、鸿祥、宝丰。

江苏系：大德、长盛、怡大、致祥、慎益、庆大、庆成、鼎元、鼎盛。

广东系：存德、同泰。（潮州系）益大、益丰、乾元、德昶、鸿胜、鸿丰、宝昶。

福建系：福泰、信康。

3. 交易所

浙江系：证券物品交易所（浙江、江苏两省）、华商证券交易所、华商纱布交易所、杂粮油饼交易所。

江苏系：金业交易所、面粉交易所。

4. 通关业

浙江系：复和、瑞记、招商渝、慎裕、大丰永、南满公、新昌源、新昌隆、公益、太古渝恒茂公（还有其他八九十家）。

广东系：太古辉（福泰）、永安长（共10余家）。

山东系：（天津系）益顺恒、益顺盛、东顺记、通聚隆、怡顺昌、天泰昌（共20余家）。

四川浙江系：大川通。

上海浙江系：怡和渝。

镇江、南京系：（共约20余家）。

5. 海运业

浙江系：三北、鸿安、宁绍、恒安、文记、元一。

江苏系：（通州系）大达、大通。

（常州系）招商局（已是浙江系）。

山东系：政记、肇兴。

6. 纺织业

浙江系：振华、厚生、大丰、振泰、崇信、华丰。

江苏系：申新、三新、溥益、同昌、统益、民生、经纬。

广东系：永安、鸿裕、鸿章、纬通。

湖南系：恒丰。

7. 棉花业

浙江系：同春、马宝泰、益泰顺记厂、戈祥记、同顺泰、（工厂、花号20余）。

上海系：天祥、天丰、天顺记、永益昌、朱友记、江振记（20余家）。

江苏系：（南通系）刘王泰、和慎昌隆记、和丰泰（花号20余家）。

8. 棉纱业

浙江系：崇裕、福泰、中兴、宝丰。

江苏系：吴仲记、吴遂记、益元、诸广记。

广东系：明德。

四川系：同德。

9. 棉布业

浙江系：日新盛、日新增、正大、源茂盛、万成永、华丰、元昌祥、裕丰昌、裕康、裕春、谈诚记、鼎昌、陈星记、恒康、恒祥、长丰、□昌、履泰祥、合昌。

江苏系：协大祥、裕源恒、同盛、同福、德盛祥、德隆祥。

10. 绸缎业

浙江系：老九章、大新、大丰、纬成绸厂、介纶、天生锦、悦昌文、悦昌隆、三晋川、久成、久昌、老咸章。

江苏系：大昌协记、大盛、大纶、老九和、何恒昌、于启泰、王聚兴、吉祥源、老九纶、李东升、陈春记、黄庆泰、魏广兴。

广东系：大新、元兴隆、永昌隆、同永泰、同生、经纶、黄美纶、广泰昌、广源盛。

11. 制丝业

浙江、江苏系：恒丰、大来、瑞丰余、绪昌仁、绪昌永、元丰、瑞纶、信昌、大昌、天来、久成、大纶（生丝）、仁记、公兴、正大、同康泰、泰康祥、勤记、葆太和、宝源祥、庞珍记。

12. 制粉工业

浙江系：华丰面粉厂。

江苏系：福新面粉厂、大丰面粉厂。

广东系：（潮州系）中华面粉厂。

安徽系：阜丰面粉厂、裕进面粉厂。

13. 煤炭业

浙江系：义泰兴、源泰、泰记、涌记、升和、裕昌、元一、三和新、人和新（共150余家）。

江苏系：（常州系）上海煤业公司。

广东系：（新会系）来成煤号、荣泰煤号。

安徽系：华北煤业公司。

14. 铁制品业

浙江系：可炽、和昌、仁昌、恒昌祥、衍康。

江苏系：（无锡系）恒康、永昌仁、兆昌、怡大、怡昌、恒源、唐晋记、晋益、培昌。

15. 铜锡制品业

浙江系：宏承、涌兴裕、鸿裕、震裕、永丰义、宏顺、乐源昌、乐源大。

湖北系：泰顺合。

16. 制罐业

浙江系：项康元、惠昌、高德记、黄三泰（共10余家）。

17. 百货公司

广东系：永安、先施、新新、丽华。

第七章　在上海的浙江财阀的金融支配体制

通过以上几章的分析，我们所期待的各种资料大体上凑齐了。但是，这样的分析也有一个缺陷，那就是在分析各个企业的时候，将商业和工业部门混在一起，没有区分开。另外，在企业的控制结构方面的分析也存在不足。

关于前者，由于中国现在经济的普遍不成熟、民族工业的不自由、生产样式的过渡过程，所以这是一个必然的结果，纯粹的成长的资本家式的经营必然还不发达。有关其详细的研究，只有通过对企业内部的生产过程、经营形态的研究，才有可能搞清楚。

关于后者，我们完全没有去做。这个在今后将作为一个研究课题遗留下来。

如果全面地研究中国本土企业的话，从全体来看，我们可以立即发现其资本家式的经营依然很脆弱、不自由，甚至是萎缩的。

即使在中国资本家式经营最显著、发达和展开的地方，这个国家的民族产业的真正实力就如我们第六章中所看到的那样，是非常的不发达。

而且，可以发现，这种极为不发达的民族企业几乎全部分布在幼小的轻工业部门，稍微雄厚的资本都偏向于买办性的商业部门。

本来，轻工业部门最早开始发展，这是一个国际性的现象。可是，在中国，特别有一个不可避免的情况。

为了对抗外国商品的流入，当时的商业资本家和货币资本家的手上，渐渐看到了成功的希望——特别是从辛亥革命到欧洲大战这一时期，必须在资本家式的经营下生产。而且，外国的发达资本主义国家很早就控制了中国的重工业资源，再加上由于国内生产力的不发达，必然导致即使消费部门的商品生产力量也很弱小，但也不得不去尝试，现在，这种制约像一把钢铁的枷锁，成了这个国家很难避免的命运。中国产业资本的产生和发展过程的特质，即所谓的半殖民地制度的制约，这是决定性的。

中国民族资产阶级的一个基本命题就是：不能彻底地对抗国内封建势力和帝国主义的压迫，一起都归结于此。放眼中国民族资产阶级的发展史，会发现其有一个兴盛的成长期，时间是在欧洲大战期间，列强对中国的侵略有所减缓这一时期。而且非常清楚的是，确实有这一个时期。

除此以外，中国民族资产阶级，特别是其工商业者的衰败和衰退是一个不可避免的命运。中国财阀也是在欧洲大战前后，其体制才基本形成了。而且，与此同时，在各个财阀之内，可以看出有相当明显的各种倾向，也就是，浙江财阀的金融支配之路。

如前所述的那样，中国财阀不论在其构造上的形态还是真正的实力方面，一点也没有显现出完全资本主义式的形态和成熟的色彩。它仅仅只是表现出了一个初级资本主义的发展形态。

但是，在一定的情况下，这个早期资本主义的经营，正在一点点地被一个浙江的金融财阀所慢慢控制。也就是说，中国被包围在世界经济危机和国内经济崩溃之中，列强资本的重压和封建性各种关系的阻碍要素相互纠缠，中国被推到了一个危机的状态。而且，这种危机状态，对于大金融资本来说，是一个能够使其不断增加其控制地位的重要机会。也就是说，大金融资本在危机、不振、衰败和脆弱状态之中，一边凌驾于国家权力之上，另一边打击、并购和控制中小资本。

脆弱的不自由的中国民族资产阶级的成长过程大约是朝着这个方向前进的。我们的分析表明，浙江财阀作为一个压倒性的金融财阀统治者，其自身的工商业资产阶级属性相对的缺乏。与之相反，其他各财阀，是以工商业资产阶级为中心的。而且，它们在目前的压倒性的危机状态下，感到绝望和苦恼。这种现象从以前就有，它们只不过是一个弱小的资产阶级。

因此，它们当然也必须希望得到作为金融财阀的浙江财阀的援助。之所以这样说是因为，浙江财阀在掌握着经济和政治上的主导权，这一点很明确。

这个过程在上海表现得最为明显。我们的研究已经把其中的一些弄清楚了吧！

而且，就像巴勒所说的那样，所谓的市场支配，并不是生产某种特定种类商品的企业必须处于独占的位置。所谓的市场支配就是指根据商品的种类和市场情况的变动，只要控制生产额的50%~80%就已经足够了。

中国民族产业的情况，在这方面特别的明显。横跨中国几乎所有部门的民族产业，已经形成了前述的各财阀企业联合（除去外国商品来考虑）的力量，在国内产业中起控制作用这一情况几乎都能看得见。特别是这种卡特尔式的构成、在金融康采恩的控制下，在各部门不免要直接发生企业集中的现象。因此，综合来看它们的力量，形成了一种纵向的独占。当然，这个观察不像日本财阀的控制那样，有几个不自由的歪曲的附加条件。

第八章　结语

我想我们已经尝试着对上海的中国各财阀进行了一定的研究。这种研究，粗略的来说，作为在中国的各财阀的分析材料，可以这样使用。但是，特别需要指出的是，广东财阀和华北财阀这两大财阀是除了浙江财阀以外最大的财阀，非常有必要在广东和华北进行调查。因此，我想把以上的分析就称为中国财阀论的这件事情放在以后来做。虽然可以这样粗略地说，但是粗略的观察，往往会由于对一些细节观察的不足而导致全盘崩溃。不过，对于中国民族资产阶级现阶段的特征性的形式和浙江财阀的支配性体质的发展和以其作为背景的蒋介石政权的发展，我尝试以这些焦点为基准，对现在的政治、经济的映像做了一个初步的分析。

这个报告也可以说是通过对以上焦点的分析，试图弄清楚中国的特征。我希望自己的研究几乎没有错误。

这个国家的民族资产阶级的宿命式的道路以及其今后的发展过程，这些就像文字所描述的那样，是一种中国式的东西，是一条艰难和苦恼的道路。而且在研究作为一个整体的中国资本主义的实际的时候，如果把民族资产阶级的衰败和列强支配的体制也考虑进去的话，我们就会明白，所谓的浙江财阀支配的全部组合只不过是一个相对比较有影响力的东西。浙江财阀对于全中国的直接性的控制权的程度是非常脆弱的。因此，这也是向所谓的蒋介石政权控制的真相抛出了几个疑问，需要去研究。但是，至少本报告并没有涉及这些问题。

本报告自身作为一个展望和分析的材料，应该能使观察者进行多种研究变得可能。另外，尽管我们还曾经预先准备了几个问题，由于材料的不足、时间的不足以及健康方面的原因，我们这个报告只能在此做一个终结。虽然有些不尽如人愿，期待他日能够完成。就此搁笔。

华兴商业银行*

第四学年甲组

小西末一

序 言

新政权的诞生①和扬子江市场的部分开放，这些与我们华中通货工作紧密相关的事情接连发生。针对以上这些事情，我方并没有一个统一的基本对策。

问题虽然很困难，但是最终我们都不得不采取某种方式去解决它。我认为，对在事变后承载日本对华中永久通货工作使命的唯一机构——华兴商业银行进行一个调查，并不是一件徒劳无益的事情。如果拙稿对此问题能够有所裨益，那将是再荣幸不过的事情了。

昭和 14 年（1939）12 月 23 日

* 原文见国家图书馆编《东亚同文书院中国调查手稿丛刊》第 159 册，第 1~124 页。华兴商业银行是日本在华中扶植的第一个傀儡政府——伪中华民国维新政府开办的，民国 28 年（1939）5 月成立于上海。梁鸿志任首任总裁。

① 日本在华中扶植的第一个傀儡政府——伪中华民国维新政府。

目　录

第一章　华兴商业银行设立的经过

自去年[①] 3月日本在华北设立维新政府，到今年华兴银行设立，一年多的时间已经过去了，这证明了日本在华中开展通货工作的困难。比起开始考虑对策，作为新纸币发行银行——华兴商业银行，其成立才刚刚一年半多。日本动员了所有的专家，集思广益，冥思苦想，这段时间对于日本来说绝不短暂。

法币在华中地区的地位是作为国内货币而且是贸易通货的唯

① 即 1938 年。

一货币，已经确立起了完全的币制体系。而且，就其根本来说，法币也处于蒋介石政权的管理下。从蒋政权方面来看，法币对日本占领区的“人”和“物”已经有了某种程度的控制力，特别是对“物资”和“劳动力”等的控制变得可能，这对于增加他们的抗战力将发挥极大的作用。与此相对，对于我方来说，这不仅会成为我们所谓建设新秩序的障碍，还会使得占领区的物资很容易就流入到法币资金充足的重庆政府或者第三国家。而我方要想获得法币资金的话，首先必须拿外币来换取法币。在这种情况下，如果有朝一日，长江一带成为列国争夺下的自由市场的话，这对于日本对华贸易来说，将不得不成为一个严重的打击。这是要求建立一种新的独立的币制的根本原因。

华中的日系通货，在八一三事变以来，首先由于军方的使用，日银券开始登场，紧接着由于柳川兵团[①]登陆杭州湾，军票出现了。关于日银券，众所周知，由于日元纸币突然持续的流入，日元流通突破了最高值，造成了日元纸币的泛滥和日元价格下跌，围绕着所谓的“日元对策”，难题接踵而至。军票随着之后其作用的扩大，还兼有回收日元和驱逐法币的特殊使命。从去年末开始，除了上海，在华南一带的日本占领区内，一律要求使用军票，而且在最近的11月底，军票在上海也开始流通，在华中的日银券被禁止使用（军票主要散布在汉口、南京、上海、苏州、镇江等大城市，总额据说有大约1亿日元）。

然而，先于华兴券流通的军票和日银券只不过是一种国内通

① 柳川平助所率领的第十军。

货，其用途仅限于对日本贸易结算时使用。把弥补这个缺陷作为第一要务，需要开展新的通货工作。也就是说，日本对华南华中政策的基调，即确保市场。所以，在这个背景下，以把握日本对华中、华南贸易为使命的华兴商业银行应运而生了。而且，前面也提到过，华兴商业银行是在经历了一年多的阵痛以后才成立的。为什么呢？因为在其成立的过程中存在着很多的困难，虽然有点抽象，但可以简单地归纳为以下三点。

（1）华中在蒋政权的控制下，在战前其统治就已经完全形成。在通货领域，相当于管理通货的法币作为国内货币以及唯一的贸易货币，在民众中深深的扎下了根（关于法币和民众的关系，有必要回顾一下国民政府币制确立的十年苦斗史。此处省略，仅仅说明一下我们所看到的状态）。

（2）华中是一个以英国为首的列国对华势力盘踞的地方，其经济情况非常的复杂。

这即便对于和我国摩擦最多的英、美两国来说，情况也没有那么简单。也就是说，英国对华政策的基调在于保持对华贸易，英国对华约40亿的投资主要集中在以贸易为目的的铁路贷款、贸易商社以及作为其辅助机构的金融部门。这些对华投资在1935年11月3日的币制改革以后，蒋政权的英美色彩急速变得浓厚，其跟蒋政权下的法币的未来实际上成了一个命运共同体的关系。而且，美国也跟英国大体一样。美中白银协定和航空事业的开拓，这两个方面相结合，美国也在觊觎中国贸易的霸权。这些列国势力的性质和动向成为日本在制定新货币政策和贸易把握政策时的障碍，这一点不言而喻［最近，有关日英、日美的国际交往调整众说纷纭。归根结底，扬子江市场的开放，即解除长江封锁为问题的焦点所在。然而，长江被开放后如果设立自由市场的话，这对日本的对华中贸易经济工作来说，极为不利。对于华兴券也会造成致命的伤害（后述）]。

（3）日本经济实力的不足。

现在的华中如果还采用日本在华北的大包大揽主义政策的话，周围的环境都不太有利，困难重重。不得不承认，日本还没有建立日元圈通货的实力。事变①以来，在我国的贸易政策中，日元圈贸易是如何成为一个沉重的负担的。即便如此，在大陆日本的商品还是很稀缺。即便是从对于新通货的普及提供了一个困难的问题这一事实来看，抑或是从日本为了维持华中军票的价值，付出继续支付这样异常的牺牲来看，都是很明了的事情。我们不得不坦率地承认，立即用日元圈通货来代替高达约三亿日元的华中法币是一件不可能的事情。

以上我们提到的（1）（2）（3），作为一个总的结论，就是华兴商业银行。而且，各种论调最后统一到这个结论上足足花了一年半的时间。在此期间，有很多人都立足于前述三个理由中的某一个，发表各种意见。这里，我们列举其中几个主要的论调。

作为华中新通货论被提倡的各种论调的概要

华中新通货论大体上可以分为两种，一种是所谓的日元圈通货论，即主张把新通货和日元连接起来。另一种则跟前述论调相

① 七七卢沟桥事变。

反。如果从时间轴来看的话，在前半部分，日元圈论比较多，之后随着华北其他等地的经验或者形势的变化，日元圈论渐渐势衰，在现实和日元没有了关系，并最终演变成了华兴券。

从全局来看，华中也应该包含在日元圈内，这是我方的一个真切的希望。然而，是否应该强行直接地将币制也纳入日元圈内，这是一个很大的疑问，存在一些问题。日元圈通货论先于现实从概念论出发，而且以政治论为依据。当然，作为一种理想，要使物资和资本一样能够完全顺利流通的话，确立能够在日本、满洲、中国通用的通货，即建立日元圈是最好不过的事情。然而，一切都必须在仔细考虑维持治安和外在诸多敌对势力以及日本是否真的具备这样的力量的基础上出发。在这里，你会发现理论和现实之间有一个差距，即日元圈通货论存在着脆弱性。

随着这些新通货论的变迁，有关新法币的各种问题也被展开了。即认为只有法币对策才是新通货工作的核心，这种对法币认识的不同直接使其发展成了新通货论。在事变当初，由于过于轻视法币，存在随着战局发展法币就会自己消亡，或者可以一举抹杀法币等简单的论调。然而，随着法币的强韧性逐渐明朗，对法币的政策也变得复杂起来，分为了很多种。

1. 法币崩溃论

随着中方持续战败导致法币走低，最终会由于通货膨胀而导致崩溃。于是，像新币制工作可能很容易推行这样的法币崩溃乐观论，随着时间的推移被证明仅仅是一个希望。果然，法币从去年的3月开始，走向了崩溃的第一步，由事变以前的对英镑一先令两便士四分之一跌落到八便士左右。而且在这之后也呈现出低落的态势。也就是说，法币从去年 3 月，以中国联合准备银行的开业为转机，放弃了对英镑一先令两便士四分之一的基准，且跟中央银行的停止外币卖出相结合，就呈现出了汹涌的衰退之势。在徐州陷落之时，曾出现了八便士多的行情。这就是法币低落的第一次行情，之后由于汇丰银行的支持，总算维持住了八便士四分之一的基准。在已经过去的 3 月，国民政府设立了 1000 万英镑的法币稳定资金，法币这才相对稳定下来。

众所周知，进入 6 月以后，发生了三个大的变故。第一个是 7 日的汇丰银行外币的卖出限制，第二个是 19 日的海关担保债的拒绝付款决定，第三个是中国银行对发还存款的强化。当时法币对外行情惨跌到了六便士十六分之九的程度，人们对于其未来充满着很多不安的声音。之后过了一个半月到了 7 月 18 日，不得不再次停止外币卖出。而且，行情也从五便士、四便士逐日下跌，最终跌到了三便士多（后述）。然而，据此就以为法币要立刻崩溃了还为时过早，比如说在最近，据报道法币的行情又从四便士涨到五便士，继而又涨到快接近六便士，这个事实说明了法币的坚挺。不管怎么说，在华中除了它以外，没有什么能够代替它的这件事情，是法币的一个绝对性的强项。只要重庆政府继续坚持其强权紧缩政策，只要英国提供的有形无形的援助还在继续，即使法币有一些跌落，但还不至于崩溃，这件事情很容易察觉。八一三事变以来，在有关华中新币制的争论中，特别是在华兴商业银行创立之前的理论斗争中，法币崩溃论只不过是一种理想论。

2. 法币消灭论与银联券延长方案

法币消灭论主张如果法币不自己崩溃瓦解，那么就应该消灭掉它。这种论调受情感论和政治论支配的地方比较多。对于发行准备存有很大疑问的法币之所以还有流通能力，是因为还没有其他能够代替它的货币。因此，日本在华中设立了维新政府的中央银行，由于不换纸币就这一个机构也就足够了，所以其发行新的货币，试图来驱除法币。与此相关，主张把已经在华北开始流通的联银券也无限制地放在华中来延长流通的急进论一时也被提了出来。

这样的话，这些政策会对我国造成巨大的经济负担。即它要求我们保证能够证明新通货价值的物资充足。而且，保持维新政府统治下的治安也是一个前提条件。再加上前面提到的华中是一个以英国为首的列国在华势力的中心地带，其经济情况跟华北大不相同，法币自这次币制改革以来，跟这些外国势力紧密地结合在了一起。我认为，如果只是口头上提一下法币消灭论的话，是因为还没有深刻理解国民政府十年的币制建设奋斗史以及随后点睛之笔的币制改革以及与此相伴的英国势力关系。

3. 国际通货管理方案

华中不同于华北，只要在金融方面不允许日本我行我素的话，与其跟以英国为首的列强在政治经济方面发生正面冲突，倒不如跟他们合作，为了华中经济的繁荣，新设一个独立的国际通货，同时调整外交关系，将蒋介石政权陷于孤立无援的境地，有利于事变的终结。

不过，英国没有立即抛弃与其在中国权益有重要关系的法币的理由，而且，即便对于日本来说，只要还想控制长江市场，那么是否应该满足于仅仅作为通货管理国际委员会的一员的发言权这件事情，还存在商讨的余地。

4. 法币国际管理方案

这个方案的内容是，避开抹杀法币的困难，承认其独立，只是把它的管理和发行的权力和事务从蒋介石政权的手中脱离开，转交到国际通货委员会的手上，使其从政治问题中独立出来。民众也不会因此而受到祸害，而且这样做还能切断蒋介石政权的军费来源。

不必说，蒋介石方面也不会承认这个国际通货管理方案。即便是成立了委员会，也会像国际通货管理方案的情况那样，即以日中为首，各国的利害关系交织，且日本的发言权问题依旧是一个难点。

5. 名义性的货币单位设定论

名义性的货币单位设定论是维新政府之后在发行新通货以前，作为暂定方案被提出来的。根据货币单位设定的不同又分为两种方案。第一种方案是以现行的海关金单位作为通货的标准。所谓的海关金单位，是指昭和6年[①]银价暴跌之际，为了防止关税收入的巨变，同时也为了方便而采用的一直延续到今天的货币单位。1海关金设想含纯金60.1866厘克，折合日本旧金币约80钱。海关金不是一个真实存在的货币，只不过是一个名义上的价值单位。

而且，日、英、美三国的通货和现在的法币，根据在维新政府的下面设立的新中央准备银行发布的外汇行情，在换算的时候，是将其放在关税、盐税、统税和其他政府收入里面的。关于在民间法币的通用情况，不对其进行干涉，任其自由流通。也就是说，暂时允许法币的流通，避免财界的混乱，在此期间，把政

① 即1931年。

府收入换成外币，作为正币准备，做好新货币发行的准备工作。

第二种方案，针对法币以一先令两便士为标准设定独立的计算单位，使日本、满洲、中国的价值单位固定在一个水平。而且，符合这个新通货暂时不予发行，作为实际的流通工具，以法币为首，把国内外的通货跟市价进行对照，换算成新单位下的金额然后使用。这样，华中才能和华北、满洲一样采用跟日本金元相关联的通货，给日本、满洲、中国经济圈提供基础性条件。这是第二种方案的主要内容。

这种方案不需要资金，也不会对法币持有者造成打击，而且还不容易跟外国起摩擦，是一个一石三鸟的妙法。但是，这是一个脱离实际的理论，把与政府相关的收入强制的变成新货币单位这件事情或许不是不可能，但是首先要把它扩大到一般的交易中恐怕就是一件困难的事情。

6. 银本位复归论（民币论）

这个论调的论点是，不仅仅是恢复银本位制，主张使白银作为一种通货能够自由的流通，是一种金银复本位论，把法币命名为民币。在日本和中国都在为资金难而发愁的今天，把两国现在还存在的白银进行互补短缺，在这个意义上，白银作为一种通货也应该并用。这种主张的依据有以下三点。

第一，重庆政府像现在这样之所以能够坚持长期战的最大理由就是，通过币制改革发行纸币，从国民手里吸收了大约 10 亿元的正币。因此，重庆政府今后也有可能把依旧还在民间残留的 18.5 亿的白银收集起来用于抗日准备。为了切断这个祸根，必须废除白银国有法令，让白银再次回到国民的手里。

第二，维持法币的价值就是中国唯一通货的价值。如果银币突然出现，由于人们都将纸币扔掉去抢白银，这将成为使法币崩溃最为有效的手段。

第三，这个白银政策能够唤起美国的共鸣，符合美国的利益。然而，这样的币制是逆时代潮流而行，不得不说这个方案在流通上到底能够套取到多少白银还存有疑问。

7. 外币联合准备库方案

这个方案只不过是一个中国金融业人士提出的意见，而且仅限于上海本地。具体来说，中国方面提供其所有的外币，主要跟英、美、法的外国银行（虽说叫外国银行，但日本方面不参加）进行合作，后者向中国提供相当的外币，设立联合准备库。最初以100%的准备发行外币库券，根据出资比例分配该库券。以此库券来买入出口票据，把它寄到外国去。另外，如果拿这个库券来的话，就能够自由的卖出口外汇，这样中国也能做买卖。因为这个方案不是针对日本的，所以如果日本也参加的话，中国会热烈欢迎。

8. 法币放任论（利用论）和流通禁止论

对于我国来说，如果只是消灭了法币却不能制定一个代替它的货币的话，最终只会招致中国大众的怨恨，得不到任何的利益。现在的法币虽然是国民政府培养起来的，但已经几乎全部脱离了国民政府的羁绊。法币在以前虽说还有英国的影子，但也并不是一个任由英国驱使的货币制度。法币是带有一种为了适应经济的需要而流通的一种自然的货币，这个性质可以很明显地看到。

如果是这样的话，今天的法币换言之，属于巧妙地利用了这个人的支配之下。作为我国从感情方面来说即使有敌视它的原因，但在经济方面却缺少一个疏远它的理由。不如放弃一切行动，暂时乘机搭便车也不失为一个好办法。而法币流通禁止论则与之刚好相反。法币流通禁止论主张对法币存在的默许使得蒋政权在政治经济方面的活动变得可能，使蒋获得了抗战的手段，所以不必等到新币制的确立，而是应该迅速地在占领区内禁止法币的流通。

法币放任论和利用论对当地相关人来说是有利的。打倒法币、禁止流通以及其他的对策即使作为一种争论是正确的，但作为一个现实问题，情况却不是那么简单。因此，实际体验了法币的强大流通力后得出的结论是法币利用论（以上的法币对策学说基本上是参考了增田寿郎的研究发表，根据我调查研究的结果，像增田这样恰当的解说可以说是没有，因此在这里备注一下）。

作为以上论述的各种事情和讨论结果，其在具体实施中迈出的第一步就是华兴商业银行的设立。

第二章　华兴商业银行的开设及其性质

一　组织、内容

根据法：华兴商业银行暂行条例（参照后述条例）

中华民国28年4月20日　附行政院令　今年5月1日维新政府公报刊登

成立日期： 中华民国28年5月1日（昭和14年）

（同年5月16日开业）

名称： 华兴商业银行

英文名：The Hua Hsing Commercial Bank

组织： 株式会社（股份有限公司）

国籍： 中华民国维新政府法人

资本金：（华币）五千万日元全额缴纳（以英镑和美元缴纳完毕）

每股一百元，五十万股

券面种类：一股、十股、一百股、一千股四种，另有股票登记制度

出资人： 中华民国维新政府：　　两千五百万圆

株式会社日本兴业银行：　　五百万圆

（横滨正金银行依照其条例不允许认购股票，为了方便，日本兴业银行认购股票，股权的行使由横滨正金银行代理）

朝鲜银行：　　四百万圆

株式会社台湾银行：　　四百万圆

株式会社三井银行：　　四百万圆

株式会社三菱银行：　　四百万圆

株式会社住友银行：　　四百万圆

店铺： 总部（总行）上海，百老汇路（原汇丰银行虹口分店旧址）于11月23日从宝乐安路二号转移到现在的场所。

支店（分行）：南京，健康路朱雀路角（5月26日开业）

（支行）苏州，观前街（7月1日开业）

（分行）杭州（10月17日开业）

蚌埠、芜湖、无锡、安庆等地的分行成立工作正在准备中

办事处

营业年限： 自开业日起满30年

开业日期： 中华民国28年（昭和14年）5月

经营范围：

（1）商业票据的贴现；

（2）有价证券、债券或者以换债容易的商品为担保的贷款及票据贴现；

（3）国内外外汇及押汇的买卖；

（4）生金银以及外国货币的买卖；

（5）有价证券的代理认购和承保；

（6）接收各种存款；

（7）为客户催收票据；

（8）金银以及其他贵金属类物品、各种证券类的托管；

（9）各种储蓄及信托业；

（10）根据政府的委托，准许从事国库和国债事务。

特权：

被政府赋予了发行兑换券和辅币的特权。其准备金要求至少60%为持有的生金银、外国货币、外币存款、外币证券、外汇。

其余的必须为商业票据、其他有价证券。而且，下面的银行券一般情况下有强制通用力。

券面种类：目前有十日元、五日元、壹日元（以上是兑换券）、
贰角、壹角（以上是辅币券）五种。

另外，发行和准备的情况每月或月末公布。

董事：

总裁　　陈锦涛（前维新政府财政部部长）
中华民国28年6月12日去世，现在缺员

副总裁　鹫尾矶一（原“满洲中央”银行理事）

理事　　沈尔昌（大陆银行董事）
海老原竹之助（前横滨正金银行检查人）
戴克谐（前中国银行大阪市店长）
冈崎嘉平太（前日本银行参事）

监事　　陈日平（前维新政府财政部次长）

总裁和副总裁由政府任命，任期四年，理事和监事由股东大会选举产生，接受政府的认可后就任，任期各为三年和一年。

决算期　每年的6月30日和12月31日
通常股东大会每年召开一次（预定在2月）

二　目的、性质

这次事变爆发以来，蒋介石政府采取强权紧缩政策的结果就是，华中一带的金融显著的阻塞，给战后的经济复兴戴上了一把沉重的枷锁。另外，旧法币的准备金被蒋介石政府的战费所消耗，其基础变得愈加的不稳定。要想缓和或拯救这样的事态，让

中国民众能够安心地从事经济活动，就不能为一时的政治考虑所左右，而是应该迅速地设立一个纯经济的金融机构，给予其发行货币的权限。然而，在华中地区，各国的利害权益错综复杂，尤其是对于货币政策而言，必须要巧妙地考虑国际关系。而且，华中虽然坐拥长江流域富饶的土地，但是从以前开始，就存在着“巨额生活的必需品都得依赖于国外”这么一个实情，通货的价值和民众的生活有着紧密的关联。这样的话，华中受其国际性和贸易性的制约，有很多复杂多变的事情，事变后发生了各种棘手的问题。以维新政府为首，相关人员经过反复慎重考虑和研究，暂时得到了一些成果，而且准备工作现在已经全部完成，所以才成立了本银行。本银行的成立，将给华中的经济，特别是通货制度建立基础。不仅能够使物资的生产和转移走向正轨、国外贸易金融顺利进行，同时还能使一般的民众安心从事各自的生活，避免因为货币的混乱而遭受损失。另外，关于本银行的资本金，虽说我们的方针是尽可能等待相关国家的参加，但是由于没有充足的推销时间，首先是由维新政府和日本方面六家银行进行出资。当然了，如果中国民间或者第三国能够理解本银行设立的真正意义，怀着好意申请加入的话，我们当然是欣然接受的。

既然华兴商业银行最初就是在这样的目的下成立的，那么很自然它首先肩负的就是致力于疏通外国贸易金融的使命。因此，出口商和金融业者可分别将他们手头的票据和外币以本银行券为对价卖出的功能必须畅通无阻的被实现。

也就是说，在华北旧法币作为一种流通货币占据着支配性的地位，据说其流通额约有3亿日元左右。而且，相当于我方通货的军票据说也有约1亿日元（或6000万日元左右）。但是有关军票流通额的详细的发布不仅不被允许，实际上就连当局也不太清楚。旧法币和军票分别构成了以法币核算的物价和以军票核算的物价。再加上，本银行成立之初，市场上还流通有相当数量的日银券（从本年12月开始已经完全消失）。现在如果要迅速地对其做全面调整的话将会非常困难，能做这件事情的诸多条件目前还不具备。在这里，有华北联银的前例，这才是作为一个商业银行——华兴商业银行设立的原因。

而且，华中的通货仅用旧法币的话，其在数量上不仅不充足，而且旧法币将来的价值也会显著的不稳定。所以，从只授予华兴银行发行银行券的权利这样一种金融状态的缓和开始往前再走一步，使其确实能够发挥构筑健全通货制度基础的作用。但从东亚新秩序的金融方面来看，华兴商业银行的设立也是一个具有深远意义的事件。本来我认为在理论上，只是一个被称为贸易通货的东西被概念化，它要发展的话，如果不跟国内通货相结合的话是不可能的。把这两者作为不同的东西分开在实际上是不可能的。最初，被华中的特定情况给束缚住了，从很细小很狭窄的地方出发。华兴商业银行如果仅满足于其地位的话，那就背离了其设立的目的，这很明显。将来，银行的基础慢慢牢固了，华兴商业银行的银行券也获得大众的信任开始广泛流通，到了这步的话，国内产业的金融也能利用此良机。

然而，现在比起银行的信用充实的观点，需要充足的外币资金力的原因，本银行券的投放尽量跟外币保持关联。

如果单从华兴商业银行的保持信用这一点来看问题的话，就像本文后面第三章提到的那样，非常的稳定，首先可以说很多预期的目的都已经达到了。

为了弄清楚华兴商业银行设立的情况，我们在这里备注一下华兴商业银行暂行条例、中华民国维新政府说明书、财政部发布的关于民众使用华兴商业银行券的布告、兴亚院总务长官和华中联络部长官的声明及鹫尾副总裁的讲话。

1. 华兴商业银行暂行条例（译文）

（中华民国28年4月21日附行政院令，同年5月1日公布）

第一条　华兴商业银行为股份公司，其设立目的是经营外国贸易金融及其他的银行业务。

第二条　华兴商业银行的资本金为5000万日元，本部设在上海，其他地方视需要设立支店。

第三条　华兴商业银行设总裁及副总裁各1名，理事5名以上，监事3名。

第四条　总裁及副总裁由政府任命，任期为4年。理事和监事在股东大会上选举产生，得到政府认可后方可就任。理事任期3年，监事任期1年。

第五条　总裁代表华兴商业银行处理银行的全盘事务，是理事会银行业务会议及股东大会的主席。副总裁协助总裁处理银行业务，总裁有变故时，副总裁代理其职务。总裁空缺时，副总裁任总裁职务。

第六条　华兴商业银行依照命令，可以发行兑换券及辅币券。

第七条　华兴商业银行受政府之托，可以代理国库及国债的全部或一部分业务。

第八条　华兴商业银行欲变更银行条款时，须得到政府准许。

2. 中华民国维新政府声明书（译文）

本政府成立已一年有余，一直以来倾全力致力于华中地区的秩序恢复及经济复兴，取得了显著成效。今秋，在此为华兴商业银行的设立表示衷心的祝贺。

目前，中央、中国、交通、农民等发券银行都被蒋政权的政治性、经济性、军事性的目的所左右，无视银行的经济性职能，可以说隔断了民众在金融、经济方面的方便性。加之，由于蒋政权实行错误的抗战思想，耗尽了民众的财产，且未见反省之意，令金融机构日渐恶化，现在又因极力弥缝粉饰，不过在苟延残喘罢了。蒋政权的没落清晰可见。由此，法币的前途无法预测。一想到因金融危机、机构的崩溃而带来的灾难，实在让人不寒而栗。

因此，应迅速采取适当的手段来拯救金融通货的病态现象，此乃我复兴华中之要谛，可谓燃眉之急。这也正是设立华兴商业银行发行新货币的理由所在。本银行的宗旨是设立完全的以经济为本位的商业银行，主要是在贸易通商中，谋求金融的平稳进行，以期能成为民众的经济伴侣。本政府顾及本银行的重大使命，排除政治干涉，使其独立稳健地发展。

本银行发行的新货币可以随时自由的兑换外币，且本政府负责确保其价值的安定性。在当前不当的政治压力下，法币已失去了信用，用华兴券与法币兑换，来保护不断处于不安的民众的经济利益。

本政府期待这一天早日到来，即已成立的金融机构能迅速地恢复到纯粹的，作为经济机构所应有的本来的面貌，与本银行一道分担起增进民众的经济福祉的重任。本银行设立的契机也是期待能够为现有的金融机构的觉醒以及复兴给予积极的帮助和指导。

本银行殷切期望能与国内外人士、理解本银行设立宗旨及运营方针的人、银行的利用者，成为相互理解的合作者。

最后，本银行设立之际，得到了友邦日本帝国朝野的大力协助，在此深表感谢。也期望今后能继续给予指导和鞭策。

中华民国28年5月1日　中华民国维新政府

3. 财政部就有关华兴商业银行券的使用对民众的布告

维新政府财政部布告：

最近，政府为了华中民众经济生活的安定和商业往来的顺利进行，特设立华兴商业银行，并准许发行银行券，其详细内容政府于本日另行发表声明书，希望大家照此执行，并理解政府的本意，协助本银行券的顺利流通。如果有阻碍本银行券流通的，将其公布于众，并依照非常时期财政经济扰乱取缔条例及其他法令，进行严厉处罚。政府缴纳款时应使用本银行券，为避免民众的困惑，本银行开业后的相当一段时间，允许使用法币纳款，法币与本银行券同价。民间债务合同的履行、买卖交易等，都可使用本银行券。如有拒收的，依照相关法令处罚。

中华民国28年5月1日　代理财政部部长　严家炽

4. 兴亚院华中联络部长官声明书

今天，华兴商业银行的成立大会圆满结束，银行将于近日开业，并发行新银行券，不胜庆贺之至。

我们确信，本银行能够为复兴华中经济、增进民众的福利以及国内外人士的通商贸易做出贡献。我们祝福它前途无限，并希望中外人士大力协助。

上海事变爆发，国民政府发布了金融安定法，限制存款的提取。至今本限制不仅没有解除，还设置了携运钞票限制办法。由于严格抑制法币被带出被占领地区，所以长江一带的金融完全停滞，民众深受其苦。

众所周知，国民政府的法币于去年春天一下子暴跌了四成，导致民众的财富遭受了极大的损失。之后，由于外国的援助，虽然被维持在了8便士，但是，支持民国政府和法币的外国人士最能够认识到法币暗藏的这种不安。最近国民政府追随英国，为法币设立了安全资金，以防止跌落，也是因为这个原因。

正如以上所述，我们日本当地当局为了打破维新政府当局统治下的金融梗阻，防止民众因为持有前途不安的法币而蒙受损失，研究了有效而适当的策略，并全力协助实施。经过努力，渐渐发现了好的办法，也为成立银行做好了充分的准备。因此，日中共同协力，准备创办这个华兴商业银行。

在此，本人再次诚恳地希望国内外人士能理解本银行创建的宗旨并给予最大的支持，特别是在中国的我国人士能给予本银行积极的援助，并且率先使用本行的发行券用于交易，积极参与到维新政府的伟大事业中去。

昭和14年5月1日　兴亚院华中联络部长官　津田静枝

5. 兴亚院总务长官柳川[①]在创立日上的讲话

由维新政府一直以来筹备的华兴商业银行今天顺利成立了，我感到无比欣慰。本行是资本金5000万日元且全额缴纳的银行，资本金全部以外币作为准备金，发行的新银行券能够自由地与外币进行兑换。法币由于与蒋政权相结合，除了纯经济业务外，还被军事上乃至政治上的要求所左右，这种现状对于必须依靠这种货币来进行经济生活的民众来说，让他们处于极度的不安。本行以保全民众的利用为目的，以纯经济本位的银行为目的，发行新银行券进行贸易通商。我相信一定能消除不安，为日中经济的复兴做出贡献。当地的日本方面银行已经完全理解上述的宗旨，并欣然给予了帮助，率先出资，取得了一定的成果。我希望本行能尽早开业，以其发行的新银行券的顺利流通来促进华中经济的发展。

---

① 即柳川平助。

6. 鹫尾副总裁在开业当天的讲话

本银行于5月1日顺利地召开了成立大会，终于在今天（16日）开业了。从本行成立前后开始到今天，出现了各种传闻和批评，有一些还被极力渲染。这主要是不了解本行及华兴券的本质，或者是蓄意胡猜乱想而造成的一种恶意宣传。本行设立的主要目的是谋求金融贸易的顺利进行以及经济界的稳定。因此本银行券的作用与法币的关系绝不是针锋相对、势不两立的，它与法币并行流通，在本行及日本银行与法币能够进行等价交换。它是始终站在坚实的经济基础之上的，我坚信各种流言一定能够消除。

新银行的成立，其目的无非是通过发行新银行券，消除华中金融梗塞的状况，增进民众的福祉以及经济的复兴安定，为东亚新秩序做出贡献。因为负有这样的使命和意义，特恳请大家在各个方面给予极大的支援和协力。另外，南京支店于本月16日开业，其他各地支行也准备陆续开业。

附注：

第一，华兴商业银行于12月23日终于要在蚌埠开设支行。地址：蚌埠二马路24号。

第二，从11月4日起华兴商业银行接受维新政府的委托开始管理国库。

第三章　华兴券的问题

第一节　华兴券的性质（华兴券、华币、记账表示为HH $）

华兴券在发行的时候，法币脱离了一先令两便士二分之一的基准，保持在八便士多，华中的物价基础是以这个八便士为基准构成的。另一方面，事变后通过各种路径流向华中的日银券、军票，即使被大量使用，但是作为一般货币，它的职能范围只是用在日本人中间极其狭小的领域。在这种情况下，从建设“日满中通货圈”的角度出发，把其与黄金日元关联起来，保持一先令二便士的价值基准这件事情，会给民众的生活带来极大的混乱，反而会阻碍产业贸易的复兴发展。而且，在外汇市场，其和处于八便士基准的低位旧法币相比，显然是非常不利的。最终也不可能深入到民众中间去吧！

因此，华兴券在当初和旧法币从同一个水准出发，以八便士为基准去应对法币的变动，暂时让其与法币以等价的形式进行流通。也就是说，被赋予了强制流通力的华兴券并不是想要去排挤法币，而是和法币并行流通。华兴券的最大使命是维持贸易金融。为了避免人们担心其对外价值，必须能够用新券自由的购买外国的物资。也就是说，华兴券必须要发挥作为一种完全的贸易通货的作用。因此，对于华兴券，要使其能够随时的、无限制的兑换外币。成为这样一种开放性的货币可以说是华兴券的特色之一吧！

与此伴随的作为外币资金的5000万日元，全部使用外币来缴纳。另外，开业以后各种存款中的一部分也让其跟外币相关联，努力去维持其价值。法定的现金准备虽然只要求60%，但是在目前则是维持全额准备。因此，华兴券针对其发行额，经常持有100%以上的外汇储备。

在这样充足内容的基础上，在华兴券的投放方面，作为对价，形成了一种尽可能换回外币或者是避免外币流失的一种结构。即只限于出口预付金、外汇贷款、外汇或外国货币的买入、外国汇款汇率的控制、华兴券存款的支出等。因此不得不说，即使发行和回收量增大，也很难指望流通额的急速增加。现在，单就华兴券在价值维持这一点来看的话，它已经取得了很大的成功。

但是，如前所述的那样，虽然华兴券最初从法币和*[①]出发的，但那是因为法币比较稳定。如果法币暴跌的话，站在防止民众财产损失和自我防卫的立场上，应该脱离旧法币独自前行（跟旧法币已于7月20日脱离了关系）。也就是说，与华北的银联券被赋予了从正面对抗和挑战法币的由政治金融支配的命运不同，华兴券说到底是为了避免对民众生活的动摇影响，从侧面来发挥作用。当法币发生极速崩溃的情况，考虑到会引起的经济混乱，等待贸易向国内平滑过渡，培养支撑华北经济的基本金融势力，根据经济自然的动向来进行。

---

① *表示原文中此处内容无法识别。原文参见原稿第64页。

“由小变大”是我的座右铭。即便是对照蒋介石政权10年金融建设苦斗史，我们也应该容易看出那是一条艰难的、充满荆棘的道路。

最后，就华兴券的强制流通力来说，苛捐杂税、海关纳税自不必说，也适用于民间的各种交易。如果有人拒绝接受或妨碍华兴券流通，依照非常时期财政经济扰乱取缔法，会受到处罚。但是，上述刑法法规范围之外的人则不在此之列。

华兴券的法币脱离

民国28年7月20日，华兴券终于放弃了与旧法币的等价关系。规定与对英6便士作为其基准，今后将以以上的基准进行独立自由的外币兑换。仅开业2个月，华兴券就形成了自己独立的态势。

对美元行情依照前一天的交叉汇率而定。对于旧法币，虽不采取流通禁止的手段，但是与以往的等价交换不同，考虑到旧法币实时的对外汇率，根据决定的比率赋予其差价进行买卖。另外，政府的收入用华兴券来核算。

若详细记录在此期间的事情，由于汇丰银行上海支店在7月18日再次实行了停卖银行之间的外币的政策，法币一下子陷入了难以维持5便士的艰难状态，即将丧失作为贸易货币的职能，直面崩溃的最后阶段。日中关系当局决定停止18日的卖出，今后第三方国家为了法币的稳定，只要不允许对中发放信用贷款的话，那么法币将很难东山再起。认识到这一点，我方决定放弃华兴券与法币的关联政策，决定在独自的立场下来创建外汇市场。另外，日本大藏省18日召集大久保[1]正金银行行长及在中国的华兴银行副总裁鹫尾，就法币问题以及上述华兴券的问题，商讨了各种对策。

把华兴券的基准维持在对英镑六便士左右的依据是基于以下见解。即在当时的法币大动摇前夕，认为把行情作为大体的基础对于经济来说是最为妥当的。基于此见解，便决定以六便士十六分之九（法币6月以来的行情）为标准。这种解释应该还是最恰当的。但是，这个外汇基准并不是让它一直固定不变，而是应该根据市场行情的变化做适当的调整。就像最近（10月、11月），法币摆脱了苦难时期达到五便士左右的时候。其在汇率上的不利因素对于华兴券的影响是致命性的。为了弄清楚当局在与旧法币脱离时的意志和目的，以下附上当时发表的声明书及谈话。另外，关于脱离后旧法币对华兴券的行情，我们将在下一章进行叙述。

维新政府关于华兴券脱离旧法币的声明

现在，我维新政府允许华兴商业银行脱离旧法币，以独立的价值基准进行外汇交易。本政府考虑到旧法币的崩溃，所以设立华兴商业银行，并让其发行华兴券，已经过了5个月。果然不出我们所料，英国支持的重庆政府外汇安定资金管理委员会继停止了八便士四分之一的外汇卖出后，紧接着又在本月18日停止了六便士多的卖出。所以，旧法币如今跌落到五便士多，一便士化为乌有，还不知道要跌落到什么时候。我们衷心希望那些想要保

① 大久保利贤，大久保利通之子，时任日本横滨正金银行行长。

护自己财产的人加入使用华兴券中来，本政府也会一心一意致力于保护民众的利益。

华兴商业银行关于华兴券脱离旧法币的声明

本银行成立之初，维新政府及日本当局正如声明中所述的那样，本着共同弥补货币不足和打开金融梗塞的局面，代替价值不稳定的旧法币以保护民众的财产，这正是本银行发行华兴券的目的所在。但是旧法币崩溃的到来比我们预料的要快，近两个月再次暴跌，持有旧法币的民众，购买力降低，损失巨大。我们看到无辜的民众由于对旧法币的动摇而威胁到其日常生活，从而深表同情。旧法币不仅不会稳定下来，反而将会越发动荡。本银行一直以来按旧法币同等价值来操作本银行券。我们也不想给不习惯使用新券的民众添麻烦，但是又没有其他办法，我们不能一直追随下跌的旧法币，让大家像持有旧法币一样蒙受损失。这也是当初维新政府及本银行给大家的承诺。旧法币再次跌落的今天，本银行遵守与民众的誓约，在此，以对英六便士作为本银行券的价值基准，与崩溃的旧法币脱离。因此，出示本银行券的人，任何时候都可以以此基准来自由地兑换外币。当然，想要兑换旧法币的，我们会参考现行汇率随时给大家兑换。

另外，持有旧法币的人希望兑换本银行券的，视外汇情况，我们会尽可能予以满足。希望大家能够理解本银行保护民众福利之用心，尽快脱离旧法币，使用本银行券来进行各种交易活动。强烈建议大家今后在不久的将来，当旧法币暴跌的时候，提前兑换本银行券。

第二节 华兴券的行情

Date		Selling	Buying	Date		Selling	Buying
July	20	110	130	Aug.	1	125	137
	20	118	120		2	125	137
	20	118	125		3	125	137
	20	125	141		4	125	137
	21	125	150		5	125	137
	21	125	140		6	125	140
	22	125	140		7	135	145
	22	125	135		8	140	155
	24	125	142		9	140	155
	24	125	145		10	140	155
July	24	125	135	Aug.	10	150	160
	25	125	135		10	155	165
	26	125	135		11	165	175
	26	125	145		12	165	175
	27	125	145		14	165	175
	27	125	150		15	165	175
	27	125	145		16	160	170
	28	125	145		16	165	175
	29	125	145		17	165	175
	29	125	137		18	165	175
	31	125	137		19	165	175
					21	165	175

续表

Date		Selling	Buying	Date		Selling	Buying
Aug.	22	165	175	Sep.	12	147	155
	23	165	175		13	147	155
	23	160	175		14	147	155
	24	160	165		15	147	155
	24	155	160		16	147	155
	25	165	170		18	147	152
	26	158	164		19	147	152
	29	150	155		20	140	145
	30	150	155		21	140	145
	31	150	155		22	140	145
					23	141	146
Sep.	1	150	155	Sep.	23	141	144
	2	120	130		25	141	144
	4	120	130		26	140	145
	5	125	130		26	140	143
	6	135	140		26	136	140
	6	143	150		26	140	143
	6	150	155		28	140	145
	7	160	170		28	140	142
	8	150	160		29	139	142
	9	150	160		29	137	140
	11	152	157		30	135	138
	11	147	155				

续表

Date		Selling	Buying	Date		Selling	Buying
	2	135	139		24	120	125
	2	135	137		24	117	112
	3	130	136		25	122	127
	4	129	133		26	123	128
	4	127	130		26	120	125
Oct.	4	132	137	Oct.	27	120	125
	5	135	140		28	119	124
	5	133	136		28	118	124
	6	133	136		30	115	120
	7	133	136		30	113	118
	9	131	134		31	113	118
	11	130	134	Oct.	31	117	122
	11	128	132		1	118	123
	12	128	132		2	116	121
	13	128	130		2	117	122
	14	129	134		2	115	120
Oct.	16	130	134		2	114	118
	17	130	134	Nov.	2	112	116
	18	130	134		4	110	114
	19	130	134		4	108	112
	20	130	133		6	106	110
	21	130	133		6	108	112
	23	125	130		8	109	113

续表

Date		Selling	Buying	Date		Selling	Buying
Nov.	8	113	117	Nov.	16	109	113
	8	115	120		17	111	115
	9	121	126		18	112	116
	9	171	122		20	112	116
	10	115	119		21	113	117
	11	115	119		21	111	115
	14	115	119		22	113	117
	15	114	119		23	115	119
	15	113	117		23	114	118
	16	113	117		24	114	118
	16	111	115		25	120	125
Nov.	25	122	127				
	27	125	131				
	28	123	128				
	29	123	128				
	30	123	128				

以上列举的四张表格中的数字是华兴商业银行发布的对旧法币的标准价格。

对英镑的行情正如前一章已经提到过的那样为六便士，以此为价格基准。之后的12月25日，日本放弃了跟英镑挂钩的政策而转向跟美元挂钩。由于当地的市场处于与英镑挂钩的态势，可以看到，日本的美元挂钩对上海几乎没有任何影响。还有，英美货币利率交叉在当时只要保持在4美元，就没有必要立即改变华兴券的挂钩外币，还是跟以前一样，以对英六便士为基准，对美元的话，以裁定的比率10美元来进行。因此，只要交叉汇率没有突然暴涨暴跌的话，就不会有追随日本外汇行情基准的变更与美元挂钩这种情况发生。

然而，在11月11日，参考上周末的美英货币交叉暴跌的事件，日本决定将对英的六便士改为降低对美汇率，将以前的10美元卖出，10美元8.3美分买入价改为对美卖出价9美元8.5美分，买入价10美元。之后，日元对美元的汇率处于一个反复的小幅波动的状态。

不用说，华兴券对美元汇率的降低对当地市场没有产生任何影响。

大体上就像上面叙述的那样，华兴券从旧法币脱离以后，坚持六便士的外汇基准，和法币之间的差价被人买卖。那么，为什么华兴券必须要坚持六便士的基准呢？虽然在7月、8月，法币有明显的跌落，但这绝不是自我瓦解。当局者在混乱中缺乏深思，或者说设想法币会自我瓦解，所以才定了六便士。关于这一点，我非常的遗憾，没有从任何人（当局者）口中得到满意的回答。像最近这样，从苦难中脱离出来的法币在勉强保持五便士的时候，华兴券维持六便士这件事情，就是为了阻碍其进入流通领域，我认为是有害而无益。我更是深信，华兴券应该以与法币等价为武器继续追击。

第三节　华兴券的发行额

华兴券的发行在当下实行全额准备的方针，作为一种贸易货币，要确保其完全的信用。也就是说，在持有足够的外币准备、资本金的基础上，慢慢充实其内容。为了以后的发展，其资金投放也是作为其对价，尽可能获得外币，或者不失去外币。换言之，仅限于出口预付、外汇贷款、外汇或者外国货币的买入、外国汇款外汇的支付、华兴券存款的支付等。因此，即使华兴券的发行额和回收额增大，但其流通余额也不会变大。

而且，进入今年6月以后，7日汇丰银行限制外汇卖出，20日上海华兴银行方面存款退还限制，重庆政府的财政失败越来越明显，法币也是处于价值必然下跌的状况之中，物价一路高涨。所以，维新政府作为对策，为了找出能够代替法币的货币，促进华兴券的流通，于7月11日发表了相关声明书。兴亚院华中联络部跟维新政府合作，得到了一个关于促进华兴券流通的定托方案，其宗旨大体接近于后面的叙述内容，没有开始具体的活动。也就是说，作为当初设立华兴商业银行的方针，强调将其业务重点放在贸易金融方面，但为了使贸易金融能够顺利地进行下去，首先有必要让华兴券作为国内货币使其流通起来，所以采取了以下的措施。

（一）与维新政府相关

（1）维新政府的经费以前是用法币和华兴券来支出，今后如果可能的话，全部使用华兴券，禁止用法币支出。

（2）统税、盐税等收入使用华兴券，关税由于牵扯外国债券付息金额的计算、海关金单位问题等，用华兴券征收的话会产生问题，暂时先予以保留，另做研究。

（3）政府的各种存款现在用法币核算，将其改为华兴券核算。

（二）与华兴商业银行相关

（1）除特别情况外，全部改用华兴券核算。

（2）郑州分行已于11日开业，8月末以前要在杭州、无锡、蚌埠、安庆和芜湖开设分行或者设立出张所，促进华兴券的流通。

（3）制作华兴券的样本海报，大力宣传。

（4）华兴券不能跟法币一起跌落，在适当的时候，要彻底脱离等价关系，保持独自的价值。

（5）现在5000万元以上的华兴券的印刷工作已经结束，但要代替华中的货币还是太少。在加紧印刷的同时，铸造并发行小额的硬币。预计发行1钱、5钱、10钱、20钱四种硬币。

（三）与一般银行相关

（1）现在的法币债务（含银行法币存款）经债权人和债务人的商议，争取在8月末之前，鼓励其将法币债务调换成华兴券债务。

（2）以后的存款出借以华兴券结算。

（3）尽可能采取让华兴券和法币的交换变得容易的措施，增强中国民众对华兴券的好感和信任。

（四）与日本方面官方、民间相关

针对商工会议所、居留民团、在华纺同业会、各国策会社、各妇人会等，向其说明华兴券的宗旨以寻求他们的合作。另外，终止军队在购买作战物资时一部分用法币结算的行为，全部用华兴券支付。

维新政府发布的有关华兴券流通扩充的声明书如下：

声明书

在蒋介石政府的统治下，重庆政府方面的银行服从于最坏的命令，不顾一切蹂躏国民福祉的这种态度成了民众的敌人。华兴商业银行考虑到这样的情况，强烈希望让华兴券成为大众的货币，以便在旧法币崩溃的时候，设定独自的外币价值与崩落的旧法币分离开来，维护国民的福利。促进华兴券的流通和扩充，确实能强化国民经济生活的基础，是排除未来法币不安定的独一无二的方案。不管民众是否想要保护自己财产的安全，也不管民众对华兴券流通持什么样的合作态度，本政府为了代替即将走向崩溃命运的旧法币，促进华兴券稳定的流通，使国民经济生活安定，对此最为努力。我们也期待民众能够配合本政府，使我们的这个计划能够顺利实施。

为了发挥华兴商业银行的功能，日本方面的银行一起共同支持。即使在华兴券投放民间的时候，也是通过日本银行来实施的。为此，日本方面的银行设置了法币特别资金，用于华兴券和法币的交换使用（这点有一些错误，在本节末已订正）。

投放到民间的华兴券由于不被人所熟知，很多立刻就又回流到法币或者外币上。现在被称为流通余额的，其大部分在日本方面的银行和钱庄业者的手里，在民间的华兴券几乎看不到。然而，进入10月以后，在华兴银行南京分行里发现了小额的华兴券，这种现象值得关注。当然，南京由于有维新政府，而且占了华兴券发行总额的七成，所以存款者的目的可能是比起法币的不安先保全自己的财产吧！

由于华兴券的主要用途是维新政府的政务费和对贸易从业者的贷款（下节中详述），所以，受出口商品变动的季节性影响，发行额也会产生有高有低的情况。

新银行和日本方面银行之间签订了如下的合约：

- 华兴商业银行不直接向商人提供出口预付金，通过日本方面银行进行贷款；
- 因此，新银行不设商人的大户头核算，由日本方面银行开设；
- 华兴券和法币之间的交换按照华兴银行的要求，在日本方面银行进行自由交换，但是，在华兴券和法币的交换余额方面设定某些限制；
- 华兴银行不从事日元存款业务；
- 华兴券与日银券的交换比率和法币对日银券一样，按照市场上的日元行情，华兴银行也有可能买卖日元纸币。

华兴券对英行情的现状是追随法币，将来如果法币发生异常变动的话，要与其隔绝开来。

另外，关于日本方面银行设定的法币特备资金，双方达成了如下协议：

●日本银行在收到华兴券兑换法币的请求时，从法币特别资金里提出法币交付，出示法币的华兴券交换每账户一千日元以上或者日交换额达到1万日元以上者，日本银行向华兴银行通报，取得其同意后再兑换（但是，之后由于法币的不安定，兑换额度实际上被改为更小的金额）；

●华兴券和法币的兑换比率在华兴银行发出通知以前，实行等价交换（但是，从7月20日开始，兑换比率按照华兴银行对法币的官方定价执行）；

●兑换手续费免费；

●各行接收的华兴券作为华兴券存款处理，存入资金没有利息。

接下来看一下华兴商业银行的银行券发行额。

民国28年5月1日

兑换券：218574元

辅币券：2683.40元

合计：221257.40元

6月15日

兑换券：602656元

辅币券：3035.40元

合计：605619.40元

民国 28 年 6 月 30 日

兑换券：601291 元

辅币券：6138.20 元

合计：607429.20 元

7 月 15 日

兑换券：924922 元

辅币券：24245.20 元

合计：949167.20 元

7 月 31 日

兑换券：1455924 元

辅币券：24911.60 元

合计：1480835.60 元

8 月 15 日

兑换券：1394698 元

辅币券：18887.50 元

合计：1413585.50 元

8 月 31 日

兑换券：1233339 元

辅币券：15556.30 元

合计：1248895.30 元

9 月 15 日

兑换券：2828263 元

辅币券：14384.40 元

合计：2842647.40 元

9 月 30 日

兑换券：3270166 元

辅币券：20960.60 元

合计：3291126.60 元

10 月 15 日

兑换券：3058458 元

辅币券：19789.90 元

合计：3078247.90 元

10 月 31 日

兑换券：3162632 元

辅币券：20948.90 元

合计：3183580.90 元

11 月 15 日

兑换券：3337636 元

辅币券：22028.40 元

合计：3359664.40 元

11月30日

兑换券：4182808元

辅币券：17602.30元

合计：4353500.30元[①]

以上的这些发行额用外汇资金准备就可以全部覆盖。

另外，为了促进华兴券更加积极的流通，目前正在实施一分铜币的铸造计划，预计在昭和14年末以前实现。

在本节的中间位置，我说了华兴券通过日本方面的银行来发行，而且还备注了华兴银行与日本银行之间达成的协议。确实在创立当初，双方之间有这样的协定或者方针，根据我们调查的结果，华兴银行并没有依照这个协议，而是自己直接经营放贷业务。故在此处更正一下。

第四节　华兴券的流通范围、用途及其信任程度

流通范围

允许其在安庆以东地区流通（汉口方面有谣传说要另外成立一个新银行，但是也仅仅是一个谣传）。现实中的流通区域在以芜湖、蚌埠、杭州为顶点的长三角地带。

因此，10月下旬，上海、南京、苏州三个分支行的发行额如下：

上海总行：约50万元

① 金额及总计原文如此。

南京分行：240万元

苏州支行：30万元

以上的数字虽说还不能代表该地区华兴券的流通量，但也可以反映一个大体的趋势吧！也就是说，南京地区占了华兴券发行额的大部分。

用途

前面已经反复说过，华兴券的理想用途是服务于贸易金融。但在现实中，其用途有点不一样，华兴券现在主要使用在三个方面：①维新政府的政务费；②关税；③给贸易商的贷款。按使用量排名也是政务费第一，关税第二，贷款第三。

政务费是华兴券用途中最多的。华兴券在南京地区流通量之所以很大与此有关系。关税方面，从9月1日起，维新政府管辖区的海关关税收入以华兴券来核算，征税银行为正金银行。自从关税变成用华兴券核算征税以来，关税变成了华兴券的第二大使用用途。原因是使用华兴券的话手续方便，汇率便宜。

9月份和10月份的江海关的关税收入中，华兴券和法币的缴纳金额如下。

进口税	9月	10月
华兴券	179.1万元	180.5万元
法币	631.2万元	626.2万元
总计	810.3万元	806.7万元

出口税	9月	10月
华兴券	0.2万元	4.5万元
法币	79.2万元	64.9万元
总计	79.4万元	69.4万元
转口税	**9月**	**10月**
华兴券	——	0.5万元
法币	203.2万元	261.5万元
总计	203.2万元	262.0万元
合计	1393.2万元	1138.4万元

除此以外，还有附加税、水灾救济附加税和吨税，全部以法币支付，而且不必说全部是以华兴券为结算单位。如果把修订后的华兴券核算税额和旧制做一个比较的话，如下：

1金单位＝34便士75（14.5×2.316）

税率＝10%

华兴券1元＝6便士

1圆＝1元＝3.75便士①

原则（外币核算）

1金单位＝华兴券2.396元＝2.396元×$\frac{6}{3.75}$

旧制度

1金单位＝（3.75便士÷34便士75）×0.1×2.396元＝1.59元

① 单位及金额原文如此。

新制

$$(3.75\text{便士}\div 34\text{便士}75)\times 0.1\times 2.396\times \frac{6}{3.75}=4.138\text{元}$$

旧制（法币核算）

$$(100\text{元}\div 2.396)\times 0.1\times 2.395=10\ (\text{元})$$

新制

$$(100\text{元}\div 3.75\ (\text{便士}))\div 34.75\ (\text{便士})\times 0.1\times 2.396\times \frac{6}{3.75}$$

$$=4.138\ (\text{元})$$

旧制（日元核算）

$$(100\text{日元}\div 2.473)\times 0.1\times 2.473=10\ (\text{日元})$$

新制

$$(100\times 3.75)\div 34.75\times 0.1\times 2.473\times \frac{6}{3.75}=4.327\ (\text{日元})$$

对于贸易商的贷款，现在的贷款客户仅限于华中蚕丝、三井物产和扬子茧业三家公司。其中华中蚕丝是其最大的客户。除此以外，华中盐业等和华兴券多少好像有点关系，但不是直接的需求者，仅涉及流通过程的一部分业务。贷款顾客的商品截至目前有蚕茧和鸡蛋，茧主要是华中蚕丝和扬子茧业两家公司生产，鸡蛋是三井物产经营。

接下来看一下各个国家的人使用华兴券的用途。

日本人方面：

外国贸易商的关税，出口产品的购买资金。

中国人方面：

主要以官员的俸禄和关税的缴纳二者为主。为了给外国汇款，出示法币，需要华兴券的情况截至现在 12 月中旬总共发生了三起。

外国人方面：

缴纳关税，进入 12 月后呈现逐渐增加的态势。

华兴券的信任程度

如前所述，华兴券的流通范围很狭小，即便根据事实来看的话，其信用还没有渗透到一般民众中。维新政府的政务费也多半回流了。但是，华兴券的流通仅限于钱庄和对法币感到不安的少数华兴券存款人（在南京分行）这里。对于贸易商的贷款虽然是华兴券和法币共用，但华兴券贷款的大部分又立即在日本银行被换成法币，回流到华兴商业银行，流向民间的金额很小。据说有约 3 成流向了民间。关税方面也仅仅是因为手续简单和有一点利益所以才被使用，这跟正常的信用普及不一样。总之，现状距离理想还很遥远，的确是惨不忍睹的状态。

被称作流通余额的大部分也都滞留在日本银行和钱庄业者的手里。钱庄业者持有华兴券的目的可以理解为投机吧！

第五节　华兴券和日系通货以及法币的关系

华兴券和日系通货（军票、日银券）

从华兴券的性质来看，外币、日系货币和华兴券之间的自由兑换之所以被限制是一件理所应当的事情。因此，华兴券与日元和军票间不交换，不仅是说它们之间完全没有关系，而且还说明它们是背靠背的关系。

但是，如果华兴商业方面银行有需要，要兑换华兴券的时候，其兑换比率以市场上的法币对军票（或者对日元）的比率为基准。

前面已经反复的提到，华兴券不是为了企图回收上海虹口的日银券和内地沿线的军票，而是为了打破华中全境的金融堵塞的状态，促进外国贸易，同时以帮助民众消除对旧法币的不信任为使命。无限制的接收日系货币不是它的主要任务。如果从侧面看，从华中的军票（或者日元）这一侧来看的话，如果把和外币正在激烈斗争的华兴券纳入军票势力范围内的话，就会使已经在很大范围内拥有信用的军票一次性覆灭掉。因此，它是一种自主地避开跟华兴券接触的东西。

跟不同意华兴券和日系通货兑换的理由一样，华兴券不作为对日元圈的贸易所使用。日本和华中的贸易结算依然用的是日元。即便说因为华兴商业银行的创立使得华中从日元圈中被排除出来，但对日贸易并没有变成第三国贸易，通商关系依然在日元圈内。

而且，在看这每一个关系的时候，华兴券和军票或者日元看上去好像是一种势不两立的关系，但是站在全局来看的话，它们之间有密切的关系。在华中，作为国内货币，今后军票的地位仍会被不断地强化，华兴券则肩负着弥补军票所欠缺的第三国关系的结算功能。因此，这两者合起来，构成了华中地区通货功能顺利运转的机制。

当然，这些日本方面的货币机构的不彻底自不必说，就客观形势来说，也有不得已的地方。

华兴券和法币

华兴券在开始的时候，就和法币实行等价交换。只从这点来说，华兴券并不是要阻击法币，为了华中贸易的复兴，华兴券标榜和法币并存共立。但是，很明显华兴券不可能一直追随法币，或者说法币中心主义不可取，随后华兴券以独自的价值基准开始前进。

另外，与法币相关的值得注意的是华兴券和法币的兑换。华兴券从无限制接受外币兑换的原则变为华兴券和法币自由兑换，然而，出示法币要求华兴券有一个限制。也就是说，华兴券在作为一个健全的货币随时接受外币兑换这点上，要远比法币优越。而且最近，法币和外币的兑换逐渐变得不自由，其价值也无论如何没有一个让人信任的基础。这样的话，就不能匆忙地接受法币。而且，据说法币的发行额高达 20 亿元，如果无限制的接受的话会使华兴券的健全性受到破坏。

作为华兴商业银行而言，从谋求市场的安定和便利的宗旨出发，采取尽可能地对法币发放华兴券的方针。

最近，进入 10 月、11 月、12 月以来，法币有挑战华兴券的迹象，这个问题需要考虑一下。但是作为我来说，不认为法币在将来会保持稳定，如果不加杠杆的话，操作时的苦心在这里。

华兴券和第三国家

华兴商业银行在设立的时候就表示欢迎第三国家资本参加或

者在未来参加的宗旨。然而，国际关系的现状却无论如何使我们不能对其抱有希望。

特别是英国之所以犹豫接受新货币，也有其他的理由。具体来说，跟1935年的币制改革时发布的敕令（King's Order）有关。这个敕令共发布了两次，前者禁止白银作为通货使用，而后者则规定中国的强制通货仅限于蒋介石政权承认的通货。后者大致成为英国拒绝新通货的理由。然而，这与港元的使用相矛盾。

不管怎么说，第三方国家也开始抛开政治的角度，充分了解新银行的意义和新通货的性质，为了华中经济的发展，要求其培养新机构给予支持。华北的银联券从一开始就以赤裸裸的形式，展开了政治斗争，其结果是立刻造成银联券的飞跃。华中的华兴券在这里也是一个外交问题，作为一个政治问题应该牢牢记住。

12月18日突然发布的南京以下长江开放的消息，根据其利用的方法不同，华兴券有可能实现一大飞跃，如果一步走错的话，也有可能遭受致命的打击。总之，日本没有明确制定对华中的政策，或者即使制定了也发布了，但以不被我们所知晓的这个现状而提前计划是很危险的（是否要重振华兴券，是否要消灭法币，即便对于前一个问题最高当局的方针也不明朗）。

第六节　南北汇兑交流问题和华兴券

有关纸币的价值，联银券和圆挂钩的结果，6便士基点的华兴券和联银券之间没有任何关联性，完全是两个不同的纸币。因此，华北的物资很容易就流向了价值基准比较低的华中，这点不难理解。在实施联银券全种类汇兑集中后（本年7月、8月），像被宣传的"除海问题"那样，也就是说为其背书。如何调整是华中和华北的一个重大问题，现如今，两者之间没有一个兑换协定。但是，这个方案正在研究中。

现在，如果把这个问题的发展经过看一下的话，如下。

在青岛召开的第五次联合委员会上，有关货币问题在决议事项中南北汇兑交流问题被提了出来。也就是说，为了使南北汇兑交流能够顺利地进行，华兴商业银行和联合准备银行将加紧研究有关具体的联络事宜。这是南北汇兑问题被第一次正式的提出。在那以后，没有看见大的发展。根据目前的状况来看，华北、华中的汇兑结算余额依靠的是现地裁定。也就是说，华兴商业银行和联合准备银行之间缔结一个汇兑清算协定，在华兴银行开通联银券账目，在联合准备银行开通华兴券账目，结算额以物资来支付是最合适的，而且华中是计划以 6 便士基点为现地裁定，华北以 8 便士四分之一基点为现地裁定，根据情况，让日元作为中介。大体上，最有希望的方案就是以上这些内容了。我在想不久这个问题会在这个方案上了结了吧，但在目前，还什么都没有。

第四章　新政权问题和华兴银行

以汪精卫为盟主的中国新中央政权[①]不久将要从东亚新秩序的角度登场了。有关汪政权的成立时间，在巷间已经被传开了，根据日本政府多次声明，或者从整顿事变的角度来看，作为早晚

① 指汪精卫在南京组织的伪中华民国政权。

都要成立的事情，还是早做打算为好。

那么，关于即将诞生的新政权和华兴商业银行的关系，大体上可以总结为以下三点。

①把华兴商业银行升格为中央银行。

②让华兴商业银行仍作为以前的金融贸易机构，让其存续下去。

③重新设立中央银行，把华北的联银券扩大到华中。

总之，从理论上来说，在新政权下承认使用法币于理不通，提倡首先新设一个中央银行。上面最后一个方案，即在华兴商业银行以外另设一家新中央银行的做法，由于缺乏资金，恐难实现。而且，使用联银券的话，反而会使华北陷入混乱，日本也有可能丧失在华北的特殊地位。在这里，如果设立新中央银行的话，华兴银行的升格是最好不过的。综合了我询问的各方面意见后的结论是，华兴商业银行升格论占六成，新中央银行成立论占四成。

然而，我认为，问题的根源不在于升格和新设，而在于做这些事情的客观形势，以及日本是否有相应的经济实力。最近的动向是华中的牺牲的国际关系，特别是调节日美、日英的关系，不使事变向着终结发展。像长江开放那样，我就是在这样的观点上来解释问题的人。越仔细考虑这些事情的话，越是让人深深地感到，仅凭日本一国的力量来建设新通货机构是不可能的。

在这里，能考虑到的替代方案如下：

①法币的利用。

②建立以日本为中心同时加上英美的新机构。

关于后者，虽然被认为还存在问题，但根据外交处理的方法不同，我认为值得期待。但是，在去说服别人的时候，最终是否反被别人所说服也是个问题。关于前者，在华兴商业银行创立之前就已经被提出来了，最近更加的具体化，成了最有希望的方案。

也就是说，在中央政权下，挑选中国、交通两家银行（中央银行被排除理所应当）来发行新法币。好像陈公博的活跃、宋子文的复出等，浙江财阀的怀柔政策等不断反复也是事实。现在被认为有问题的就是以上叙述的这些东西。

可是，即便新政府成立后立即以华兴银行为中央银行禁止旧法币的流通，这也太微弱了。在现如今资金短缺、不能实施贸易统治的状态下，不能抱希望。但是如果外资参加的话，问题又变了。

作为当前的事态，美国船逆水航行一直到南京。但是如果利用华兴券的话，即便不能带来质的变化，但可以期待在量的方面流通增大。不知道自己情况光说大话的做法只会让事情陷入纠纷，然而也不可太过于卑躬屈膝。在华中的外国，特别是将英国、美国的动向和浙江财阀的动向作为一个有力的契机，为新通货制度发挥作用，这一点不难料想到。

广东的货币金融*

第 36 期学生

高相武彦

目　录

* 原文见国家图书馆编《东亚同文书院中国调查手稿丛刊》第 167 册，第 273~374 页。

广东的货币金融状况序言

日本现在在中国的中部、南部、北部各地开展作战，对于消灭蒋介石政权，我们采取毫不退让的坚定的态度。同时，基于这次中国事变的意义，我们正朝着建设“东亚新秩序”的目标迈进。在中国北部临时政府已经成立，为了建立其金融机构，日本在昭和13年[①]3月10日成立了北支联合准备银行作为中央银行。同时在蒙疆地区，基于该地区的特殊性，日本在成立蒙疆联合委员会的同时，于昭和12年11月23日成立了蒙疆银行。另外，日本在华中组成了临时政府，再过不久有望诞生中央政权。虽然还没有成立中央银行，但是一个可以被称为中央银行前卫或者母体机构——“华兴商业银行”已于本年5月15日开业了。那么在华南，通货建设又是如何推进的呢？在华南的广东，日本进攻广东两个月后也就是昭和13年12月20日，组建了治安维持会，到现在还没有成立政府，当然设立中央银行也无从说起。我在这里想先论述一下广东所拥有的特殊性，然后再提及一下现状。

一　广东的特殊性

（一）政治方面

中国国民党的革命首先是在广东爆发。革命之父孙文就出生于广东省的中山县。孙文死后，蒋介石掌握了南京政府的实权。因此，蒋和孙文手下那些一起闹革命的所谓“广东派”的

① 即1938年。

人之间的合作并不是很顺利。或者说，广东处于一个半独立的状态。在当时，作为反蒋力量的有广东、广西两省的实力派和国民党元老胡汉民等组成的西南派联合势力存在。虽说都被称为西南派，但实际上广东、广西两省的政治分别由两个不同的实力派人物所把持。具体来说，广东在陈济棠的统治下，已经形成了完全统一的地域；广西则是李宗仁（或李宗仁和白崇禧两人合作）的统治区域。胡汉民虽已失去实力，但靠着国民党元老的名声，只是名义上的西南派最高领导人。也就是说，胡汉民作为比蒋介石资格还要老很多的前辈，使得蒋介石不能简单地诉诸武力来讨伐他。胡的存在可以说使得西南派的主张对外有了一些分量。

然而，陈济棠不仅在军事上实行独裁，还左右了省政，放开财政，拉拢广东财阀。陈济棠和广东财阀结为一体，倾全力跟浙江财阀对抗，实施了广东产业振兴政策。随着蒋介石政权的逐渐强大，陈成为根本无法用武力与蒋相抗衡的军阀。在这个时候，外部看重的胡汉民突然在民国25年（1936）5月12日去世，同时加上南京国民政府的武力压迫以及余汉谋的叛变，陈济棠政权不得不走向没落。民国26年，陈济棠下野逃亡香港，广东成了中央的地盘。另外，导致陈济棠政权没落的一个原因是广东经济的破产，关于此问题我们在下一章节中论述。

（二）经济方面

1. 对外关系

（1）与香港的关系

广州作为所谓的广东十三洋行的所在地，在清朝一直都占着中国对外贸易港的位置。英国人占领自由港香港以后，广州自然会遭遇被剥夺繁荣的命运。在广东省的贸易中，香港最高曾占到过9成。近年，由于香港贸易的不景气和关税上涨、走私增加，1933年的贸易总值为3241万元（进口3841000元，出口27578000元），香港占广东贸易的比重为24%。而其中最值得注意的是广州作为香港金融的一环，港元的势力延伸到了广州及广东沿岸的各个县。广州对外贸易的大部分以港元为结算单位。有关这个问题，我们将在后面的港元的地位这一部分再次予以论述。

（2）华侨

广东在金融和经济上的两大来源就是蚕丝业和华侨汇款。广东对外贸易入超状态虽然还在持续，但华侨汇款作为一个补充手段，其作用非常重要。下表是最近几年广东的对外贸易总额。

最近七年广东对外贸易额表

单位：元

年份	洋货的进口	土货的出口	合计	入超
民国19年	243917570	164652676	408571246	79263894
民国20年	276243435	152034721	428278156	124208714
民国21年	314259054	92538205	406797259	221720849
民国22年	269169191	94456356	363625547	174712835
民国23年	156553123	82025780	238578903	74527345
民国24年	150279234	75267987	225537221	75001247
民国25年	129272130	82829155	212101285	446441975

来源于广东省银行（昭和11年）民国25年年度营业报告。

近年来，受南洋经济的不景气以及南洋各地政府对华侨的压迫政策等影响，南洋华侨的汇款呈现出逐年减少的态势。而且华侨的出生地大都在华南的福建和广东两省一带，华侨汇款减少的趋势对广东经济的影响也不小。尽管贸易收支呈现出逆差的状态，但贸易之外的收支却一直呈现出良好的态势。下表为广东海关发布的统计数据。

最近十年广东金银出入超统计表

单位：海关两

年份	生银出入超金额 （+）入超 （-）出超	黄金出入超金额 （+）入超 （-）出超
民国16年	（+） 1059506	（+） 16120
民国17年	（+） 3191926	（+） 3700
民国18年	（+） 3920326	—
民国19年	（+） 31140378	—
民国20年	（+） 21112871	—
民国21年	（+） 2710612	—
民国22年	（+） 1680907	（+） 156
民国23年	（+） 2075106	—
民国24年	（+） 266599	（+） 5617
民国25年	（+） 143317	—

最近五年广东华侨外汇金额合计表

单位：国币元

年份	香港	汕头	海口	合计
民国20年	250000000	94200000	1000000	345200000
民国21年	200000000	70700000	1000000	271700000

续表

年份	香港	汕头	海口	合计
民国 22 年	190000000	62800000	1000000	253800000
民国 23 年	137000000	47000000	1000000	185000000
民国 24 年	212000000	55000000	1000000	268000000

（3）对外出口——生丝

与华侨汇款一样，广东金融界两大支柱之一的生丝业对外出口近年来明显出现衰退。尽管广东省当局再三努力，但广东的金融情况仍然没有看到全面好转的迹象。生丝作为广东省对外出口物产中唯一的大宗商品，在往年的出口鼎盛时期占到了广东港出口总额的 70%，成为进口国外商品结算时的一个重要资金来源。然而，近年来生丝的对外出口陷入了极度的不景气状态，省政府也为了改善生丝业和振兴出口绞尽脑汁。最近几年的生丝出口情况如下表所示。

广东生丝出口统计表（民国 19 年至 25 年）

单位：国币元

年份	价格	指数
民国 19 年	57280807	100.00
民国 20 年	41775916	72.93
民国 21 年	18074409	31.55
民国 22 年	16925024	29.54
民国 23 年	9346899	16.32
民国 24 年	6758453	11.79
民国 25 年	8898711	15.54

2. 对内关系

（1）广东与上海以及其他城市的经济依存关系

资本：广东的财阀以华侨资本为基础，加上当地居民资本为代表的四邑帮①。华侨中的很多成功人士最后都回到了国内定居，而且这些归国华侨中，广东省出身的人最多。这些华侨在回国的时候，把他们的一部分财富带回来，投资于房地产或其居住地。据说在广东，所有的银行、轮船、汽车公司或各种工业都是依靠华侨资本。此外，华侨还参与购买公债，这又是一种间接的投资。四邑帮曾经营过旧式银行且有过执金融界牛耳的历史。现在，随着广东币制的中央化，以南京政府为背景的新式银行，也就是浙江财阀的势力在不断扩充。

国内贸易：广东在国内贸易方面保持着入超。根据广东银行民国 26 年的营业报告显示，最近五六年的情况如下：

广东省国内贸易额表

年份	流入	流出	合计	入超
民国 21 年	145860470	21502271	167363147	124357205
民国 22 年	190650385	39380339	230030754	151270046
民国 23 年	164744193	45215021	209959214	119529172
民国 24 年	173061761	51303298	224365059	121758463
民国 25 年	185116472	68749855	253866327	116366617
民国 26 年	182880906	59081126	241962032	123799780

① 指台山、新会、开平和恩平这四县出身的人

(2) 广东与国民政府占领区之间的关系

粤汉铁路的开通使得物资南下的能力大大增强，然而由于其高昂的运费，导致其在经济方面没有被利用，其价值主要体现在军事和政治上。比如说物资从汉口出发，经由上海再被运到欧美国家，其运费比使用粤汉铁路平均要低 39.1%。根据广东省银行经济研究室发布的"粤省对外贸易调查报告"，具体情况如下：

汉口主要货运价格

一　经粤汉线由广州出发		二　经长江由上海出发	
a. 到美国每吨的运费		b. 到美国每吨的运费	
汉口到广州	$22.26	汉口到上海	$13.55
广州到香港	2.06	上海到美国	64.26
香港到美国	46.75		
合计	77.07	合计	77.81
c. 到欧洲每吨的运费		d. 到欧洲每吨的运费	
汉口到广州	$22.26	汉口到上海	$13.55
广州到香港	2.06	上海到欧洲	64.26
香港到欧洲	63.97		
合计	88.29	合计	77.81

随着事变的发展，长江流域的航运变得不通，一时间出现了不得不利用粤汉铁路的情况，但这也只不过是一个短暂的现象。

(3) 广东省自身的特殊性

广东省作为一个独立的经济个体，想要努力形成经济有机体，并力图实现自给自足。而且，广东省当局在民国22年（1933）1月实施颁布了“省施政三年计划”，且在同年10月制订了“广东省工业五年计划”，努力设立了一些省营工厂，在生产急需的工业原料的同时还生产一些重要商品。这些省营工厂的产品有水泥、纺织、砂糖、硫酸等。据说，这些产品的生产量都没有达到广东省的需求，且盈利的只有水泥和砂糖业。广州作为广东省的中心，虽说正在慢慢向制造业城市转型，但还没有完全从消费城市脱离出来。现在，作为最成功的水泥产业来说，在战前其年生产量只有22万吨半。而且这些水泥厂还使用丹麦和瑞士公司生产的机械，采用湿式制法来生产优秀产品。现在，这些水泥厂虽然由于我军的空炸和对方的自炸遭受了严重的损害，但依靠我国的一流商社，其重建工作正在加紧进行。西村水泥厂作为浅野水泥的三省委托工厂，正在进行重建工作。

二 币制改革后广东的币制金融状况

（一）币制改革前的状况

广东省的通货以毫银为单位，之所以没有像中国其他省份那样以大洋银元为单位，是因为其在中国和广西省一样，由其本身货币的特殊性所决定。在之后的币制改革中，此特殊性仍然存在着。

币制改革前夕广东省的货币有：

硬币：毫银、铜元、制钱，此外还有香港银元及辅助银币。

纸币：毫银纸币及辅助纸币，此外还有港币纸币。

省内的贸易大体上用的是毫银及毫银纸币，港币原则上只用于对外贸易决算及沙面租界内。邮局、电信费、关税、其他国库归属单位的诸税捐税均用中央大洋进行核算（只有与进口相关的采用金货币单位核算），之后换算成毫银、毫银纸币及港币缴纳。其流通金额据推测大体如下：

	全省	广州市内及其附近
港元	5000 万元	2500 万～3000 万元
毫银	5000 万元	约 2000 万元
毫银纸币	约 3000 万元	约 2400 万元

可以看出，港元流通额的大半在以广州市及其附近为中心的地区，毫银纸币大部分也主要是在以广州市及其附近为中心的大部分地区使用。省内其他各地的货币流通几乎都是毫银。

（二）币制改革后的状况

昭和 10 年 11 月初，南京中央政府突然开始实施币制改革政策，以往在西南政权下处于半独立立场的广东省当局，并不盲从中央的统制。但是出于自卫，依据本省独自的主张，广东也在 11 月 7 日发布了币制改革，其主要内容如下。

第一，以广东省银行以往发行的毫银券、大洋券及广州市立银行的凭票（支付票据）为法定货币，一切公私相关的货币收受均采用本法定货币，禁止现银的使用，禁止使用银币、私藏隐匿白银、私运出口白银等。

第二，法币准备金的保管及发行事项由政府、民国共同发起发行准备保管委员会来管理。

第三，本令发布后，毫银、大洋失去货币效用，政府将其回收，保管于委员会。

凡银行、银号、商店、公私机关及个人所有的毫银、大洋于11月7日开始在广东省银行及广州市立银行兑换新法币。兑换比率为：

毫银1元　　法币　1元2毫（即增加两成）

大洋1元　　法币　1元4毫银（即增加四成四分，这也成为民国26年6月币制中央统一时大洋国币兑换毫币的标准）

在大洋流通的区域（省内汕头等地）：

大洋1元　　大洋券1元20分

第四，银类，即银条、银砖、银饼等，于11月7日以后，由省银行按其重量和纯度收购。

第五，11月6日以前签订的以银币为单位的契约，到期限后按照上述比率兑换新法定货币。

第六，人民持有的外国货币（主要指港币）可以自由买卖、自由使用。

币制改革实施后，经过当局的不懈努力，得到了意想不到的结果。到民国26年1月末，回收了大约1亿元的毫银，其法币发行额如下。

广东省银行	毫子纸币发行额	266180000元
	银币准备金	149720000元
	保证准备（公债其他）	116460000元
市立银行	毫纸发行额	8500000元
	银币准备	4320000元
	保证准备（公债证券其他）	4180000元
合　计	毫币发行额	274680000元
	银币准备	154040000元
	保证准备（公债其他）	120640000元
	准备合计	274680000元

可以看出，新法币发行额为2.7亿元，与此相对，银货准备金达到了1.54亿元（56%）。而在此期间，陈济棠政权没落，广东省的实权都回归了中央，金融方面也计划要立即归属中央，同年8月作为暂定的币法内容如下。

第一，广东省银行、市立银行这两个银行发行的毫银币继续使用。

第二，一切的税收，以中央法币为单位的，继续保持不变；以毫银币券缴纳的，参考当日的市价来计算，只是不得超过中央法币1元兑换毫银币券1元5角的比率。如此改革的方案在逐步地进行。其后，现银的回收也取得了相当大的成功，民国26年6月19日纸币发行额及纸币准备金额是：

广东省银行	毫币发行额	329189000元
	现银准备	212729000元
	保证准备	116460000元
广州市立银行	毫币发行额	8660000元
	现银准备	4320000元
	保证准备	4340000元
合　计	毫币发行总额	337849000元
	准备总额现银	217049000元（64%）
	保证	120800000元（36%）

省内银的回收也大体告一段落，6月18日，全国经济委员会常务委员宋子文来到广州，与广东当局进行了协商，于20日作为与广东省金融改革及币制统一完成达成的财政部命令，发表了市政府公告，其主要内容如下。

第一，自民国27年1月1日起，广东省的公私借贷、一切的买卖贸易、各种约定等都必须以国币为核算单位，凡再以毫银币进行买卖或签约的，在法律上均视为无效。

第二，广东省银行及广州市立银行发行的毫银币券，于6月21日起，以1.44的法定比率兑换国币，承认毫银币流通至民国26年年底。不过，以法定比率交付国币时，不得拒绝接受。

第三，上述两家银行发行的毫银券于本日起，由中央、中国、交通及广东省银行，依据法定比率兑换国币，销毁回收券。经过如此的改革，广东币制的中央统一真正地走上了正轨，在市场上人们开始用中央法币流通，广东商务总会也顺应这一法律，决定在本年中秋节以后，市场上的物价统一使用国币结算，坚决执行国币政策。

在这里，我们据广东省银行民国25年度经营报告，对币制改革前后的广东省纸币对香港纸币的市价做了一个对比，如下表（针对每一千港元）。

民国	最高	最低	平均
24年10月	1486.30	1411.00	1439.42
11月	1614.00	1456.00	1465.25
12月	1554.00	1334.00	1415.83
25年1月	1426.50	1285.00	1354.84
2月	1486.50	1393.50	1437.03
3月	1531.50	1486.00	1507.04
4月	1537.15	1514.55	1527.91
5月	1616.50	1533.00	1559.64
6月	1870.50	1638.25	1764.60
7月	1960.00	1579.50	1759.77
8月	1590.50	1515.75	1540.93
9月	1560.90	1525.60	1542.66
10月	1564.75	1538.25	1549.18
11月	1546.15	1514.25	1536.18
12月	1560.00	1524.75	1542.64

作为通货曾经流通的有：

纸币：

广东省银行毫银币：一百元、十元、五元、一元

广东市立银行凭票（支付票据）：一元、五十分、二十分、十分

中央银行大洋币（币制改革前实行）：一百元、十元、五元、一元

中央银行法币（币制改革后执行）：一百元、十元、五元、一元

其他还有汇丰银行、渣打银行、有利银行发行的港币纸币五百元、一百元、五十元、十元、一元券，流通额据说有5000万元。

硬币：

铜钱：一钱，其他的有港币银币十分、五分

镍白铜货币（中央银行发行的法币，十进制辅助货币）至今未见流通。

金融机构

1. 新式银行

作为广东省的新式银行有：

在广东设有总店的6家

在上海设有总店的9家

在香港设有总店的5家

在厦门设有总店的1家

在南宁设有总店的 1 家

在北京设有总店的 1 家

在天津设有总店的 1 家

上海系的银行数量最多。由于陈济棠政权没落、西南政权瓦解，在上海拥有自己地盘的浙江财阀就突然开始南下。中国、交通两家银行历史悠久，保有潜在势力。广东系银行中，只算六家银行的话，其资金总额只有 1500 万（毫币），除去省银行的资本 1300 万元的话，所剩甚微。在香港拥有总部的主要是香港、广东的资本家，特别是华侨出资建立的银行，其资本额达到 1400 万港元。

外国银行：

外国银行总共有 8 家，按国籍来分的话日本 3 家、英国 2 家、美国 1 家、法国 1 家、德国 1 家。其中，日本的银行目前已经转移到了市内，都位于广东省英法租界的沙面内。

最近外国银行由于南京政府的中央统一强化和一般商民的觉醒，以及相当于中央机构银行的中央、中国、交通、农民、农工诸银行的进入和中国新式银行的发展壮大，外国银行的存款被明显地侵蚀侵占，和贸易金融一样走上了日渐衰微的道路。外国银行各自都主要以本国的商社进行交易，其次是与中国人特设的商社进行交易。

以下，我们列举各银行的名字，并简单叙述一下各银行的特色。

（英国）Hongkong & Shanghai Banking Corporation

香港汇丰银行

一、总部（成立时间）：香港（1867年）

二、资本金：50000000港元

三、缴纳资本金：20000000港元

四、广东支店设立时间：1909年

五、特色：该行作为英国政府对中国经济的一个机构而设立，发行港元纸币，发行金额约为1.5亿港元，这些港元在香港、广东和澳门一带被大量使用，其信誉度非常高。

英国渣打（宝源）银行

一、总部（成立时间）：伦敦

二、资本金：3000000英镑（全部缴纳完毕）

三、广东支店设立时间：1911年

四、特色：该行设立的目的是促进东亚贸易。发行的港元纸币约有2000万元，其信誉仅次于香港银行。

美国万国通宝银行

一、总部（成立时间）：纽约（1910年）

二、资本金：157500000美元（全额缴纳完毕）

三、广东支店设立时间：1911 年

四、特色：为了服务美国对华经济而设立。

法国东方汇理银行

一、总部（设立时间）：巴黎（1895 年）[①]

二、资本金：120000000 法郎（资金缴纳完毕）

三、广东支店设立时间：1902 年

四、特色：以开发印度、中国为目的设立，是广东外国银行中历史最古老的。

德国德华银行

一、总部（设立时间）：上海（1889 年）

二、资本金：大洋 6300000 元

三、缴纳资本金：5670000 元

四、广东分行成立时间：1912 年

五、特色：为促进对中贸易而设立。

日本的银行有台银、正金、华南三家银行。如果把中国的银行列举一下的话，如下表：

① 东方汇理银行成立时间原稿是 1895 年，实际上是 1875 年。

银行名称	总部所在地	资本金（元）	实收资本金（元）
中国银行	上海	大洋 25000000	24711700
交通银行	上海	大洋 10000000	8715650
广西银行	南宁	毫银 13000000	13000000
广东省银行	广东	毫银 13000000	13000000
广州市银行	广东	毫银 1000000	1000000
上海商业储蓄银行	上海	大洋 3000000	5000000
中南银行	厦门	大洋 20000000	7500000
金城银行	天津	大洋 7000000	
国华银行	上海	大洋 4000000	2652000
国泰银行	——	——	——
兴中商业储蓄银行	广东	毫银 255100	255100
南方实业储蓄银行	广东	毫银 500000	140000
嘉华储蓄银行	香港	港元 1000000	
中国国货银行	上海	大洋 5000000	5000000
广东实业银行	广东		
丝业银行	广东	毫银 500000	320000
盐业银行	北京	大洋 10000000	7500000
东亚银行	香港	港元 10000000	5598600
金华实业储蓄银行	香港	港元 400000	
香港国民商业储蓄银行	香港	港元 2574000	
新华信托储蓄银行	上海	大洋 2000000	
中国农工银行	——	大洋 10000000	5000000
中央银行	上海	大洋 20000000	30000000
中国农民银行	上海	——	
广东银行	香港	8666000	

2. 钱庄和合作社机构

在省内主要城市里，除了新式银行以外，还有一些自古就存续下来的如钱庄、银号这样的机构。广东的金融中心虽说有广州市和汕头市，但就实力来说，汕头稍逊。广州市的钱庄有顺德派和四邑帮两大帮派。所谓顺德帮，就是指由出生于广东顺德县的人所经营的银行。顺德派历史古老，且拥有巨额的资本，信用度很高，经营方针偏向保守，主要做生丝方面的生意。四邑帮指由出身于广东台山、新会、开平、恩平四县的人经营的银行。四邑帮多数为归国华侨，其业务也比较先进，加入了一些新式银行的制度。

这些钱庄的主要业务有存贷款（做架）、国内外汇（汇兑）、金融兑换、证券买卖、投机交易（做仓）。其中投机交易在昭和10年11月的币制改革后，由于有很多人散布谣言利用毫币的涨跌获取巨额的利益等动机不纯的行为，所以被省政府当局所禁止。特别是在民国25年陈济棠政权没落以后，广东政权重归中央统治。中央开始对投机交易进行严格的管理，每一笔交易都要登记，最终严禁了买空和卖空。广东钱庄的合作社机构有：银业公市、忠信堂和银业公会等。银业公市作为外汇行情的法定市场，决定港元的行情和面向各国的行情。忠信堂是一个以巩固同业者之间团体、确保业务的振兴、维护其权利为目的的团体。而银业公会则是在新式银行的基础上加入了一些在市内钱庄有影响力的人的机构，它也是决定钱庄重大问题的一个机构。

广东的一些有影响力的钱庄名称、资本额、资本家和所在地等如下表所示。

钱庄名称	资本金（元）	出资人	所在地
贞吉	30000	黎炎明、麦孔碛等	广东富善西街9号
同信	60000	龙君白	广东富善西街5号
锦兴	30000	梁日初、吕耀云等	广东富善东街3号

续表

钱庄名称	资本金（元）	出资人	所在地
隆盛	30000	刘维羡	广东供日路29号
均安	25000	麦国权、麦缉明等	广东供日路37号
国源	60000	关能创、谭屏等	广东供日路20号
敬信	30000	吴政修	广东供日路70号
万信	60000	刘维文	广东供日路59号
德泰	60000	萧定、梁慎之等	广东供日路70号
南盛	30000	刘维羡	广东供日路29号
德祥	30000	李灯临	广东供日路45号
瑞安	15000	梁永昌	广东供日路45号
厚荣	30000	李萧韦	广东供日路43号
昭泰	25000	陈华川	广东供日路53号
业昌	30000	吕明	广东供日路82号
永泰隆	30000	许天如	广东供日路88号
同盛	60000	刘维羡	广东供日路25号
天祥	30000	叶心铭	广东十三行67号
新昌	30000	陆殿英	广东十三行71号
梁简记	11000	梁伟民	广东十三行81号
宝丰	60000	陈汉子、胡祥康	广东浆楠路17号
晋隆	60000	麦棉津、李见如	广东浆楠路19号
恒济	50000	邹爱、赵兰生	广东浆楠路30号
嘉源	60000	何任衡、黄柏铭	广东浆楠路52号
建华	60000	谭廖科	广东浆楠路100号

续表

钱庄名称	资本金（元）	出资人	所在地
国兴	10000	余庆	广东浆楠路 102 号
东利	30000	陈麟一、陈侣才	广东浆楠路 111 号
联盛	30000	吕心虔、吕廉浦	广东浆楠路 122 号
民信	60000	郭善蓁、郭灼华	广东光复路 8 号
泰恒	30000	廖灏德、廖弼彤	广东光复路 87 号
兴记	60000	何文廷、何赞英	广东光复路 4 号
宝泉	46800	陈泽波、陈海东	广东光复路 17 号
裕国	100000	黄宗儒、杨子美	广东光复路 37 号
英华	30000	陈泰	广东光复路 44 号
利源	30800	柳纪常	广东光复路 50 号
义记	30000	谭濂、潘福寿	广东西荣巷 9 号
恒元	30000	何德亿	广东西荣巷 16 号
东安	30000	尤作	广东西荣巷 32 号
广信	100000	宋伯辉	广东西荣巷 19 号
顺元	30000	李乐民	广东西荣巷 6 号
德隆	60000	莫照轩、梁喜	广东西荣巷 9 号
维信	44000	黄敬绿	广东余善里 15 号
何合记	8000	何昭、何迪	广东梯云路 285 号
胜兴	30000	植梓乡、何桌泉	广东中华南路 16 号
信昌	10000	刘顺	广东西荣巷 24 号
慎记	30000	何雨芝	广东十三行
振盛	100000	马锡新	广东浆栏路 89 号

续表

钱庄名称	资本金（元）	出资人	所在地
永生	30000	陈蔚文	广东浆栏路95号
广西	50000	张兆棠、罗旒	广东浆栏路96号
福荣	10000	何赞基、严悔文	广东光复路27号
先施	60000	马文兴、马坤酉	广东光复路49号
合成	30000	梁永唐、梁如玉	广东光复路169号
新源	30000	梁干洲	广东供日路57号
裕衡	15000	陈容安	广东供日路57号
裕诚	60000	卢晴初	广东供日路66号
施安	30000	黄志	广东供日路86号
昆昌	10750	梁桂	广东故衣路
德昌	10000	廖*来	广东十三行12号
泰诚兴	60000	胡宗华	广东十三行
宝栈	25833	苏炽廷	广东富善西街
路荣	10000	黄荃	广东光复南路
万祥	60000	冯明	广东十三行47号
德兴	10000	吴纬、何应*	广东十三行53号
泰生	60000	博阴、张侠生等	广东十三行60号
天生	10000	叶德信、叶少铭等	广东十三行76号
福兴	30000	李畅修	广东十三行77号
联安	13000	潘惠豫、刘植生	广东十三行80号
胜祥	30000	梁澄、冯郎廷	广东十三行81号
谦益	10000	黄秀峰、陈伯能	广东十三行92号
富荣	60000	老贞元、崔剑芝	广东十三行88号
恒荣	10000	沈耀祥、胡淑元	广东十三行94号

续表

钱庄名称	资本金（元）	出资人	所在地
荣益	10000	周彦彬	广东十三行 100 号
昌记	10000	卢敏	广东十三行 102 号
汇隆	10000	何贤、何伯 *	广东上九路 98 号
诚记昌	60000	江柏侣、梁煊	广东梯云路 108 号
万华	60000	罗建明、罗伟明	广东一德路
元盛	10000	梁显明	广东一德路
正大	20000	区亮	广东浆栏路
南泰	30000	黄炽郁	广东浆栏路
昌泰	60000	何毓甫	广东供日路

注：表中的“ * ”表示原文中的内容无法识别，原文见国家图书馆编《东亚同文书院中国调查手稿丛刊》第 167 册，第 326~332 页。

3. 平民的金融机构以及各种合作社

作为平民的金融机构，省内所有地方都有当铺从业者。这些当铺根据放贷时间长短，大体可以分为以下四种：

当店　　满期三年

按店　　满期二年

押店　　满期一年

小押店　　满期半年

然而，上述的这些期限好像也并不是非得严格遵守。广东全省的当铺数量民国 23 年（昭和 9 年）11 月情况如下：

当店	213 家	(18.1%)
按店	218 家	(17.1%)
押店	776 家	(60.8%)
小押店	51 家	(4.0%)
合计	1276 家	(100%)

据统计报告，约有1300家，按照上面的统计，在广州市有：

当铺0家，按店4家，押店132家，小押店34家，合计170家。

这些当铺的资本金从1万元到10万元，很难知道其实际的资本金。近年来，由于广东市政府以各个商店的资本金为标准来分摊各种公债，所以各典当业也不得不向政府申报其资本金，取得认可。具体来讲，按店最低1.5万元，押店最低1万元，小押最低5000元。但在广州市没有设立特别的规定。多数为独自经营，虽然也有合伙的，但股东多数是父母。在实际资本以外，特别是在冬季生意红火的时候，为了保持金融的畅通，银行和钱庄还必须借出大量的流转资金。这种借出完全没有抵押，属于一种信用借款，利息每月按惯例是1分。当铺每年的营业额通常在十几万元到二十几万元，少的只有几万元。

接下来是各种合作社。自从中央政府以扶持农村和社会改良为目的，提倡大力发展并支援合作社以来，广东省也在计划发展合作社，于民国22年（昭和8年）任命以黄麟书为首的14人为筹备组，对农民指导的结果是，到了民国23年（昭和9年）末的时候，已经成立的合作社多达150家，社员人数达到8234人，实际缴纳资金 52414 元，未缴纳资金 25121 元，合计 77535 元。现在正在成立当中的合作社也达 83 家。

而且在合作社里有信用消费、生产、运销、购买、使用等各种合作组织。其中，属于信用、购买和生产合作的比较多。而且，合作事业委员会还在广州市设立合作总社，在各县设立联合会，以达到进行业务联系和控制的目的。

现在，根据实业部、中央农业实验所的调查，广东省在 1935 年（昭和 10 年）末，按照事业部来划分的合作社数量为：

信用	53
运销	41
购买	53
利用	13
生产	82
兼营	65
合计	307
社员人数	23315

在昭和 9 年末总数还只有 109 家的合作社现在已经快速增加到 307 家，且社员人数也由昭和 9 年末的 8234 人增加到昭和 10 年末的 23315 人，大概增加了近 2 倍。当然，这里面既有当局的奖励政策，也不得不承认是更多的农民感受到了合作社的便利性，农民自身要求加入合作社。如果要着眼于中国的农村问题和农村金融的话，就有必要增加与合作社问题相关的研究。

（三）从战争爆发到进攻广东这一时期的情况

根据国民政府的币制改革实施方案，毫币的使用期间为民国26年末。到了同年11月上旬的时候，又延长至本年末。而且由于省币的特殊需求的增加，法币对省币的法定比率突破144，涨到134。推测（判断）省币特殊需求激化的理由如下。

（1）伴随着事态的发展，长江通道逐渐被封锁，其结果是：以汉口为交叉点的粤汉铁路，广东——面向香港的商品输送显著增加。也就是说湖北、湖南、江西、四川、云南、贵州（广西）各省和广东省的贸易往来突然活跃起来。其结果是广东元的需求增加，相当数量的省币开始分布流通。而且，当局还规定，直接或者间接在广州购入国内商品的时候，甚至是在广州购买港元，用外汇购买外国商品的时候，购买资金必须全部使用法币。但是，由于广东省的商人在商业习惯上以广东元为本位，所以，首先用法币在市中心买入省币，然后才能购买所需的商品。据说，各省商人每天在广州市购买的商品价格约为50万元法币。因此，相当于50万法币的省币（实际上，也可以直接用法币来交易）的需求是有的。因此，国家银行和广东省市银行，针对军政界的需求，除去给他们的省币，每天按144的法定比率兑换省币的话，据推测，政府需提供相当于30万元法币的省币。因此，每天平均省币的供给差达到20万元，这个数额对于实际商品流通的需求量而言，陷入了一种供给不足的状态。

（2）根据以上原因，相邻的各省省币流通滞留的额度在增加。

（3）在广东民众中，国币没有完全被普及，民众还未习惯使用国币。再者，政府的兑换银行在地方上的数量不多，国币不受欢迎。

（4）为躲避日本空袭，一些人携带省币逃走。

因此，毫币的信誉度进一步增加了，再加上民众的惯性信用，即对某个东西的留恋，造成了毫币成为主要的流通货币。那么，各种货币的流通额怎么样呢？

（1）毫币的流通额

民国26年的毫币发行额如前述的那样，为3.4亿元。在这以后，随着毫币的增发被禁止以后，在法币替换毫币、毫币逐步被回收的政策下，有关毫币回收额最后发布的数据，即截至同年8月末的回收额为75410370元。8月末现在的毫币流通额为262438699.30元。之后，广东省为了强化战时体制，省财政不断膨胀，据说广东把回收来的毫币的一部分放到市内，结果在日本进攻广东以前，毫币的流通额据推算有3亿元左右。

（2）法币的流通额

根据1937年6月实施的整理法，在毫币回收的时候，广东省政府财政厅在6月末签订了一个从上海往广东船运6000万元法币的合同，但是事实上是不是真的，还存有疑问。在日本进攻广东之前，据说法币流通额顶多也就有4000万元。

（3）港元的流通额

去年9月港元的发行额为2.3亿元，据说其中有约6000万元在广东省尤其是在广州市流通。还有的说是在广东省包括澳门在内港元的流通额约为1亿元。

关于港元在广东流通的原因，第一，广东自身通货混乱。每当政权更替的时候，通货总是陷入混乱，或者价值暴跌，流通禁止，发券的银行的挤兑等情况反复发生。然而港元总是很稳定。因此，广东省民众对于港元非常信任，把持有港元作为攒钱的最好的手段。再者，香港是中国南部最大的贸易金融中心地，因此，广东省的对外贸易，如前述的那样，原则上是以港元结算。同时，华侨汇款的大部分也是经由香港的。

日本进攻广东后，我们的军票开始登场。接下来我们看一下有关日本方面货币的一些情况。

三　日本方面货币的种类及其流通状况

去年10月12日，日军登陆大亚湾以来，广东省内我方的通货工作全部推行“军票一色”制度，这个方针至今仍不改变。日军进攻广东以前，广东流通的货币有毫币、法币、港元。这时，军票突然出现了，所以就不得不规定一下军票和以上这些货币之间的兑换比率。日本登陆大亚湾初期，军方指定的兑换行情是：

军票100日元=毫币200元

日本进攻广东后，新的兑换比例如下：

军票100日元=港元100元

军票100日元=法币200元

军票100日元=毫币300元

可是，以上这些都不是严格意义上的法定比率，仅仅是表现了军票和现存货币之间的一个暂时的基准，表示了军方的希望。

从今年1月1日起，军票和现存货币之间的兑换比率正式被确定下来，如下：

军票100日元=法币130元

军票100日元=毫币180元

然而这个官方行情也未必被完全遵守。比方说，通过钱庄，在法币、毫币之间也进行着一些黑市交易。根据正金银行的调查，结果如下表：

4月	上海/伦敦	香港/伦敦	上海/日银券	广东/军票	香港/大洋票	香港/小洋票	广东小洋/港元	广东小洋/大洋	广东军票/小洋
1日	N＄1. $8\frac{1}{4}$d	H＄1. $\frac{1}{2}$，$\frac{11}{16}$	N＄100 $93\frac{3}{4}$	N＄100 90. 63	M＄100 $180\frac{1}{8}$	M＄1000 2488	H＄100. 248. 5	M＄100. 135. 5	M¥100. 149. 5
3日	〃	$\frac{1}{2}$，$\frac{25}{32}$	$94\frac{1}{4}$	89. 19	$180\frac{3}{16}$	2991	248	135. 25	151. 5
4日	〃	〃	$94\frac{3}{4}$	85. 80	$180\frac{5}{16}$	2497	〃	135	158. 5
5日	〃	$\frac{1}{2}$，$\frac{11}{16}$	〃	86. 45	$179\frac{7}{8}$	2484	〃	〃	〃
6日	〃	〃	〃	84. 40	$179\frac{3}{16}$	2497	〃	〃	160. 5
7日	〃	〃	〃	90. 09	—	—	〃	〃	150. 5
8日	〃	〃	〃	87. 82	—	—	248. 5	135. 25	154. 5
10日	〃	〃	〃	87. 17	—	—	148	134. 25	〃

续表

4月	上海/伦敦	香港/伦敦	上海/日银券	广东/军票	香港/大洋票	香港/小洋票	广东小洋/港元	广东小洋/大洋	广东军票/小洋
11日	〃	〃	〃	86.29	$179\frac{9}{16}$	2497	〃	133.75	155.5
12日	〃	〃	$95\frac{1}{8}$	〃	$179\frac{11}{16}$	2494	247	〃	〃
13日	〃	〃	$95\frac{3}{4}$	85.57	$179\frac{7}{8}$	2497	247.5	133.5	〃
14日	〃	〃	$95\frac{3}{8}$	〃	$180\frac{7}{8}$	2491	248	〃	156.0
15日	〃	〃	〃	85.30	$180\frac{3}{8}$	〃	〃	〃	156.5
17日	〃	〃	〃	86.95	〃	〃	246.5	133.-	153.5
18日	$8\frac{1}{4}$	$\frac{1}{2}\ \frac{11}{16}$	$95\frac{1}{4}$	85.85	$180\frac{1}{2}$	2497	246	133.5	155.5
19日	〃	〃	〃	〃	$180\frac{11}{16}$	2494	〃	〃	〃
20日	〃	〃	〃	85.57	$181\frac{1}{8}$	2497	241.	〃	156.5
21日	〃	〃	$95\frac{1}{2}$	84.23	$181\frac{5}{16}$	2494	243.	134.25	157.5
22日	〃	〃		84.18	$182\frac{5}{16}$	2.497	238.	133.-	158.5
24日	〃	$\frac{1}{2}\ \frac{23}{32}$	〃	8557	$181\frac{1}{2}$	2494	247.5	133.5	156.5

续表

4月	上海/伦敦	香港/伦敦	上海/日银券	广东/军票	香港/大洋票	香港/小洋票	广东小洋/港元	广东小洋/大洋	广东军票/小洋
25日	〃	〃	〃	〃	181 $\frac{13}{16}$	2491	243	〃	〃
26日	〃	$\frac{1}{2}$ $\frac{3}{4}$	〃	85.47	182 $\frac{13}{16}$	2494	〃	〃	〃
27日	〃	$\frac{1}{2}$ $\frac{23}{32}$	〃	85.74	181 $\frac{13}{16}$	2.491	〃	133.25	〃
28日	〃	〃	99 $\frac{1}{2}$	85.57	〃	2.494	〃	133.75	158.5
29日	〃	$\frac{1}{2}$ $\frac{3}{4}$	98 $\frac{1}{2}$	〃	181 $\frac{5}{8}$	〃	244.5	133.5	156.5

5月	上海/伦敦	香港/伦敦	上海/日银券	广东/军票	香港/大洋票	香港/小洋票	广东小洋/港元	广东小洋/大洋	广东军票/小洋
1日	8 $\frac{1}{4}$	$\frac{1}{2}$ $\frac{3}{4}$	99.	85.47	182.	2497	245 $\frac{1}{4}$	133 $\frac{3}{4}$	156 $\frac{1}{2}$
2日	〃	$\frac{1}{2}$ $\frac{25}{32}$	98 $\frac{1}{4}$	83.89	184 $\frac{3}{16}$	2506	240 $\frac{1}{2}$	131 $\frac{1}{2}$	156 $\frac{3}{4}$
3日	〃	〃	96	83.86	183 $\frac{1}{2}$	2500	243 $\frac{1}{2}$	132 $\frac{1}{2}$	158 $\frac{3}{4}$ 156 $\frac{1}{2}$

续表

5月	上海/伦敦	香港/伦敦	上海/日银券	广东/军票	香港/大洋票	香港/小洋票	广东小洋/港元	广东小洋/大洋	广东军票/小洋
4日	〃	$\frac{1}{2}$ $\frac{3}{4}$	97	83.44	183	〃	$243\frac{1}{2}$	$131\frac{3}{4}$	157.90
5日	$8\frac{7}{32}$	〃	$98\frac{1}{4}$	83.21	182	2497	$241\frac{1}{4}$	131.60	158.15
6日	$8\frac{1}{4}$	〃	〃	83.15	〃	2491	242.	$131\frac{1}{2}$	158.15
8日	〃	$\frac{1}{2}$ $\frac{25}{32}$	$98\frac{3}{4}$	83.57	〃	〃	242.10	132.05	158.15
9日	〃	〃	$98\frac{7}{8}$	83.44	$182\frac{5}{8}$	2484	243.20	$132\frac{1}{4}$	$158\frac{1}{2}$

5月	上海/伦敦	香港/伦敦	上海/日银券	广东/军票	香港/大洋票	香港/小洋票	广东小洋/港元	广东小洋/大洋	广东军票/小洋	小银币/小洋
10日	$8\frac{1}{4}$	$\frac{1}{2}$ $\frac{13}{16}$	$99\frac{1}{4}$	83.33	$182\frac{5}{8}$	2491	243.20	$132\frac{1}{4}$	$158\frac{3}{4}$	142
11日	〃	$\frac{1}{2}$ $\frac{25}{32}$	99.	83.29	〃	〃	〃	131.95	$159\frac{3}{4}$	〃
12日	〃	$\frac{1}{2}$ $\frac{27}{32}$	$99\frac{1}{18}$	82.88	〃	2488	243.90	131.70	158.90	145
13日	〃	〃	$99\frac{7}{8}$	82.71	$182\frac{13}{16}$	2487	244.10	131.60	159.10	〃

续表

5月	上海/伦敦	香港/伦敦	上海/日银券	广东/军票	香港/大洋票	香港/小洋票	广东小洋/港元	广东小洋/大洋	广东军票/小洋	小银币/小洋
15日	〃	〃	$99\frac{3}{8}$	82.91	〃	〃	244.15	$132\frac{1}{4}$	$159\frac{1}{2}$	142
16日	〃	〃	〃	〃	〃	〃	$243\frac{1}{4}$	〃	〃	144
17日	〃	〃	101.	83.12	$183\frac{5}{16}$	2491	〃	133.	$160\frac{1}{2}$	145
18日	〃	〃	〃	83.22	〃	2494	245.	133.15	160.85	〃
19日	〃	$\frac{1}{2}\ \frac{7}{8}$	〃	83.50	$183\frac{1}{2}$	2491	250.	133.90	160.35	146
20日	〃	$\frac{1}{2}\ \frac{29}{32}$	〃	83.61	$183\frac{5}{8}$	〃	$247\frac{1}{2}$	134.20	$160\frac{1}{2}$	147
22日	〃	〃	104	83.43	$183\frac{1}{2}$	〃	〃	134	160.60	145
23日	〃	$\frac{1}{2}\ \frac{7}{8}$	110	83.12	$183\frac{1}{2}$	2487	$246\frac{3}{4}$	133.95	160.55	146
24日	〃	$\frac{1}{2}\ \frac{29}{32}$	$111\frac{1}{2}$	83.71	$183\frac{1}{8}$	2494	247.	133.70	$159\frac{3}{4}$	147
25日	〃	〃	〃	83.91	183	2497	246.	133.	$158\frac{1}{2}$	〃
26日	〃	〃	$106\frac{1}{2}$	84.38	$183\frac{1}{8}$	2491	245.	132.90	$157\frac{1}{2}$	146
27日	〃	〃	104.	85.44	〃	2494	$243\frac{1}{2}$	132.	$154\frac{1}{2}$	147

续表

5月	上海/伦敦	香港/伦敦	上海/日银券	广东/军票	香港/大洋票	香港/小洋票	广东小洋/港元	广东小洋/大洋	广东军票/小洋	小银币/小洋
30日	〃	〃	$103\frac{3}{4}$	83.99	〃	〃	$243\frac{3}{4}$	$132\frac{1}{2}$	$157\frac{3}{4}$	〃
31日	〃	〃	$105\frac{1}{2}$	84.15	$183\frac{5}{16}$	2500	$244\frac{1}{2}$	$132\frac{3}{4}$	〃	〃

另外，根据台湾银行的调查，6月广东城镇的货币行情如下：

6月	香港/大洋票	香港/毫券	军票/毫券（买）	军票/毫券（卖）	军票/大洋（买）	军票/大洋（卖）	沙面的港元/大洋	沙面的港元/毫券	大洋/毫券
1日	H $ 100. 183	H. $ 100 $241\frac{1}{2}$	M. ¥ 100. $159\frac{1}{2}$	M. ¥ 100 $157\frac{1}{2}$	M ¥ 100. 121	H $ 100. 119	H $ 100. 184	H $ 100. 244	N $ 100 132
2日	182	241	159.	157	$120\frac{1}{2}$	119	183	243	132
3日	181	241	157	155	119	$117\frac{1}{2}$	183	242	132
5日	182	$241\frac{1}{2}$	159	157	$120\frac{1}{2}$	119.	184	244	132
6日	183	〃	$159\frac{1}{2}$	$156\frac{1}{2}$	120.8	$118\frac{1}{2}$	〃	〃	〃

续表

6月	香港/大洋票	香港/毫券	军票/毫券（买）	军票/毫券（卖）	军票/大洋（买）	军票/大洋（卖）	沙面的港元/大洋	沙面的港元/毫券	大洋/毫券
7日	″	″	$158\frac{1}{2}$	156	120	118	″	″	″
8日	189	246.	″	$155\frac{1}{2}$	122	120	190	249	130
9日	194	252.	$159\frac{1}{2}$	$156\frac{1}{2}$	″	″	195	255	″
10日	200	260	159	157	122.3	120.7	201	261	″
12日	205	263	″	″	123.7	122.2	205.	263	$128\frac{1}{2}$
13日	″	262	$159\frac{1}{2}$	$157\frac{1}{2}$	124.6	123.	206	″	128
14日	215	275	162	159	$126\frac{1}{2}$	124.2	215	275	″
15日	220	280	″	160	$127\frac{1}{2}$	126.	220	280	127
16日	″	″	$162\frac{1}{2}$	″	128.5	126.5	″	″	$126\frac{1}{2}$
17日	214	268	″	″	130	128.	215	269	125.
19日	219	273	$161\frac{1}{2}$	$158\frac{1}{2}$	129.7	127.3	219	273	$124\frac{1}{2}$
20日	220	271	162.	159	131.7	129.3	221	274	123.
22日	230	272	″	″	137.3	134.7	230	277	118

续表

6月	香港/大洋票	香港/毫券	军票/毫券（买）	军票/毫券（卖）	军票/大洋（买）	军票/大洋（卖）	沙面的港元/大洋	沙面的港元/毫券	大洋/毫券
23日	228	277	$161\frac{1}{2}$	$158\frac{1}{2}$	134.6	132.	228	〃	120
24日	227	〃	161.	158	132	〃	〃	278	122
26日	〃	275	$161\frac{1}{2}$	$158\frac{1}{2}$			227	277	121
27日	228	276	161.	158.	133	$130\frac{1}{2}$	〃	279	〃
28日	227	275	〃	〃	〃	〃	228	278	〃
29日	228	〃	$159\frac{1}{2}$	$156\frac{1}{2}$	132.4	130	229	〃	$120\frac{1}{2}$

根据上表，我们可以判明的是，由于军票的价值在华中要高一些，所以，从华中和华北方向军票流入了进来。为了防止这种情况，现在，对于华南的军票，在其表面上加入“**かんとん**”①的标记，用于和其他地方的军票区分开来。并且，针对那些没有上述标记的巨额军票，不予兑换。截至今年 5 月末的军票流通额，据推测如下：

广东流入的大概金额：19260000 日元

① 即 Canton，广州的旧英文名。

从海南岛方面流出的金额：730000日元

军方手头持有的预想金额：2620000日元

日银保存金额：12310000日元

本部银行手头持有金额（三家银行）：320000日元

合计：15980000日元

军票流通额概算：3280000日元

与上月末相比：减少1270000日元

我国银行的军票交换额如下所示：

军票交换接收金额（日元支付）：114564.52

军票交换支付金额（日元接收）：68741.17

虽然中国人对军票的信赖程度逐渐加深，但还不够充分。虽然军队想一心一意的推行军票政策，但对于法币、毫币却没有采取任何措施。因此，广州市民在广州市内有乐于选择毫币的倾向。而且，在商店和料理店，除特殊情况外，均以毫币计算。使用军票的话，要遭遇换算比率比市价还要糟糕的经历。

我军的占领区域仅限在顺德、三水、花县、增城、石龙这些非常狭窄的地方。而且，在三水这个地方，几乎没有人，军票也就完全没有流通。我军在各地设立物资交换所，接收大米、蔬菜、土特产等物资。在佛山（南海），比起广东市内，官价竟被严格地维持着，让人感到不可思议。另外，在海南岛海口的黑市上，法币100元兑换军票130日元。理由如下。

①军票的通胀。日本为了建设机场，雇用了大量的军夫。用于此项的军票开支达到了120万日元，以宣抚用品以及其他能够回收的东西，仅占进口物资60万日元中的20万日元，据说有40万日元流通到了海口市内。

②走私。军票不属于对外贸易的通货。而且据说，在海口设立海关，即使实际上并没有什么交易，也能让人的心情变得更加坚强。而且，还据说是因为日本的物资几乎没有被进口进来。不过日本占领广东才4个月，我想之后情况会有所改变吧。让人感到奇怪的一件事情就是，在海口市内的法币中，交通银行券不受欢迎。可以说，军票流通的范围，在日本占领区内，只限在以广州市为中心的极小的范围内才可以使用。

如果将来要普及军票的话，维持军票的价值将成为一个问题。因此，依照军票的投放资金，有必要补充一些物资。其次，对于钱庄，认可其合法性，为促进中国方面流通的货币和军票之间的交换，防止通过小钱庄进行金融扰乱的行为，我方采取了通过这样的金融手段，来维持军票的价格的方案。如果用军票来购买广东的物资，把它运到香港卖掉获取港元的话，是最理想的，然而军票是否真的有那样的信誉还很难说。

另外，自7月1日起，用流通的军票共计卖出了5万日元的彩票。军票1日元兑换1枚彩票，这种彩票是诸多开奖游戏中的一种。据说这是利用了中国人的侥幸心理。

四　日本的法币对策

（一）港元的地位

关于战前的港元流通额等，我们在前面已经叙述过了。日本进攻广东后，珠江也被我军封锁，我们和英国签订了一个协议，协议规定：以我国商船每月在香港停靠四回为条件，允许英国商船每月出入港三回。而且，相当于广东租界的沙面仅为一个小岛，在那里虽说有外国的银行和商社存在，但在日本进军以后，几乎所有的都被隔绝了。银行也象征性地只开门两三个小时，也几乎没有业务。因此，港元作为贸易通货的功能虽然没有被发挥，但是，广东省人民对于港元的信任还是非常深厚的。这可能会成为日本以后在管理中国南方时直面的一大难题吧！

（二）中国方面银行的现状

中国所有的银行都已经转移到非占领区和香港了。也就是说，中国、交通两银行转移到了香港，广东省市立银行转移到了广东省银行分店，广东省银行到了韶关。省银行的分店在非占领区仍然没有营业，备着现银，相对于总部来说，有着一定的独立性。因此，有说法认为这是毫币流通的一个证据。而且，广州市南堤的广东省银行的大楼被台湾银行所使用，位于太平南路的交通银行的大楼被正金银行所使用，华南银行使用的则是位于惠爱路的国华银行的大楼。目前，广东省银行正在香港招聘 30 名员工，同时在韶关的总部也在招聘 30 名员工，合计招聘 60 人。

（三）日本商品和资本的扩张情况

从事日本商品销售的只有进出口商社，由于统治刚刚开始，商品的流动依然经常延迟。进口商品主要是以维持军票价值为目的的宣抚用品为主。资本也被限制，没用的资本被排除在外。我们看一下正金银行的营业报告，如下。

1. 5月末进口移入支票余额

火柴：156676日元

棉纱：99905日元

棉布：119105日元

白米：610400日元

小麦粉：2645日元

大豆：16600日元

大豆油：42123日元

食品：218705日元

罐头类：105760日元

啤酒：18758日元

药品：57440日元

陶漆器类：42114日元

杂货：288077日元

合计：1778509日元[①]

① 原文如此。

其中，延期支票余额：

杂货：21440 日元

火柴：6223 日元

棉纱：6775 日元

棉布：199105 日元

食品：8032 日元

陶器：1164 日元

合计：162739 日元[①]

2.5 月中进口移入汇兑交易额

棉纱：10000 日元

火柴：43848 日元

罐头：36069 日元

食品：152405 日元

药品：35864 日元

陶器：21823 日元

啤酒：14533 日元

大豆油：21853 日元

米：36000 日元

杂货：166790

① 原文数据如此。

合计：539185 日元

结算额：721539 日元

与上个月相比，进口和移入的支票余额减少了 18.2 万日元，延期支票增加了 1.5 万日元，结算额增加了 21.2 万日元。

3. 5 月末各种存款余额

军票结算：1661931 日元

港元结算：202707 元

法币结算：393984 元

毫币结算：2300 元

与上个月相比，军票增加了 61.6 万日元，香港货物增加了 7.5 万元，法币增加了 21.9 万元，毫币增加了 2300 元。

4. 5 月中汇出汇款交易额

汇往日本：292900 日元

汇往满洲：6900 日元

汇往华北：11600 日元

汇往华中：190000 日元

汇往华中法币：52000 元

汇往第三国的港元：86000 元

5. 5月中收到汇款交易额

从日本汇出：69000日元

从华北汇出：3700日元

从华中汇出：10200日元

从第三国汇出的港元：8900元

6. 5月中买入外汇成交额

面向日本的买入电信外汇：1550000日元

面向日本的买入外汇支票：1300日元

面向华北的买入外汇支票：200日元

面向华中的买入外汇支票：无

面向第三国的买入电信外汇港元：50000元

面向香港的买入外汇支票：400元

面向印度的买入外汇支票印度货币：40800卢比

结　语

以上我们对广东最近的货币、金融情况做了简单叙述。在这里，我们不得不论述一下中国南方通货建设的未来，同时，军事活动的情况也决定着经济建设。目前，在广东的日本人开设的银行也只不过是正在协助维持军票的价值。今后在中国南方，以日元为中心的新币制制度能否建立起来，还存有疑问。还有人说，为了宣抚，不能禁止毫币的流通。另一方面，港元的势力还很强大，在珠江开放以后，其势力应该会更大。也就是说，作为军方的想法，根据其将来是否要扩大占领区域，其对策也不一样。然而，在潮梅地区，有人说应该建立起该地区的币制制度。总之，广东地区的币制没有被法币所统一，还有一个单独的地方货币。因此，实施广东一省的自主性货币政策的可能性还是很大的，而且，现在军票的价值正在顺利的发展也是一个事实。

（本报告多参考台银室田先辈的高论）

香港的货币金融调查*

香港澳门班

大峡一男

目　录

* 原文见国家图书馆编《东亚同文书院中国调查手稿丛刊》第 169 册，第 1～108 页。

第一章　香港

香港一词有“珊瑚岛中的香泉”的意思，是一个不毛的岩石小岛。香港以前是渔夫或者海盗的巢穴。其在不足一百年的时间里，由一荒凉的孤岛变为远东地区最大的商港之一。经济学的大权威学者马士博士曾用“世界上稀有的完备港湾之一”来形容香港。香港殖民地远离英国本土，构成了大英帝国的一部分，是一个最浪漫、最富有、最多姿多彩的地方，从英国本土来的访问者都充满了感激和骄傲的心情。在不到一个世纪的时间里，把香港由一个海盗岛变成一个航运中心，且对于所有的人种来说都是一个很有秩序的地方，这样的巨变，除了英国人以外，换作其他国家的人，应该不可能完成吧！也有人说：“中国给了英国一个花岗岩的丘陵，作为回礼，中国收到了一座金山。”

香港现在是东洋地区一个汇集西方文化的精粹，而且风光绝美，具有舒适设施的近代化都市。香港岛具有苏格兰的湖光景色，又有锯齿状的丘陵形成的一个大湖。港内漂浮着插有各国国旗的船舶，有很多戎克船和无数的舢板。

对于那些在国外流离的英国人来说，香港是一个舒适的居住地的同时，其还有一个存在的理由，那就是贸易。香港最大的资产就是港湾和深水。香港是华南唯一能够停泊航海船舶的港湾，对于从事华南贸易的人来说，是一个不可或缺的存在。

加上广东、广西和粤汉铁路，以华南作为腹地的香港是一个天然的优良港湾。

香港除了从岛内随处可见的圆石斜面开采出的花岗岩以外，几乎没有其他的产出物，只是一个港湾、仓库、商埠、华南外国贸易的票据交换地。香港殖民地作为英国远东贸易的前哨和基地，同时也是在全球不断扩大的大英帝国权力的一种象征。世界贸易的衰落就意味着英国的消亡。诚然，香港与拥护通商贸易的英国相隔甚远，对于悬挂着迎风飘扬的英国国旗的英国来说，香港就是其不朽功绩的一个纪念碑。

第二章　香港金融的特点

香港作为一个通商口岸，自开放以来，在不到百年的时间里，由一个荒凉的孤岛变成了远东地区最大的商港之一，其主要原因有以下几点。

（一）地理上的优越性

香港扼珠江的咽喉，位于通往外国的航路的要道，更重要的是港湾不仅深而且宽广。

（二）英国人的努力和恰当的经营

历经了百年岁月，英国投入了巨额资金，努力发展各种基础设施，而且采用自由贸易政策。

（三）中国人的移居

香港人口97%以上都是中国人，香港的繁荣很大一部分依赖于中国人的移居。

香港的金融状况由于其所处的特殊环境有一些特点。

一 香港金融的殖民地化

香港是大英帝国的一个殖民地。因此，英国对香港采取的金融政策和对其他殖民地的政策一样。事实上，左右香港金融市场的是跟英国政府有关系的几个金融机构，其中特别是汇丰、有利和渣打三家银行最具优势。这三家银行享有发行纸币和其他的各种特权。其中，汇丰银行在香港金融市场占有特殊地位，处于中央银行的位置。而且，香港的金融主要以贸易金融为主，由于这些特权银行在大英帝国领地有联络机构，在事实上，吸收了大部分的贸易金融。

二 香港金融的国际性

香港的工业和农业不值得一提，是依靠贸易来生存的。香港的对外贸易总额以每年约10亿港元的速度在增长。因此，香港的金融从其国际性地位来看非常的重要。单看香港纸币流通范围特别广这一点，就可以知道香港金融在国际上，特别是在华南一带有巨大的势力。香港金融市场对国际金融形势的变动是很敏感的。而且，由于香港跟英镑关系密切，因此容易受到英国外交和内政的影响。

附：香港对外贸易总额

单位：千港元

年月	出口总额	进口总额
1934	453584	493999
1935	486993	403774
1936	494680	525079
1937	862549	1003513
1938	700025	627768
1939		
1939.1	40146	40681
1939.2	36502	36825
1939.3	93861	46011
1939.4	49555	57075
1939.5	49282	59113

三　香港金融的组织化

现代的金融市场必然要成为一个组织化的东西。汇丰银行实际上是香港市场的中央银行，其下面有外商银行和华商银行，而且在下面的下面还有银号和兑换商。其他的还有票据交换所、证券交易所和金银交换所等。在这种完备的制度下，不管是在何种范围，都能够让市场保持安定。从 1929 年美国的证券大恐慌到 1931 年英国脱离金本位制的这段时间，香港金融市场之所以未受到任何不利的影响，是因为其金融市场的根基始终是稳固的。

上海被攻陷以后，中国对外贸易的很多都是经由香港进行的。同时，金融和工商业迁往香港的也不少，使香港在一段时间出现了兴盛的景象。广东在被我军占领以后，香港和内地的联系几乎断绝。香港虽然一时有危险，但由于其在地理上的优越性和金融上的稳固性，依然持续了繁荣。

第三章　香港的币制

一　沿革

1. 第一期　不统一时代（1842~1863年）

①被占领以来的20年时间里，在市场上流通的有西班牙元、墨西哥银元、东印度公司的卢比、中国银块以及制钱等。

②在此期间虽然有尝试让本国货币流通，但失败了。

2. 第二期　银本位时代（1863~1935年）

①1863年1月9日的宣言规定，以跟墨西哥银元拥有同等价值的银元为无限制法定货币。

②从1895年2月2日开始，制定了*British Dollar Order*，规定墨西哥白银、美国白银（依据1895年Order铸造的白银）和港元（1866~1868年在香港铸造，最初被称为British Dollar）为无限制法定货币，此外，设定关于辅助货币的规定。

③从1890年开始增加银行发行纸币的流通，除了辅助货币以外，银货的收受变得稀少。香港政府在1895年3月20日发布了*Bank Note Issue Ordinance*（《银行纸币发行条例》），发行货币需要政府的许可，接下来在1913年8月1日公布了外国纸币流通禁止规则，把当地发行及流通的纸币限定为汇丰、渣打和有利三家

银行，直至今日。并且规定构成发行准备的基础为银币和白银。

3. 第三期　管理通货时代（1935 年末以后）

1930 年末，银价暴跌，到 1931 年走向下降趋势的时候，香港金融界一片混乱，要求采取救济措施。英国政府对当地的情况进行了研究，在劝告其采取恰当措施的目的下，任命了由 W. H. Clegg 和 P. H. Ezechiel 组成的委员会，将其派往香港。1931 年发布报告，认为只要在中国还保持以白银为通货的基础，香港就应该固守白银，如果中国向金本位转换的话，香港应该模仿它。也就是说香港应该和中国在行动上保持一致。1935 年 11 月，香港当局追随南京政府的币制改革行动，实施了禁止白银出口、白银官有、设定汇兑资金等措施，实行管理通货。

①在 1935 年 12 月 6 日发布了 *Currency Ordinance 1935*，在规定征收市场上大部分的银币和生白银的同时，发行银行纸币成为无限制法定货币。根据新的法令，这三家银行在向财政局局长交付银币和生白银的同时，财政局局长将 *Government Certificate of Indebtedness*（《政府债务证明书》）交给银行。银行用以上的政府借用证明书代替银币和生白银将其转入发行准备以及着眼于处理征收来的大部分白银的时候，1935 年新法令实施以来，香港的币制由银本位制变为纸币本位制，货币价值的变动在对外方面受外汇资金（Exchange Fund）操作被支配的情况比较多。对内方面，变得依赖于发行制度的运用和管理方法。但是，对于以过境贸易为生命，比起生产主要以消费为主的香港来说，货币价值的变动原因，特别是将其区分为对内和对外来进行考察的必要性比起其他地方要罕见一些。也就是说，对外货币价值的变动立即会

对对内货币价值产生影响的情况比较多。

②1935年11月9日，发布了 *Dollar Currency Note Ordinance 1935*，赋予 Treasures = One Dollar 纸币发行权，而且规定其为无限制法定货币。1935年6月7日，实施了白银出口限制法令，开始征收银币。在 *Currency Ordinance* 发布以前颁布本法令的原因是从市场上征收银币的同时还有必要建立一个紧急的纸币发行（One Dollar）制度。

③根据 *Currency Ordinance*，市场上的 British Dollar 几乎都会被回收，被政府发行的 One Dollar Note 所取代。从1937年8月1日起，British Dollar 被剥夺了法定货币的资格（墨西哥银币和港元在 *Currency Ordinance 1935* 发布以前，事实上没有流通）。

④根据发布的 *Currency Ordinance 1935*，为了弥补辅助银币的不足，把镍币作为辅助货币的一种可以追溯到1895年的 *British Dollar Order* 中，1935年11月9日该宣言发布，立即开始了准备，发行铸币（5分、10分），现在在市场上广泛的流通。

二　通货的种类和流通情况

1. 香港通货的种类

①无限制法定货币

汇丰银行纸币：1元、5元、10元、50元、100元、500元

渣打银行纸币：5元、10元、50元、100元、500元

有利银行纸币：5元、10元、50元、100元、500元

香港政府发行纸币：1元

②辅助货币

（1）根据1895年2月2日发布的*British Dollar Order*规定，质量、重量和法定货币的范围如下。

50分	银币	0.800	209.57格令	2元
20分	银币	0.800	83.81格令	2元
10分	银币	0.800	41.90格令	2元
5分	银币	0.800	20.95格令	2元
1分铜币	—	—	115.75格令	1元

（注）根据1935年12月6日的货币法，在市场上流通的大部分辅助货币被Treasure给回收了。但是10分、5分等辅助银币到现在仍然还有不少在流通。

（2）新辅助镍币

根据1935年11月9日的宣言，被1895年的法令所追加为新辅助货币。

	重量	法定货币的范围
10分镍币	40格令	2元
5分镍币	20格令	2元

2. 银行券发行额

除了政府发行纸币以外，渣打、汇丰和有利三家银行都有纸币发行权，发行额每月由政府予以公布。三家银行的发行额如下表：

汇丰银行			
1936	一般账户 HK $	政府债券 HK $	抵押£
1	125051401	118235834：85	3284000
2	126802297	118235834：85	3284000
3	131682724	118235834：85	3284000
4	130185684	118235834：85	3284000
5	128270788	118235834：85	3284000
6	130448636	118235834：85	3284000
7	133536384	118235834：85	3284000
8	133426997	118235834：85	3284000
9	132220934	118235834：85	3190500
10	129017061	118235834：85	3190500
11	125694268	118235834：85	3190500
12	124863771	118235834：85	3190500

渣打银行			
1936	一般账户 HK $	政府债券 HK $	抵押£
1	24329887	8300000	756000
2	24354031	8300000	763200

续表

渣打银行			
1936	一般账户 HK $	政府债券 HK $	抵押£
3	24594001	8300000	766700
4	24493552	8300000	767600
5	23135113	8300000	758650
6	21872385	8300000	758650
7	23192670	8300000	760447
8	24585167	8300000	840915
9	24306641	8300000	844853
10	24650245	8300000	848802
11	23585442	8300000	837958
12	22756888	8300000	836972

有利银行			
1936	一般账户 HK $	政府债券 HK $	抵押£
1	2134849	1151200	190000
2	2390267	1151200	190000
3	2550319	1530600	190000
4	3218612	2289500	190000
5	3559070	2289500	190000
6	3569538	2289500	190000
7	3548710	2289500	190000
8	3534838	2289500	190000
9	3602500	2289500	190000
10	3960489	2289500	190000

续表

有利银行			
1936	一般账户 HK $	政府债券 HK $	抵押£
11	4233762	2769500	190000
12	4091508	2769500	190000

总计		
1936	一般账户 HK $	政府债券 HK $
1	151516137	127687034：85
2	153546595	127687034：85
3	158827044	128066434：85
4	157897848	128825334：85
5	154964971	128825334：85
6	155890559	128825334：85
7	160277764	128825334：85
8	161547002	128825334：85
9	160130075	128825334：85
10	157627795	128825334：85
11	153513472	129305334：85
12	151712167	129305334：85

汇丰银行			
1937	一般账户 HK $	政府债券 HK $	抵押£
1	128729086	118235834：85	3190500
2	134610543	118235834：85	3190500
3	162498793	141583039：49	3190500
4	162418793	141583039：49	3190500

续表

汇丰银行			
1937	一般账户 HK $	政府债券 HK $	抵押£
5	162375793	141583039：49	3258512
6	162. 321793	141583039：49	3258512
7	162. 321793	136659962：57	3258512
8	162223793	137009962：57	3040870
9	172023793	Not published	
10	181789793	〃	
11	181798793	〃	
12	199689793	〃	

渣打银行			
1937	一般账户 HK $	政府债券 HK $	抵押£
1	23124553	8300000	831058
2	23962121	8300000	816550
3	24360070	8300000	812327
4	23673021	8300000	807398
5	22566192	8300000	799511
6	22205952	8300000	800496
7	21129975	8300000	785709
8	21603654	8300000	785709
9	22543959	Not published	
10	24256041		
11	25133564		
12	25172604		

有利银行			
1937	一般账户 HK $	政府债券 HK $	抵押£
1	4059747	2769500	190000
2	4048935	2769500	190000
3	4038321	2769500	190000
4	4022306	2769500	190000
5	3988487	2769500	190000
6	3938620	2769500	190000
7	3977791	2769500	190000
8	3981569	2769500	190000
9	4326282	Not published	190000
10	5392131	Not published	190000
11	5398604	Not published	190000
12	5175570	Not published	190000
（注） In Addition Securities Deposited with the Crown Agent Valued at.			

总计		
1937	一般账户 HK $	政府债券 HK $
1	155913386	129305334：85
2	162351599	129305334：85
3	190897184	152652539：49
4	190114111	152652539：49
5	188930472	152652539：49
6	188465365	152652539：49
7	187429559	147792462：57
8	191809016	148079462：57

续表

总计		
1937	一般账户 HK $	政府债券 HK $
9	198894034	Not published
10	211021965	Not published
11	212321961	Not published
12	230037967	Not published

汇丰银行			
1938	一般账户 HK $	政府债券 HK $	抵押£
1	204548793	Not published	
2	209448793	Not published	
3	209348793	Not published	
4	209248793	Not published	
5	209448368	Not published	
6	210298368	Not published	
7	210098368	Not published	
8	210098368	Not published	
9	210047718	Not published	
10	209997718	Not published	
11	209997718	Not published	
12	210197678	Not published	

渣打银行			
1938	一般账户 HK $	政府债券 HK $	抵押£
1	24737193	Not published	
2	24685571	Not published	

续表

渣打银行			
1938	一般账户 HK $	政府债券 HK $	抵押£
3	24387068	Not published	
4	22955541	Not published	
5	22483877	Not published	
6	22436512	Not published	
7	22164820	Not published	
8	22880807	Not published	
9	23688244	Not published	
10	23835158	Not published	
11	25111283	Not published	
12	24852657	Not published	

有利银行			
1938	一般账户 HK $	政府债券 HK $	抵押£
1	5124045	Not published	190000
2	5076122	Not published	190000
3	4655275	Not published	240000
4	4509852	Not published	240000
5	4647647	Not published	240000
6	4620187	Not published	240000
7	4493403	Not published	240000
8	4450595	Not published	240000
9	4398884	Not published	240000
10	4300399	Not published	240000

续表

有利银行			
1938	一般账户 HK $	政府债券 HK $	抵押£
11	4414009	Not published	240000
12	4441620	Not published	240000

总计		
1938	一般账户 HK $	政府债券 HK $
1	234410031	Not published
2	239210486	Not published
3	238391136	Not published
4	238714186	Not published
5	236579842	Not published
6	236405067	Not published
7	236956591	Not published
8	237429770	Not published
9	238134846	Not published
10	238132275	Not published
11	239523010	Not published
12	239491955	Not published

汇丰银行			
1939	一般账户 HK $	政府债券 HK $	抵押£
1	210147678	Not published	
2	209847338	Not published	
3	210797338	Not published	

续表

汇丰银行			
1939	一般账户 HK $	政府债券 HK $	抵押£
4	211047338	Not published	
5	211342228	Not published	

渣打银行			
1939	一般账户 HK $	政府债券 HK $	抵押£
1	24189663	Not published	
2	23992472	Not published	
3	22801216	Not published	
4	22525058	Not published	
5	23862378	Not published	

有利银行			
1939	一般账户 HK $	政府债券 HK $	抵押£
1	4374202	Not published	240000
2	4401605	Not published	240000
3	4242742	Not published	240000
4	4167287	Not published	240000
5	4153498	Not published	240000

总计		
1939	一般账户 HK $	政府债券 HK $
1	238711543	Not published
2	238241415	Not published

续表

总计		
1939	一般账户 HK $	政府债券 HK $
3	237841296	Not published
4	237739683	Not published
5	239358104	Not published

N. B. The above figures were extracted from the Hong Kong Government Gazette.

这里有以下几点需要注意。

(1) 在1937年以前，纸币发行几乎没有增加，中国事变发生以来，随着纸币的急速膨胀，在1938年末，纸币发行增加了约三分之一。在三家发行银行中，信用最好且最具有经济实力的是汇丰银行券，占了约85%的份额，且增长率也很显著。其原因如下。

①人口的激增

事变发生以前，香港的人口据说有100多万，事变发生的第一年即1937年末，据推测人口一下子猛增到了130多万。这些增加的人口是来自内地和上海的避难者。在广东陷落以后，香港人口的增速更是加快了。

②物价上涨

物价，特别是由于对食品和建筑材料等的急需，使物价出现了上涨的趋势，通货膨胀的倾向加大了。

③港元需求的增加

i. 出于对法币和毫币[①]的担心导致持有港元的增加。另外，

① 主要指广东当局发行的货币。

港元在地域外流通增加。

ii. 物资在当地上市增加，港元结算的交易倍增。

（2）汇丰银行券的增加尤其多，占了发行总额的一半。应该说这个发行额逐渐地集中起来。

3. 流通区域

香港——在香港（包括九龙），港元以外的任何货币都没有流通。

澳门——在澳门，港元和大西洋国海外汇理银行券实行完全等额流通。

广东沙面——英法租借的沙面是珠江的一个小岛，面积仅有200町步，外国商船像榕树般排成一列，广东的对外贸易全部在此地进行，货币均为港元。

广州市和广东省——对外交易，即贸易通货和外汇中使用。

4. 流通价值

这三种银行券不管在任何流通区域，在香港是等价的。

第四章　香港的金融机构

一　发行银行

（1）汇丰银行 Hong Kong& Shanghai Banking Corporation

注册资本金：50000000港元

实缴资本金：20000000港元

公　积　金：6500000英镑

公　积　金：10000000 港元

1867 年成立，总部设在香港，在当地不仅仅是作为中央银行，在远东英国势力范围内，俨然作为一家贸易、金融和投资的最高机构存在着。有关纸币发行，除了前述的 Government Certificate of Indebtedness（国债）以外，向伦敦的 Crown Agent（皇家事务处）委托保管了 3284000 英镑的公债，发行额度虽然被规定为 2 亿美元，但在 1938 年以后，已经突破了 2 亿美元。在中国的上海、天津、汉口、广东、北京、青岛、厦门、烟台、福州设有分店。

(2) 渣打银行 Chartered Bank of India，Australia，China

公称资本金：3000000 英镑（全额缴纳完毕）

公积金：3000000 英镑

1853 年在伦敦设立，其经营主要由英国国内有影响力的实业家负责，以发展远东经济为主要目的。在中国的分店有上海、天津、汉口、香港、广东、北京、青岛。

(3) 有利银行 Mercantile Bank of India，Ltd.

公称资本金：3000000 英镑

实缴资本金：1050000 英镑

公积金：1075000 英镑

着眼于印度贸易，1858年在伦敦设立，营业范围除了印度贸易还涉及其他地区。纸币发行额只有汇丰银行的约1/40。

二 外国银行及中国新式银行

几个主要的银行如下：

p. & O. Banking Corporation（大英银行）

国籍：英国

总部：伦敦

公称资本金：£ 50000000

实缴资本金：£ 2594600

公 积 金：£ 180000

National City Bank of New York（万国银行）

国籍：美国

总部：纽约

公称资本金：US $ 125000000

实缴资本金：US $ 125000000

公 积 金：US $ 90000000

Chase Bank（大通银行）

国籍：美国

总部：纽约

公称资本金：US $ 5000000

实缴资本金：US $ 5000000

公　积　金：US $ 1000000

American Express Co.

国籍：美国

总部：纽约

公称资本金：US $ 6000000

实缴资本金：US $ 6000000

公　积　金：US $ 1995384

Banque de lIndochine（法国东方汇理银行）

国籍：法国

总部：巴黎

公称资本金：FL 120000000

实缴资本金：FL 120000000

公　积　金：FL 127435384

Netherlands Trading Society（荷兰银行）

国籍：荷兰

总部：阿姆斯特丹

公称资本金：FL 35030000

实缴资本金：FL 35030000

公　积　金：FL 5000000

Netherlands India Commercial Bank （安达银行）

国籍：荷兰

总部：阿姆斯特丹

公称资本金：FL 100000000

实缴资本金：FL 55000000

公　积　金：FL 26692354

The Bank of Taiwan（台湾银行）

Yokohama Specie Bank （横滨正金银行）

Banque Belge pour L’ Etranger

国籍：比利时

总部：布鲁塞尔

公称资本金：F 200000000

实缴资本金：F 158424125

公　积　金：F 130000000

Bank of East Asia （东亚银行）

国籍：中国

总部：香港

公称资本金：H $ 10000000

实缴资本金：H $ 5598600

公　积　金：H $ 2100000

Bank of Canton（广东银行）

国籍：中国

总部：广东

公称资本金：$11000000

实缴资本金：$8665000

公　积　金：$32170492

Bank of China（中国银行）

国籍：中国

总部：上海

公称资本金：$25000000

实缴资本金：$25000000

公　积　金：$3250128

Bank of Communication（交通银行）

国籍：中国

总部：北平

公称资本金：$10000000

实缴资本金：$8715650

公　积　金：$6446843

Overseas-Chinese Banking Corporation（华侨银行）

国籍：中国

总部：新加坡

公称资本金：ST. 40000000

实缴资本金：ST. 10000000

公　积　金：——

——Commercial Bank[①]

国籍：中国

总部：天津

公称资本金：＄10000000

实缴资本金：＄7500000

公　积　金：＄3052650

Bank of Kwangxi（广西银行）

国籍：中国

总部：南宁

公称资本金：＄10000000

实缴资本金：＄10000000

公　积　金：——

China & South Sea Bank

国籍：中国

总部：上海

公称资本金：＄7500000

实缴资本金：＄7500000

---

① ——为译者添加，表示原文中此处字迹难以辨认，应该是某某商业银行。原文参见《东亚同文书院中国调查手稿丛刊》第169册，第61页。

公　积　金：$ 1850000

国民商业储蓄银行

国籍：中国

总部：香港

公称资本金：H $ 5000000

实缴资本金：H $ 2574000

公　积　金：H $ 300000

上海商业储蓄银行

国籍：中国

总部：上海

公称资本金：$ 5000000

实缴资本金：$ 5000000

公　积　金：H $ 7300000

永安银行

国籍：中国

总部：香港

公称资本金：H $ 5000000

$ 5000000

实缴资本金：H $ 2277566

公　积　金：——

金城银行

国籍：中国

总部：上海

公称资本金：$——

实缴资本金：$7000000

公　积　金：$——

（1937年末）

三　银号

银号包括有银号、金铺和兑换金银钱台行三种。

（1）银行[①]：在一般工业者和金融机构中具有传统的影响力，现在采取合股的银行达一百多家，其营业范围正逐步被新式银行所侵蚀。

（2）金铺：从事生金和外国金币的买入，金叶的制造、销售。现在个人经营的只有10家。

（3）兑换金银钱台行：作为换钱的商店散落在市中心各个地方。现在个人经营的已达200家（注：现在指的是1938年4月）。

四　汇丰银行和香港票据交换所

汇丰银行不仅仅是一个最主要的发行银行，而且还持有各银行的存款。香港票据交换所于1931年9月在渣打银行大楼的第三层开始设立，现在参与交换的银行有16家，分别为中国银行、交通银行、东亚银行、华侨银行、广东银行、台湾银行、正金银

① 原文写为“银行”，疑为“银号”之讹。

行、法国东方汇理银行、渣打银行、大通银行、汇丰银行、有利银行、万国银行、安达银行、荷兰银行、大英银行。

交换每日进行两回，用汇丰银行存款来结算。这实际上就意味着汇丰银行是香港的中央银行。1937 年汇丰银行的报告书显示，其活期存款达 87 亿美元。这其中包括了政府的存款，如果假定各银行的存款为 1000 万美元的话，那么 15 家银行存款合计高达 81.5 亿美元，存款集中在汇丰银行里，财政局的纸币等都经过汇丰银行之手，外汇行情的维持也是靠该行，因此汇丰银行不管是从名义上还是实际上都是香港的中央银行。

票据交换额如下表：

Hong Kong Bank Clearing House, Bank'Cleaning Returns.

月＼年	1933	1934	1935
1	145359112：11	123128648：78	136126546：53
2	130933025：83	117663410：20	104937505：05
3	130. 403033：29	128213953：97	125071605：96
4	111416507：86	117033430：27	120141755：84
5	129840281：81	104420216：13	128371463：75
6	121883234：06	117564604：25	118215901：12
7	123053871：75	103797456：81	135831373：22
8	126345516：31	103531022：01	133487795：30
9	132327225：60	104349872：86	130116226：84
10	146622361：90	118140495：92	137416967：87
11	133393448：90	125270684：21	170020964：51
12	128349581：91	138872073：84	194689277：28

月＼年	1936	1937	1938
1	192728176：53	147828468：48	128633715：69
2	150799899：30	128133873：29	122278096：41
3	123993529：75	154195892：02	182049714：54
4	113900245：57	155613822：89	172245982：38
5	105920242：34	129132916：56	162997590：47
6	108191286：26	165400851：82	148978553：35
7	115793864：26	170701009：09	142748354：27
8	111738648：76	181335186：82	142667390：07
9	141893730：44	140841971：37	177547431：84
10	166962102：93	123779954：80	168811825：76
11	151575722：18	124546153：18	151232507：62
12	166131292：16	156149908：86	165236825：19

月＼年	1939
1	179983558：45
2	155680420：77
3	189794416：19
4	177205752：61

五　外汇银行公会和华商银行公会

香港由于是一个中继港，外汇业务发达，以汇丰银行为首，前述的票据交换银行都是外汇银行。除此以外，国华、金城、上海、国民、广东、广西六家银行虽然不是票据交换所的会员，但是是外汇银行公会的会员。近年来，华商银行在香港开设支店的越来越多，所以才成立了华商银行公会。以上两种公会都没有固定的集会场所，临时选定场所。外汇银行公会的主席是渣打银行，华商银行公会的主席是中国银行。

（附）非交换所会员华商银行

广西银行	广东省银行
国华银行	中国国币银行
中南银行	国民商业储蓄银行
香港汕头银行	上海银行
康年储蓄银行	华比银行
嘉华储蓄银行	永安银行
金城银行	大源银业公司
香港信托银行	

第五章　香港的外汇

一　香港外汇行情的趋势

香港由于在经济上是中国的一部分，所以维持香港通货对外价值最英明的办法就是采取让其远离上海的外汇，而且让那些中国本土发生的政治以及社会方面的不安定因素不要直接影响香港通货对外汇兑。以前，在看外汇变化行踪的时候，大体上可以发现这样的规律。即香港的外汇市场行情大体上追随上海，但有时不一定和上海是一致的。

上海、广东、香港间的外汇行情如下表：

香港与广东、上海之间的汇兑率表

（自1935年10月始）

月份	100港币对上海方面	100港币对广东方面	上海100元对广东方面
1935.10	$147\frac{1}{2}$	145	$98\frac{1}{4}$
1935.11	$120\frac{1}{2}$	148	123
1935.12	$108\frac{1}{4}$	151	139
1936.1	$109\frac{1}{2}$	$151\frac{1}{2}$	138
1936.2	$109\frac{1}{4}$	152	139
1936.3	109	$152\frac{1}{2}$	140
1936.4	$109\frac{1}{8}$	153	140
1936.5	$107\frac{3}{4}$	$153\frac{1}{4}$	142
1936.6	$107\frac{1}{2}$	$154\frac{1}{2}$	$143\frac{1}{2}$

续表

月份	100 港币对上海方面	100 港币对广东方面	上海 100 元对广东方面
1936. 7	103	187	$181\frac{1}{2}$
1936. 8	102	176	$171\frac{1}{2}$
1936. 9	103	172	$165\frac{1}{2}$
1936. 10	$102\frac{7}{8}$	164	160
1936. 11	$102\frac{1}{2}$	158	154
1936. 12	$102\frac{7}{8}$	$157\frac{1}{2}$	158
1937. 1	$102\frac{3}{8}$	157	$153\frac{3}{8}$
1937. 2	$102\frac{1}{8}$	155	$151\frac{3}{4}$
1937. 3	$101\frac{3}{4}$	$155\frac{1}{2}$	$152\frac{3}{4}$
1937. 4	$102\frac{5}{8}$	$153\frac{1}{4}$	$149\frac{1}{4}$
1937. 5	$102\frac{1}{8}$	$152\frac{3}{4}$	150
1937. 6	$101\frac{3}{4}$	$152\frac{1}{2}$	150

续表

月份	100港币对上海方面	100港币对广东方面	上海100元对广东方面
1937.7	104	148	$142\frac{3}{8}$
1937.8	103	150	$145\frac{1}{2}$
1937.9	$103\frac{7}{8}$	148	$142\frac{1}{2}$
1937.10	$105\frac{1}{8}$	$149\frac{1}{2}$	142
1937.11	$105\frac{7}{8}$	154	$145\frac{1}{2}$
1937.12	欠缺	欠缺	欠缺
1938.1	$105\frac{1}{2}$	153	145
1938.2	$105\frac{5}{8}$	$152\frac{1}{2}$	$144\frac{3}{8}$
1938.3	118	158	$134\frac{1}{2}$
1938.4	$114\frac{1}{4}$	166	145
1938.5	140	$195\frac{3}{4}$	140
1938.6	166	$220\frac{1}{2}$	$138\frac{1}{4}$

续表

月份	100 港币对上海方面	100 港币对广东方面	上海 100 元对广东方面
1938. 7	176	$248\frac{1}{2}$	141
1938. 8	175	249	142
1938. 9	173	238	$137\frac{1}{2}$
1938. 10	$183\frac{1}{2}$	246	138
1938. 11	183	256	138
1938. 12	178	242	137
1939. 1	178. 92		
1939. 2	182. 24		
1939. 3	180. 52		
1939. 4	178. 25		

二　香港外汇行情的决定

港元现在已经完全在英镑区内，追随英镑，而且上海元从1935 年 11 月以来，实际上在追随英镑行情，由于政府系列三家银行的统治和外国银行道义上的支持，保持了罕见的稳定。如果没有什么特殊的情况，决定香港某日外汇行情的因素有伦敦外汇结算、上海外汇、今日开场、汇丰银行的外汇牌价、各汇兑银行手头的中国人投机家等。除此以外，港元行情还受所谓的实际需要市面供需行情等所影响。管理通货制度建立以后，港元行情不受银块市场的影响。如果市场发生动摇的话，汇丰银行会出手管理。

三 1938年的事件和香港金融市场

1. 中央银行的外汇管理和香港

随着七七事变的发展，作为中国金融中心的上海被我军包围，在上海设有总部的中国银行、中央银行、交通银行，这些政府系列的银行迅速迁往内地。1938年3月14日在汉口外汇管理的卖出权被集中到中央银行，每个星期四按照招标制度接受外汇买入申请，第二天的星期五根据行情一起决定贴现额，经营银行设置在了汉口和香港。然而针对申请金融的贴现却没有公布，是极小的数额，怎么也满足不了实际的需要，而且，由于贴现不公平，失去了外国银行的道义支持。加上租界的存在，中央银行的管理变得困难起来，在上海产生了自由外汇市场，上海进口贸易的结果导致外汇市场的需求大于供给，这种情况与资本的逃避相结合，导致上海的外汇行情开始下跌而且持续下去，上海外汇的下跌自然而然导致了港元的走低，很容易想到其会朝着跌落的方向发展。汇丰银行出动了其外汇资金，缓和了行情跌落的态势，在上海外汇行情暴跌的过程中，俨然维持了港元的稳定。

接下来看一下香港和上海的对英镑外汇行情。

Month	H $ 1-Sterling X	Sh $ 1-Sterling X
Jan. 1937	1/2 31/32	1/2 5/8
Feb. 1937	1/2 29/32	1/2 5/8
Mar. 1937	1/2 29/32	1/2 19/32

续表

Month	H $ 1-Sterling X	Sh $ 1-Sterling X
Apr. 1937	1/2 29/32	1/2 17/32
May. 1937	1/2 29/32	1/2 15/32
June1937	1/2 11/16	1/2 7/16
July1937	1/2 25/32	1/2 7/32
Aug. 1937	1/3	1/2 9/16
Sep. 1937	1/3	1/2 7/16
Oct. 1937	1/3	1/2 9/32
Nov. 1937	1/3	1/2 5/16
Dec. 1937	欠缺	欠缺
Jan. 1938	1/3	1/2 7/32
Feb. 1938	1/2	1/2 7/32
Mar. 1938	1/2	1/0 1/2
Apr. 1938	1/2	1/1 3/32
May1938	1/2	0/10 21/32
June1938	1/3	0/9 1/32
July. 1938	1/3	0/8 17/32
Aug. 1938	1/3	0/8 9/16
Sep. 1938	1/3	0/8 5/8
Oct. 1938	1/3	0/8 3/32
Nov. 1938	1/3	0/8 5/32
Dec. 1938	1/3	0/8 13/32

注：原表如此。

2. 欧洲政局和香港外汇市场

由于欧洲的政局直接影响大英帝国的安危，所以，香港也受到其影响，外汇市场动摇。（1938年）3月中旬的德国合并奥地利和9月中旬捷克内政的严重化[①]都对香港的外汇产生了威胁。后者，特别是在9月28日外汇市场陷入混乱，最后不得不禁止定期交易的商品的投机买卖。

3. 我方对广东的进攻

10月我军[②]在登陆华南的时候，香港市场也起了一些变化，对英国外汇市场最低跌到了102.8125。然而，港元由于处在英镑圈内，时常受强势英镑的支持，再加上汇丰银行的完全管理，港元在大体上维持着对英镑1先令3便士左右的汇率，这个前面的表已经有所表现。1939年2月25日，在汇丰银行的股东大会上，董事长T. E. 帕斯说："由于广东的陷落和其他南方诸港的封锁，香港实业界遭受了严重的打击，但是这个打击却没能成为香港混乱的原因。今年，无论何种形势我们都将严阵以待，认真准备。幸好港元以及香港的财政都是健全的。我们有信心处于一个能够应对未来的状况。"

四　1939年6月法币的暴跌和港元

6月7日，作为法币安定资金操作员的汇丰银行，突然发表停止外汇卖出的讯息，法币一下子从8便士左右跌落到了6便士

① 1939年9月，英、法、德、意四国签订了《慕尼黑协定》，将捷克斯洛伐克的苏台德地区割给德国。

② 日军在1938年10月攻占中国华南地区。

左右。这件事情对港元的影响，在上海外汇暴跌的前一天的6月6日的港元行情是1先令2便士20/32和29元7/8，暴跌当天的7日，行情一下子跌到1先令2便士7/8和29元。在6月10日，更是跌到了1先令2便士3/4和28元3/16的低水平。可是在6月12日以后，行情又返回到了1先令2便士27/23和28元15/18，之后一直保持着稳定状态。法币的下跌对港元的反作用就是被贬值、流言被广泛的流传开来。6月10日，香港政府财政长官金锡仪以谈话的形式对其给予了否定，发表了以下的声明："最近，为了消除由中国法币的外汇行情变动所引起的不安，奉命发表谈话，声明香港政府不会对港元贬值，也没有意图去改变香港外汇基金委员会自1936年以来采取的政策。"

基于此，充斥在香港市场上的港元贬值的流言最终被终结。而这也表明了港元更加稳定的态度。

想来中国发生了事变，上海外汇开始了下跌。可以看出，这些港元贬值说的原因恐怕都是把中国法币作为港元的标准。此政策在1930年的货币评议会、1931年的货币委员会，以及1934年的经济委员会上被提出，在给以上委员会的报告中，强调了应该保持香港货币和中国货币的同一基础。这些委员会的一般性结论可以从其报告书的摘录中获知。如下：

"香港是一个生产的中心、航运的中心。其进出口几乎都是为了中国而进行的。香港贸易的实质就是中国的贸易。以香港为中心从事进出口贸易的各国，现在不必拘泥于全部采用金本位制这一事实，香港的货币要尽可能的、密切的以中国的货币为基准，现在最有必要的事情是排除不必要的外汇交易。两者背离的不良影响在香港外汇存在高溢价的情况下，商品交易通过香港被集中到上海这个例子中就能够充分说明。假设这些不良影响使两个货币真的分裂的话，当然可以得出强化这一结论。”

如果香港货币以中国货币为基准，或者说对这一事实进行否定，自事变发生以来，上海外汇走低，基于独自的立场，香港开始维持港元的理由到底在哪里？也就是说，香港的情况和几年以前已经完全不一样。跟上述的委员会的时代相比，情况已经变了。

第一，香港对中贸易在中国事变以后显著的受到了影响。香港虽然现在仍然经营着中国贸易的重要部分，但是香港的贸易并不单单是依靠货币操作就可以改善的。不仅如此，由于中国外汇处于一个流动状态中，因此，不必说港元完全的追随于它，即便是有一些追随的话，也会给香港经济带来激烈的混乱吧！

第二，战争的结果使得香港现在成为一个逃避资本的避难所。中国的资金为了寻求安全，巨额的资本被投资在了不动产、商业和工业等领域。港元的贬值不仅会阻止资本的流入，而且还会阻碍香港的发展。

基于以上的理由，随着战局的推移，港元应该将其价值降到法币的水平这一希望完全不存在，和平恢复以后，中国决定将其货币固定在和战前的汇率不同的一个新水平，在那个时候，港元再一次追随中国货币的话是不现实的。然而，现在的情况下，港元在与外汇有关的方面保持独自的立场是最有必要的。

附：外汇资金

1935年实行了白银官有。以前，作为发行银行的纸币发行准备所保有的白银全部被财政局缴收，与此相对，香港政府交付了等额的政府债务证明书（Government Certificate of Indebtedness）。政府以此白银为基础再加上其他设定了外汇资金，试图以此来调节香港货币的对外价值。实际上，这个调节事务由财政局局长负责，另外，还设有一个由总督任命的 Exchange Fund Adviser Committee 委员会，资金经过委员会审查以后才能开始运用。该委员会的委员长由财政局局长担任，委员由汇丰银行和渣打银行两家银行的总裁担任，财政局通过汇丰银行来调动这笔资金，这个委员会是一个承担维持外汇稳定的组织。

第六章　港元在华南的地位

港元本来是一个只有在英属香港和九龙才有法定通用力的货币。然而，在受到通货不安威胁的广东省，港元在英国强大的金融经济实力的支持下，构筑起了其稳固的地位。事变发生以前，港元在广州市的流通额约有五六千万，如果算上广东省和澳门的话，港元的流通额据推算约有 1 亿元。当然，就这个流通额来说不是很大。现在，除了沙面以外，港元在其他地方几乎没有流通。对于饱受币制混乱和通货暴跌之苦的广东人来说，港元是一个最稳定、最值得信任的货币。广东人与其说把港元当成一种外来货币，倒不如说把其当作一个财富积累的手段，上至富豪下至苦力，人们都把港元当成一个最好的货币来使用。而且，香港作为华南贸易的中心，广东对外贸易以港元来结算，港元在事实上发挥了承担广东省贸易货币的作用。

广东省政府迄今为止，已经多次企图将港元赶出华南，但是均以失败告终。即便是在1925~1926年间广东发生的抵制英国经济运动中，广东罢工委员会决定要把在广东的英国船和英国货全部赶出去，而且禁止用港元交易。但是最终这个决议也只是以一纸空文而告终。即便是反英运动进行到最关键的时候，港元也没有从流通市场中被排除出来。

港元在华南地区有如此的潜力，并不会因为这次事变[①]而变得弱小下去。事变以后，由于法币和毫币暴跌、逃亡香港的难民激增，以及中国人的资本逃往香港所引起的对港元的需求不断地增加。连接香港和广东的珠江线路或者广九铁路再次开通，我想，像日本进攻以前那样，在广东贸易恢复的时候，港元在广东经济中的支配力依然是很强大的。

这也是未来我国在管理华南时直面的一大难题。即便是暂时找到了处理法币和毫币问题的方法，接下来在关内必然和港元产生冲突。

第七章　香港金融的未来

香港在作为一个中继贸易港的同时也是华南的金融中心。由于其政治稳定，又有英国金融的支持，各种游资都集中于此。而且华侨的汇款也先汇到香港，香港在经济上承担着重要的使命。这次事变开始，在我军进攻华南以前，内地的货物都经由此地出口国外，而送往国民政府的各种武器弹药和其他物资也都要在此

① 日本全面侵华战争。

处卸货。而且香港作为国内资金暂时储藏的一个理想之地，其对于华南和内地各省的重要性一下子增加了，香港的金融业和商业获得了畸形的发展。

我军自进攻华南以来，香港和中国内地之间的贸易停滞，金融业虽然受到打击，但是香港仍然维持着其自由贸易的使命，发展中继贸易，朝着海防①、上海和其他各个港口，继续挥动着英国国旗。

今后，香港仍然要依靠英国人在金融上的卓越才能，我想其重要性和稳定性将会持续下去。

附：澳门的通货

澳门的通货在华南是最复杂的，其种类实在是很多。

一、大西洋国海外汇理银行券

（BANCO NACIONAL ALTRAMARINO）

5 分券 Cinco Avos

10 分券 Dez Avos

50 分券 Cincoenta Avos

1 元券 Uma Pataca

5 元券 Cinco Pataca

10 元券 Dez Pataca

25 元券 Vinta Pataca

50 元券 Cincoenta Pataca

① 越南港口城市。

100 元券 Cen Pataca

在澳门，税金的缴纳和邮政票据收入印纸等与澳门政府有关的支付都必须使用大西洋海外汇理银行券，上面的银行券跟港元是等价的。

二、港元

三、毫币

①广东省银行券

②广州市立银行券

③广东省造银币

四、法币

中央银行券

交通银行券

中国银行券

中国农民银行券

五、辅助货币

①香港辅助货币

②中国造铜币

山东货币金融状况*

昭和15年度山东省调查

前山博延

绪论

对于亲眼看到华北现状的我，如果能通过我那从狭窄窗口中获得的一些不太成熟的知识，从自己的思考中找出一些实证性的根据的话，我将不胜高兴。

全世界现在都处于一个混乱的旋涡当中。如果不能克服资本自主、个人主义和自由主义的弊端的话，世界将不能前进。那么，克服这个弊端创造出一个更加高级的社会状态的原理是什么？我认为只有将西方式的政治国民主义同东方协同体式的社会原理结合起来，才能翻开世界历史新的一页。这个时候，从日本独自的立场来考虑，必须对日本、“满洲”和中国三者之间，实行一些恰当的产业调整工作，保持相互之间紧密的依存关系。

我认为日本作为东亚的盟主，其最重要的工作是发挥和主张其积极的领导作用。在这个时候，最根本的要求不是以巧言令色

---

* 原文见中国国家图书馆编《东亚同文书院中国调查手稿丛刊》第172册，第513~682页。

来纵容和娇惯中国的领导人。最终，中国的复兴和发展还是得靠中国人的双手来实现。日本应该正当地帮助中国。为此，虽然得做好付出相当牺牲的准备，但最终日本必须保持日本的国家立场。人生就像战斗，这是纳粹领导人的名言。对于中国人，我们也必须要求这种严峻的态度，只有这样才是真正的国际合作的前提。

第一章　山东的特殊性

第一节　历史和地理方面

山东作为一个统一的行政区划，像现在这样在济南设立省会进行统治始于元乃至明以后。山东在文化方面非常古老，即使称其为东洋文明的发祥地也不为过。在数千年以前，孔子和孟子都是山东人，且其庙堂在曲阜和邹县，现在仍作为一个圣地保留着。山东省内各地方历史遗迹都很多。

山东作为战国时代鲁齐两国的都邑所在地，有时也被略称为鲁省。

①面积（包含划入青岛特别市的胶县和即墨两县）：全省面积为153711平方千米。

②人口：现在山东人的人口据说有3800万人，但根据民国23年的调查，男女合计为37197000（含胶县和即墨两县）人。另外，每平方千米的人口为242人（相对于昭和10年度日本内地每平方千米181人的人口密度，山东比日本人口平均密度多了四

分之一)。像这样人口过剩的情况,比如在去年接连发生了旱灾、蝗灾、蚜灾、冰雹灾害、风灾和水灾的情况下,立即导致了饥荒,民生艰难。这也是山东苦力这一称呼形成的原因,即大多数山东人跑到满洲去打工了。

③民俗:由于山东是孔孟圣贤的发祥地,所以,民众从很久开始就自然而然地受到道德和礼教的熏陶,形成了忠诚豪爽的特质,民风淳朴。居民以汉族为主,满、回族约占一成。因为毗邻河北省,所以语言几乎都是北京话,发音稍带点浊音。

④地势:西北地区为平原,中部和最北部山岳地带较多,大部分属于准平原地带。海岸线全长约 1200 千米,加上拥有青岛、烟台、威海卫、龙口等优良港口,同海外的交通以济南为中心,沿着纵横的津浦、胶济两条铁路连接着内地。在政治、军事、经济和商业上,是中华民国最重要的地方。

⑤山脉:泰山山脉,主峰是历史上有名的泰山(海拔约 1500 米),沿着历城、泰安两县的边界,以其雄壮的姿态向东西方向延伸。

蒙山山脉,横贯邹、泗水、滕、费县各县之间,主峰蒙山(海拔 1000 米)周围有尼山、泽山、抱犊山等名山。

崂山山脉:主峰位于青岛东北方向的崂山(海拔 1100 米),和牟平县的坤峰山[①](海拔 900 米)相连,一直延续到山东半岛东部的荣城县。

⑥河川:重要的有以下几个:

---

① 原文如此,实际为昆嵛山。

黄河，从河北省南部流入本省，沿着大清河经濮县、范县等十三县从利津县流入渤海。虽然在夏秋的涨水季节屡屡泛滥，但是利用减水时期来运输粮食、木材和其他的东西。事变[①]当初，在位于上流河南省郑州、开封中间的中牟附近，由于国民党军的使得堤坝决口的原因[②]，黄河的主流变成了新黄河，流入了江苏省的洪泽湖，这样一来，原本象征山东省的大黄河一下子变得干涸，直到现在的这个样子。

小清河，其源流是济南趵突泉以外的七十一名泉，经过历城、章丘、齐东、青城、高苑、博兴、广饶七县，最后在寿光县的羊角口汇入渤海。事变发生以后，利用小清河来扩大交通运输，运送食盐、木材、粮食以及旅客的非常多。

⑦气候：山东省位于中国的北部，且约一半以上延伸进大海，所以具有大陆性和海洋性两种气候，是华北地区气候最好的地方。省内的气候，南北两地的温差非常的大，冬季济南地区可以达到零下十八度，在北部的海岸线可以见到结冰现象。夏季如果早的话，在六月左右济南就已经达到二十度。而且，从七月初旬开始到八月中旬的这段时间是本省的雨季，但是在西部雨量相对少一些。

⑧物产：主要农产品除了有小麦、粟、高粱、大豆、甘薯之外，还产有棉花、烟草和落花生等商品作物。还有桃、梨、柿子、葡萄等丰富的水果和牛马羊猪鸡等畜产品。同时还有煤炭、金、铜、铁、萤石等地下资源。此外，还依靠海岸线

① 指七七事变。

② 指1938年6月花园口决堤事件。

生产大量的日晒制盐，还有大量的海产品。综合以上，我们可以从山东良好的地势、体健淳朴的居民、丰富的物产等方面来推断，它将来一定是华北建设乃至“新中国”[①] 建设的中心地。

第二节　政治方面

从前，山东这个地方从很早开始就跟我国有着密切的往来。1898 年德国租借胶州湾，同年 7 月首先开放青岛成为自由港，之后由于日德战争，青岛从大正 5 年开始到大正 11 年之间，处于军政的统治下。华盛顿会议以后的大正 12 年 3 月随着日本军队的撤退，青岛也被返还。这件事情从政治上来看，说明山东是一个通往华北、华中、华南以及关东州、满洲内地路线的起点，是一个极其重要的地点。特别是在青岛具有显著的特质。我想，现在再看山东的时候，大概得先详细地了解一下作为其代表性的城市青岛。青岛的某位大官说过：“我不是中国人，我不是日本人，我是青岛人。”我想这句话最能简单的说明这个问题。这句话的意思是，青岛是真正意义上的中国和日本两个民族的结合点。当然，这次事变的最终目的不仅仅是把青岛变成一个地方性的日中共同体，而且是日本和中国两个国家的结合。换言之，青岛是处在大和民族和汉民族握手这样一个宏大的历史性的百年大计之下。这件事情每个日本人都深信不疑。然而，要把这个战略付之

① 此处的新中国是指所谓“日华合作”名义下的日本曾经扶植的汪伪政权或者华北政务委员等傀儡政权。

于每一个实践的时候，由于每个地方的情况不同也会产生难易快慢的差别。这点想必大家也没有疑问吧！比如说，比起广东、福建这些华南的反日发源地，我们在跟与我国有着长久历史的华北方面打交道时就相对容易一些，也不费工夫，这个是大家都认可的一种常识。那么，现在要说华北地区哪个地方最好，我想应该首推青岛。我认为，在这里应该找出不同于青岛的意义上的特殊性。在青岛的其他地方，有着只属于青岛的东西，要说任何地方都有那一地方的特殊性，这一点当然没有问题。可是我想强调的是，在打造日中联合体的时候，比起华中、华南，华北特别是华北中的青岛，在这个意义上有其特殊性。而且，我之所以想对青岛特别市做一个附加说明，是由于其特殊的存在性。从历史上看，世界第一广大的青岛特别市是一个与日本有着重要关系的地方。不管是从中国看还是从日本看，如果不把青岛看成是一个某种程度上独立的个体的话，就不能发现其特殊性。也就是说，青岛是一个具有独立的自由市场或者国防色彩的城市。即便是市长的任免等事项，也不仅仅是省政府就可以做主的。因为在将来市长是要兼任军事权力的。如果看一下这个背景，就会发现完全类似于中世纪欧洲的自由市场。青岛在地理方面作为一个对内对外共同的交通要道，在军事上是一个海上作战的基地，而且其在气候、风土、港湾等方面的优势是其他城市所不能比拟的。我想，对于在物资集散（落花生、烟草、棉、食盐）的生产等方面都有重要意义的青岛来说，要求其具有一个强有力的政治体制，这也是一个必然的要求。

第三节　历史上和日本的关系

山东省作为中国和日本之间关系历史最悠久的一个地方，在古代为秦始皇寻找长生药的徐福，就是从青岛附近的崂山乘船去日本的和歌山的。在隋朝，从日本过来的僧侣和其他人，或者唐代遣唐使中的很多人都是从山东省登陆，然后再去首都长安的。之后，留下了很多日本人的足迹。最近，在日清战役[①]中，日本军从荣成（城）湾登陆占领了威海卫，最后通过和谈将其返还。之前欧洲大战的时候，日德战争使得日军占领了青岛，一时间胶济铁路也处于日军的管制之下，日军还驻军青岛和济南。接着在民国17年济南事件的时候，青岛也暂时有日本驻兵。这次事件以后，山东各地的日本居留民现在约达四万，需要政治、经济、文化各部门相互合作，齐心协力努力建设新山东。

第四节　经济方面

一　地下资源及其特点

第一，煤炭资源。

(1) 山东煤炭从矿区到出口码头的距离大约为340千米，途中也没有山谷的阻碍，运输很容易。现在，途中所需的天数为一天。

(2) 山东煤炭中大汶口、新泰、博山以及内地等有几个未开发矿区，这些矿区比起以前的采矿区域只需要少额的投

① 即甲午战争。

资即可。

（3）山东的煤矿不仅在对日供给和经济上有利，而且我们也可能控制这些纯中国资本经营的70多家小煤矿，利用地方当地资本来开发和扩大生产。

（4）山东煤炭总体上半数是无烟煤或者全是无烟煤，其发热量煤屑为6300大卡，煤块为7300乃至7500大卡，广泛分布于各个区域。5米乃至2.5米的煤层有四五层乃至十五六层，埋藏量合计20亿吨。

第二，铁矿资源。

（1）金岭镇铁矿一处的埋藏量就有1200多万吨乃至2400万吨，运输也比较容易。到出口码头的距离只有390千米，而且从金岭镇车站到矿口以及露天挖掘点现存附近之间有专线。

（2）矿质有磁铁矿和赤铁矿，含铁量在60%左右。

第三，岩土资源。

（1）赋存区域和煤炭资源在同一地方，矿量据推测有20吨，品位在70%左右，使用煤炭开采设备的话，很容易得到。

（2）运输也跟煤炭一样比较容易。

第四，石灰岩资源：在煤矿区域的山壁或者煤矿基地有无数的富存。

第五，由于以上各种资源都富存于同一区域，所以将来综合开发的话很便利。

第六，萤石、重晶石、滑石。

以下这些东西在华北都是山东省独占的矿石，采掘的区域距离出口码头很近而且生产价格便宜。

	埋藏量	品质
萤石	400 千吨	80%
重晶石	—	80%
滑石	—	95%

第七，金矿：金矿有十几处，埋藏量有 2000 万吨[①]。

二　山东工业和布局条件

第一，上述山东省的工业，根据布局条件、技术方面以及经济方面的研究适合以下几种。

（1）纤维工业（棉纱布）

（2）化学工业（火柴、制盐、烧碱、染涂料、橡胶、皮革、肥皂、油脂）

（3）窑业（烧瓦、玻璃）

（4）粮食嗜好品工业（制粉、制蛋、啤酒、酿造、烟草）

第二，上述工业其投资资本已经确立了牢固的基础，以青岛为中心，在华北占有压倒性的优势。

第三，关于工业布局条件，虽然跟天津、上海、汉口相比，青岛在距离消费地的距离以及内河水运的便利程度上有欠缺的地方，但是因为胶济铁路的改良强化、新线路的建设、自动路线的普及、近海航运的发展以及青岛港在大洋海运上的位置优势等，可以弥补其在以上方面的欠缺。

第四，其他的条件。

---

① 原文如此，应指矿石储量。

（1）工业用地能够以相对便宜的价格轻易取得。青岛附近的农地购买价一方步（0.77日元左右），最高5日元，最低0.6日元。

（2）劳动力丰富，工资低。青岛女工每天平均0.6日元。

（3）动力工业用煤炭丰富且价格低廉。在青岛纺织工厂，自家发电的话每千瓦价为3钱5厘，如果买入电力的话是4钱5厘。如果所有的工作可能的话，自家发电是一千瓦2钱左右。

（4）工业用水的硬度稍微高一些，硬水使用在酿造和饮料制造方面没问题。大量用水水费为一千立方米以上12钱2厘。

（5）气候方面，青岛由于受到海洋气象的影响，湿度稍微有点高，跟日本内地没有什么大的差异。

（6）原料的获取相对容易。在山东省及其附近生产的东西很多，比如，棉花、小麦、鸡蛋、落花生、牛皮、牛酒①、盐、烟草、玻璃原料。

（7）港湾的设备与其他港口相比相对较好，进出口各项费用低廉。

三　山东贸易的重要性

第一，山东是通过向第三国以及华中、华南出口转移货物获取外汇的一个特产物的产地，主要是从青岛港向外出口东西。

第二。

（1）面向第三国家的落花生相关的出口比较

① 原文如此，疑为牛骨。

事变前	事变后	增减
（从昭和21年7月到昭和22年6月）		
（从昭和23年6月到昭和24年5月）		
落花生（果实）32800吨	25998吨	减少6802吨
落花生（带壳）4118吨	3871吨	减少247吨
落花生油39219吨	22885吨	减少16334吨
落花生粕10362吨	7675吨	减少2687吨

（2）面向华中、华南的落花生相关的运出比较

事变前	事变后	增减
（从昭和21年7月到昭和22年6月）		
（从昭和23年6月到昭和24年7月）		
落花生（果实）76132吨	4990吨	减少71142吨
落花生（带壳）87吨	1216吨	减少1039吨
落花生油14684吨	5297吨	减少9387吨
落花生粕6557吨	155吨	减少6402吨

第三，青岛港跟天津港相比，不仅对于进出口货物所征收的费用低廉，而且货物损失也少，在核算上是有利的。

	青岛	天津
每吨装载	0.69日元	2.07日元（船运的情况）
每吨货物	0.82日元	2.46日元（船运的情况）

以上是昭和23年实收的平均价。

第四，山东贸易经常是出口入超而且偏向原料的出口。

第五，关于商品的流通，与华中、华南的联系最为紧密，也就是说，运入主要依靠上海方面，运出主要依靠上海、广东方面。

四　山东省农产资源及其特征

第一，山东省位于北纬35°~38°的温带地区，土地肥沃，人口密度每平方千米为242人。

第二，山东省农耕作物的特征是：落花生、棉花和烟草等作为国际性的商品占据了山东特产的重要位置。而且，作为农家副业生产的蚕丝、猪毛、鸡蛋等都是山东省重要的出口物品。这些东西会根据贸易的增减情况立刻影响到华北经济界。

第三，山东省在气候、风土方面不仅仅最适合果树和蔬菜类的栽培，而且擅长于栽培技术。

第四，山东省的耕地面积现在为679万町步[①]，今后土地的增加只能寄希望于水治理和土地改良。

第五，如果不依靠科学知识和技术，仅靠现在的农耕方法所生产的东西不可能满足日益膨胀的人口。也就是说，棉花、烟草、落花生之类的特殊作用作物以外的杂粮依然不足。

第六，山东省的农家是零碎的，其经营是集约型的。

第七，由于山东省的农家经营面积过小，所以自给作物栽培的比例很大。因此，如果不以农家机构的改变为前提条件的话，那么果树和蔬菜的种植面积将会受限。

---

① 1町步约9917平方米。

五 山东经济上的繁荣和畜产品出口的关系

第一，山东省的牲畜和畜产品的分布相对广泛一些。

各省家畜的饲养数量

单位：千头、千只

省份	牛	马	骡	驴	羊	猪	鸡	鸭
山东省	2303	358	609	1307	5722	2792	45711	10185
河北省	1128	332	741	887	4168	11070	20043	4214
山西省	489	138	315	423	13578	3536	11884	371
河南省	2184	383	622	145	7685	7244	37792	6271

（昭和8年度中国国民政府统计）

第二，山东省的施肥情况。

多数以家畜的粪尿为主，也就是依靠所谓的土粪。

第三，山东牛在提供农耕最大劳力的同时，因其肉质优良，出口日本的也比较多，对于增强国民身体素质的贡献很大。

第四，山东省畜产品的出口贸易对于山东经济的繁荣发挥了重要的作用。

青岛港畜产品出口额

单位：千元

品名	1934年		1935年		1936年		1937年		主要出口国家和地区
	出口	运出	出口	运出	出口	运出	出口	运出	
牛肉	3071	8	2250	6	3146	—	1636	15	日本、满洲
鲜鸡蛋及鸡蛋加工品	3053	100	2969	151	3688	145	7630	436	日本、英国、德国

续表

品名	1934年		1935年		1936年		1937年		主要出口国家和地区
	出口	运出	出口	运出	出口	运出	出口	运出	
猪毛	1140	244	1974	602	1333	1403	3542	1670	美国、英国、德国
牛皮	744	89	683	19	1212	212	925	64	日本

第五，青岛的屠宰场设备完善，其屠宰能力每天通常为牛900头，猪500头，羊80头。

畜产品生产推定额

单位：千张

省份	牛皮	马皮	驴骡皮	羊皮	山羊皮	羊毛
山东省	33	7	25	1262	1009	1514
山西省	205	15	82	641	513	769
河北省	91	24	42	448	359	538

第六，在山东由于养马的管理费比较高，所以马比较少。与此相反，饲养相对容易的驴骡的情况比较多。家禽中最多的是鸡，到处都可以看到农家饲养的鸡。

六　带有重要性的山东的交通港湾

（一）铁道

（1）山东省的铁路普及度非常低。当前把各个国家的铁路每1千米做个比较的话，山东省164平方千米，全中国是736平方千米，英国、德国是8平方千米。

（2）山东唯一的铁路胶济铁路是单线，现在的运输能力不过只有300万吨左右，主要的运输物品是煤炭占60%，农产品占15%，制造品占10%。

（3）今后随着华北开发的进行和胶济线的复线化，运输能力将扩大，需要新建设连接内地的铁路。

（二）汽车道路

汽车的普及程度也是非常低，主要原因是洪水泛滥比较多。

（1）道路非常的粗放而且条件恶劣。

（2）土产品很多为重量货物，由于商民迅速地搬运，经费很少。

（3）与铁路分离，连接不充分。

（三）内地河

（1）内地河中值得一看的有黄河、小清河和大运河，特别是在半岛地带由于丘陵地势，船运不发达。

（2）在山东运输物容积大且价格低廉。

（四）港湾

（1）山东四港的特征

港湾名称	腹地		铁路汽车公路	水路	特征	发展潜力
	第一腹地	第二腹地				
龙口	山东北部		烟潍公路		和“满洲国”之间的交通联系、港湾狭小	附近一带是烟台的商圈，缺乏发展潜力

续表

港湾名称	腹地		铁路汽车公路	水路	特征	发展潜力
	第一腹地	第二腹地				
烟台	山东省北部		烟潍公路 青烟公路 烟威公路		（1）作为中间港是一个好地方；（2）腹地被青岛港所夺取，被局限在山东省北部	随着华北沿岸的发展，作为山东省北岸的港口有发展潜力
威海卫	山东省文登县		烟威公路		北岸的要塞	
青岛	山东全省	河南省北部黄河流域	青烟公路 胶济铁路 津浦铁路	黄河 大运河 小清河	（1）作为港湾在自然条件方面有利；（2）腹地的物资运输能力薄弱	期待随着腹地工作的进展其也有大的发展

（2）青岛港的特质

①地理上非常的有利

从青岛港在海运上的位置来看，其位于上海和大连之间，是华北各港口中最接近日本的港口。因此，现在青岛作为远洋航路中的中国沿岸航路的海运根据地，而且随着日满中经济同盟的强化，如果其经济进一步发展的话，它和香港、上海一起成为世界交通要道的一环也不是那么困难。

②优良的港湾设施

青岛港不仅防波堤、码头、仓库等设施相对完善，而且受惠于自然的以及人为的条件，属于华北中第一港。现在停靠泊位总长为 4376 米，装卸能力为可以同时接纳 18 艘 6000 吨级的船舶，1 万吨级的船也可以停靠。一年中的货物吞吐能力为 400 万吨，伴随着延长线[①]的完成，现在在扩充港湾的时候，可以扩大到超过 2000 万吨。

③海运经济上的优点

在海运经济上，随着青岛港湾设施的完善，和港口费一样，海运费用的低廉成为船舶经济的利益。

④和天津港的竞争性地位

青岛港作为华北的门户，和天津港是竞争性的关系，把两者比较一下情况如下：

港名	政治上的关系	港湾的自然条件	与背地的关系	潜力
天津	与政治中心地相接，有利	白河的泥土不断地增加，疏浚变得艰难，建港计划极为困难	以天津、北京两大消费地为中心，在白河黄河流域非常广大	山西地下资源的开发和蒙疆农畜产资源的开发相结合有发展潜力，但港湾设施没有相应的能力
青岛	不利	受惠于非常良好的条件，将来的扩张也非常容易	被局限在山东一带狭小的范围内，如果延长线完成的话，就能到河南、陕西、山西，与天津抗衡	如果铁路延长线完成的话，作为华北的门户非常的有利，未来潜力无限

① 此处指胶济铁路延长线。

第二章　币制改革后的山东省币制金融状况

第一节　货币

（一）币制改革前的状态

在币制改革以前，汇率有急速崩溃的可能。即使在山东，货币也和华北其他地区一样，由于其流通经济面的狭小、在经济界所占的外汇的敏感性等购买力变得低下。

（二）币制改革后的状态

在改革前，物价从追随白银行情中脱离，由于汇率的稳定物价也变得稳定。

（三）本次事变日本军占领前的状态

在日军占领以前，山东省内的通货非常的杂乱。有日系的、外国的、中央的和各种杂券。其中日系的有朝鲜银行券，中央南京系（南方系）的有中国、中央、交通、中国实业、北洋保商、中国垦业、浙江兴业、大中边业、中国农工、中南、中国通商、农商、四明、中国农民等，北方（地方）系能见到只有冀东银行券、河北省银行券、山西券等少量在流通。现在要判断其在华北的详细流通数额确实是一件困难的事情，据说有3亿元，或者5亿元，也有说大体有三亿五六千万元，以下在别的地方另行说明。

第二节　金融机构

（一）青岛的银行

在青岛的银行名称

日本方面：正金银行、朝鲜银行、济南银行（3家）

中国方面：中国联合准备银行、大阜银行、中国银行、交通银行、金城银行、大陆银行、中国实业银行、上海银行、国华银行、东莱银行（10家）

外国方面：The National City Bank of N. Y.（美国花旗银行）

事变前，法币特别是中国银行和交通银行两家银行的银行券流通最多。中央银行券和民生银行券等也能星星点点地看到一些在流通。现在在山东，中国、交通两家银行的银行券带有“山东”的发行额如下：

中国银行券	4988641450元
交通银行券	5136900000元
合计	10125541450元

因此，可以说有一亿元的中国银行和交通银行两家银行券在流通，而且如果中央银行券按1300万元，民生银行券（包含小额纸币）按600万元，山东平市官钱局券按400万元，其他南方

券和杂券等按1000万元算的话，山东全省流通的纸币数额据推算足足有1.3亿元。但是，如果把这1.3亿元按照山东全省3800万人来平均的话，人均持有的纸币额为3元40钱左右。从中国全部人均大约持有3元来看的话，山东省人均持有的纸币数额大体上可以认为是正常的。

但是，中国的经济发展阶段只有大额的纸币还不能顺利的流通，那么小额纸币发挥的作用其实是很大的。看看事变以前的中央银行几乎独占小额纸币的发行权，应该说这一点不能忽视。

即使在山东，韩复榘主席在获得了民生银行小额纸币的发行权以后，开始顺利地推进山东的建设事业。这更加说明了小额纸币的发行权决不可等闲视之。因此，说得极端一点，对付中国地方军阀的就是小额纸币。关于民生银行，在民国25年3月第一次发行了500万元，这些钱立即就被内地消化掉了。紧接着又在同年第二次印刷和发行了500万元，这是真实存在的事实。但是，山东平市官钱局仅仅是以15万的资本而发行了400万以上的小额纸币（含铜元票），这说明小额纸币真的是和民生一样，与经济的发展程度相一致。事变前的山东省民生银行和山东平市官钱局的小额纸币发行大体如下。

	印刷额	流通额
山东省民生银行	10000000元	5834900元
山东省平市官钱局	6760000元	4294050元
合计	16760000元	10128950元

汇丰银行（英国）

德亚银行（德国）

日本军占领初期，日系通货（主要是鲜银券）和法币共同流通，一时间，以它们为主。从昭和 13 年 3 月开始，禁止法币流通，新的联银券开始登场并取代之。从那以后，华北逐渐走向联银券独占化，对汇率的控制也逐渐取消。但是，现在我们把中国方面的适应性，简单地分成中国方面日元系、日系、外国系来看一下现在的营业情况。

首先，随着日军的占领，中国方面的银行被命令要挨个汇报其营业情况，贷款也被停止了。虽然存款并没有被停止，但是一般适应性银行在截至本年 6 月几乎都处于开店停业的状态。与此相对，日本方面的银行呈现出了相当活跃的情形，正金和朝鲜两家银行大约发放了 5000 万日元的贷款，由于中国方面的银行处于开店停业的状态，中国人的交易几乎全部都是通过日本方面的银行来进行的。加之随着战后的开发和复兴，新商店的增多，日中合办企业的扩大，资金几乎都流向了日本方面银行，因此，据说其总额也达到了事变前的五倍。

正金银行在事变以后由于贸易的不振，从以前的专业外汇银行积极向地方性银行转变（昭和 14 年以后）。朝鲜银行以前主要也是经营外汇和当地银行业务，但在事变后，其外汇与事变前相比减少了三分之一，但是存贷款业务却增加了五倍乃至十倍。正金银行的情况也跟朝鲜银行差不多。由于昭和 13 年 6 月出台了贷款限制（资金调整法）（外汇管理法），当地的商社也受到了限制。而且，在昭和15年6月由于联银通胀引起的投机资金贷款管理的强化，华北金融吃紧，有预测说商品价格也会下跌。这样，由于中日双方的限制贷款乃至取缔政策，导致经济界受到了相当大的影响。华北联银券独占的进展在本年6月15日，即使在日本方面的银行，不仅仅是联银券以外的日系通货的支付，其接受也变得不被认可。

接下来是外国银行最近的状况。虽然没有办法详细地论述，但是从顾客方面来推测的话，当地的商业几乎停滞。我想主要是经营一些外汇业务。但是，从事变前国民政府的公布来看，必须考虑到其手里也持有相当金额的存款。现在，各银行的营业情况如下表所述。但是，由于篇幅所限，这里只看一下大阜银行。该银行在事变以后随着一般市区态势的转变，由消极的营业逐步向积极的方向变化，作为联银统治下的最初的市区银行，其在成立当初的收益（昭和13年9月到12月）只有区区的一万数千日元，但是在本年度的上半期（1月至5月末）其纯利益就已经达到了18万日元，其根基也逐渐地稳固。而且，该银行的实付资本为150万日元。现在该行的存款金额为1300万日元，贷款金额为一千一百万日元（含银行存款）。

（1）中国方面银行存款变动情况（按银行分）

	前期末							
交通银行	4636	2710801	346809	418853	4320	2638759	△45	△72044
中国	1357	4761448	8801043	8900983	1350	4661508	△7	△99940
东莱	148	795903	386017	343765	151	837836	3	42252

续表

	前期末							
上海	267	450903	906328	700993	259	656239	△8	205336
国华	309	1092005	3047067	3177032	318	962040	9	△129965
金城	196	733028	1255690	1464088	197	524708	1	△208320
大阜	592	1420058	3751054	3284048	618	1887064	26	467006
中国实业	87	180724	264502	290959	98	154267	11	△26457
	件数	金额	收入额	支出额	件数	金额	件数	金额
	前期末	前期末			本月末		与前月末比较增减（△）	
合计	7321	12144551	18758510	18580641	7311	12322419	△10	177868

（二）贷款资金变动情况（按银行分）

	上月末		贷款额	偿还额	本月末		与上月末相比增减（△）	
	件数	金额			件数	金额	件数	金额
交通银行	176	1318691	15000	260675	175	1073016	△1	△245675
中国	129	8693722	1438538	1278364	127	8853897	△2	160175
东莱	30	440699	29372	38756	28	431315	△2	△9384
上海	28	621459	435193	492902	29	563750	1	△57709
国华	60	895438	673452	832545	52	736345	△8	△159093
金城	86	1335649	888431	1072079	80	1152001	△6	△183648
大陆	161	1179540	1146522	1155176	152	1170886	△9	△8654
中国实业	81	3660091	108186	121256	78	348320	△3	△11771
合计	751	14845289	4734694	5251753	721	14329530	△30	△515759

以上是昭和15年4月中在青岛的中国方面银行的存款和贷款的变动情况。

中国联合准备银行　　　　分行设立年月日

天津（民国27年3月10日）	临汾（28.2.18）	交换所
青岛（27.4.8）	运城（28.2.23）	青岛埠头（27.9.29）
济南（27.4.8）	徐州（28.4.20）	塘沽车站（27.10.1）
石家庄（27.4.15）	开封（28.4.20）	山海关车站（27.10.1）
唐山（27.4.20）	海州（28.6.1）	徐州（28.4.1）
太原（27.10.1）	办事处	烟台码头（28.7.24）
烟台（27.10.1）	威海卫（28.2.6）	北京车站（28.11.1）
山海关（27.11.28）	龙口（28.6.5）	
新乡（28.2.26）	秦皇岛（28.10.14）	

外汇局办事处

北京（民国28年3月11日）

天津（28.3.11）

青岛（28.3.11）

济南（28.3.11）

烟台（28.3.11）

威海卫（28.7.15）

（一）中国联合准备银行青岛分行

（1）存款变动情况

（11月15日调查）

单位：日元

科目	上月末		收入额	支出额	本月末		与上月末比较增减（△）	
	件数	金额			件数	金额	件数	金额
定期存款	50	688349	44300	154900	49	578649	△1	109700
活期存款	132	1264284	21700571	20285481	140	2679375	8	1415091
特别活期存款	208	159178	259415	245710	223	172883	15	13705
官厅存款	27	1033654	2476250	2273580	27	1236324	—	202670
合计	417	3145465	24480537	22958771	439	4667231	22	1521766

（2）贷款金额变动情况

单位：日元

科目	上月末		收入额	支出额	本月末		与上月末比较增减（△）	
	件数	金额			件数	金额	件数	金额
有担保的定期贷款	1	910662	—	910602	1	910662	—	—

中国联合准备银行纸币发行额（昭和15年2月末至现在）

单位：日元

区分	发行额	区分	发行额
北京总行	72439187	威海卫分行	790235
天津分行	126395886	龙口分行	3379834
济南分行	58824863	山海关分行	7062950
青岛分行	54929625	秦皇岛分行	1174466
唐山分行	16662414	新乡分行	7401909
石家庄分行	55205636	运城分行	9023206
太原分行	35581648	临汾分行	8287723
烟台分行	9315459	徐州分行	12128877
开封分行	15641457	海州分行	3152124
		合计	497406538

中国方面银行的营业状况——存款部分

单位：日元

银行名称	各银行存款	一般存款	合计
中国银行青岛分行	719795.42	4649507.77	5369303.19
交通银行青岛分行	237169.97	891729.43	1128899.40
交通实业银行青岛分行	81175.82	109026.31	190202.13

续表

银行名称	各银行存款	一般存款	合计
金城银行青岛分行	334550.02	528470.23	863020.25
青岛大陆银行青岛分行	448058.22	1806696.53	2254754.75
青岛大阜	2815918.85	7944996.99	10760915.84
国华银行青岛分行	379216.70	962040.07	1341256.77
上海银行青岛分行	98331.62	498918.21	597249.83
东莱银行青岛分行	42893.07	889041.66	931934.73
合计	5157109.67①	18280427.20	23437536.89

贷款部分（昭和15年4月30日）

单位：日元

银行名称	各银行放款	一般放款	合计
中国银行青岛分行	1633125.05	8651311.58	10284436.63
交通银行青岛分行	506422.40	1039326.17	1545748.57
中国实业青岛分行	206743.06	348320.24	555063.30
金城青岛分行	362851.05	1152000.93	1514851.98
青岛大陆青岛分行	1425995.30	1170561.00	2596556.30
青岛大阜银行	5323161.68	5654649.39	10977811.07
国华银行青岛分行	596276.02	736345.64	1332621.66
上海青岛分行	380853.24	563750.22	944603.46
东莱青岛分行	178613.59	431317.85	609931.44
合计	10614041.39	19747583.02	30361624.41

① 疑原文有误。应为5157109.69。

在青岛的中国方面的银行

单位：日元

商号	代表者姓名	组织	资本金	民国×年×月×日	营业所
中国联银分行	刘祖元			27. 4. 8	山东路八二号
国华银行青岛分行	徐勉之	股份有限合资	4000000	23. 12. 1	山东路九一号
青岛交通银行	吴兴基	股份有限公司	40000000	12. 7. 1	山东路九三号
青岛中国银行	王祖训	股份有限公司	40000000	2. 5. 15	山东路六二号
上海商业储蓄银行青岛分行	王昌林	合资	5000000	20. 2. 20	山东路六八号
中国实业银行青岛分行	李士娴	合资		19. 9	河南路一三号一一号
金城银行青岛分行	周伯英	合资	4000000	20. 6. 15	山东路一七号
山左银行	纪经函	有限公司	500000	11. 9	山东路六四号

在青岛的著名钱庄调查

单位：日元

商号	代表者姓名	组织	资本金	民国×年×月×日	营业所
青岛立诚号协记	王寿山	合资	100000	20. 5. 6	业京路三四号
福顺德银号	李砚农	合资	100000	18. 6. 10	天津路一号
青岛商业银号	纪毅臣	有限合资	200000	24. 5. 13	河南路五一号
裕昌银号	高章夫	独资	100000	12. 1. 16	河南路九八号

青岛的中国人典当调查

商号	代表人姓名	组织	资本金	民国×年×月×日	营业所
谦益当东号	华方荃	独资	由谦益当常合记支用	23. 8. 20	胶州路一三八号
东顺当	李右臣	合资	50000	25. 2. 24	保定路一二号
德裕当	梁如璞	独资	20000		河南路九二号
瑞丰当	王龙潭	合资	15000		沧口松柏路七号
晋丰当同记	李少卿	合资	由总柜临时拨用		烟台路四六号
谦益当分号	华方荃	独资	由谦益当合记支用		益都路一九号
聚盛当	范经堂	合资	10000		长安路七号
谦益当西号	华方荃	独资	由谦益当合记支用		云南路七八号

续表

商号	代表人姓名	组织	资本金	民国×年×月×日	营业所
谦益当合记	华方荃	合资	90000		潍县路六号
晋丰当分号	孙香圃	合资	左威海号总号	26.6.10	福寿路一八号
成丰当	成诒之	合资	60000	26.4.30	云南路七五号
晋丰当	孙香圃	合资	35000	26.4	威海路一一四号
永兴当	王凤遴	合资	20000	25.8.14	丹阳路九号
谦益当	杨可全	合资	32000	17.2	云门路六号
永兴当分号	李志建	合资		25.8.14	台东西七路四号
亿盛当	陈鸣亭	合资	15000	28.5.14	奉天路一一五号

（三）济南的金融机构

以上主要以青岛为中心进行了叙述。除此之外，济南也有各种金融机构。下面让我们先来看一下济南的金融机构。

在德国经营山东以前，济南只不过是一个完全的封建式货币制度和单纯商业资本维持的城市。其货币交易资本也完全不成熟，除了单纯负责发行银票、钱贴，从事各种货币兑换的旧式钱店和经营外省汇兑的外邦票号以外，其他什么都没有。可是，德国经营山东之后，这个城市的金融机构得到了异常迅速的发展。随着德华银行的进入，接下来是中国银行、交通银行两家银行的登场，还有作为山东财系的山东银行（此后的山东商业银行）等的成立。此外，在这前后，一系列钱庄资本相继进入，首先是山西、章丘、宁津等地的各帮，随后是潍县、周村帮等大小多达 120 余家的钱庄呈现出了迅速的发展。但是，以欧洲大战为契机，在进入到所谓的日管时代以后，随着日本商人的大量进入，其金融机构也进入了新的飞跃式的发展。也就是我们的正金、朝鲜、济南银行等的出现。加之新的齐鲁、企业、工商、通惠、泰东等这些城市本土小银行，还有浙江财阀系的大陆、上海商业储蓄、张家系[①]的边业、河北系的劝业、本省财系的东莱、中国实业等一批华商近代银行的迅速进入。另外，处在其下层的钱庄在继第一次革命后的第二次革命的影响下，稍微变得有些凋落。但是之后，随着局势的不断稳定，也走上了发展的上升道路，最终形成跟外商银行、华商近代银行三者鼎立的金融局面。接着，这个城市的金融机构在日本归还山东以后，随着民国13年进入了张宗昌的统治后，逐渐遭到了破坏。也就是说，伴随着张督办的乱政，接连不断的繁重的捐税，乱发公债军用票、山东省银行钞票等，对商民的榨取，现银绝灭、纸币通胀，物价暴涨，以及一般性的经济机构的破坏，银钱业渐渐陷入了困境。仅仅依靠买卖省钞、军用票苟延残喘。但是，在民国17年随着张的逃亡，“五三”事件[②]的爆发，最终陷入了完全破产的状态。首先是钱庄接二连三的倒闭（其中的巨擘章丘帮就是在这个时候没落的）。即便是华商银行，比如以掌握这个地方本土金融机构中枢的山东商业银行的倒闭为开端，很多银行都倒闭了，只有中国、交通两家银行存活了下来。另外，我方的正金和朝鲜两家银行也随着日本放弃经营山东而陷入冲击，最终退却。但是，在民国18年随着国民

① 张作霖掌控的银行。1924年第二次直奉战争以后，奉系军阀张作霖战胜了直系军阀，张学良收购原来的殖边银行的股份，然后再增资扩建，该行由奉系地方势力控制。边业银行于1925年4月10日经过三个月的筹备再次开业，总行设在天津，张学良为总经理。在北京、上海、张家口、奉天、长春、哈尔滨、黑河设分行。

② 1928年济南惨案及随后发生的中国人民反抗活动。

政府统一全国，时局逐渐朝着恢复的方向发展。首先是以潍县帮为中心的钱庄的复活。其次，也能看到大陆、中国实业、东莱、上海商业储蓄等的复兴，还有中央银行、民生银行、平市官钱局等特殊银行的新设。在这里，这个城市和其他有特殊性的海港城市非常不同，因为容易排斥外国银行的进入（现在济南银行仅仅是作为日本居留民的当地银行而存在着），所以，金融机构最终也就形成了只有华商近代银行和钱庄的组合或者是竞争构成。

1. 钱庄

这个城市的钱庄也是作为商业资本的零售机构控制一系列的货行。也就是说它们以少量的自由资本，向一般的货行进行小规模的贷款、汇兑操作，甚至是为了其运营进行的货币买卖等。但是，以本次事变为契机，情况完全发生了变化。由于构成这些机构基础的信用被完全破坏，所以它们不能顺利地发挥其功能。事变以后重新开张的银号已经达到三十六七家，可以说事变前 52 家中的大半都消失了踪迹。而且，残存下来的银号也只是简单地以开店休业和债务债权的整理为主要业务，顺手暗中进行法币的买卖，这就是现状。随着法币买卖管制的加强和治安的整顿，可以推测，联银券的流通扩大几乎不值得一提。但是，钱庄向货行的放贷按照普通活期透支的方法，其透支额度多以 3000 元乃至 5000 元左右的居多，而且只要求有保证人。钱庄和货行对待殷实的商店，不仅不需要保证人而且也不设放贷的上限，随意放贷。据说其金额也有达到 5 万元到 10 万元的。除此以外，也经营一两个月的定期贷款，其中的多数每笔都是一两万元的。这些贷款的利率由钱业公会决定，平均水平是活期透支利率月息为一分四五厘、二分四五厘，定期贷款的利率是二分左右。这些贷款虽然在上半期只有寥寥的几笔，但是在下半期，随着土产物出货期的到来，由于要向土产商人供应放贷资金，据说每年的放贷资金可达七八百万元。钱庄的汇兑交易方很多在青岛、上海、天津三地，其在国内汇兑活动中占据着非常重要的地位。也就是说，在这个市场上，土产的买卖以五天期洋汇票、三天期青岛汇票等为首。各种各样的汇票，其中大多都被卖给了钱庄，而且，钱庄又将其倒卖给了银行或者各洋行，乃至绸缎、五金、洋货店等机构，以此来实现贸易的总结算。行情的决定据说是每天早上钱业者聚集到钱业公会（俗称上关），决定向上海、天津、青岛三地的汇兑行情。

2. 中国方面的银行

在事变以前，在山东经济发展特别是在农产品的出货期发挥过重要作用的中国方面的银行，在事变以后也遭受了极大的损失。由于和总部的资金联系断绝，完全失去了应有的功能，现在也仅仅是靠存款的有限的小额支付来延续。

	资本金（日元）	所在地
济南银行	100万	二马路纬三路
正金银行	10000万	二马路纬二路
朝鲜银行	4000万	二马路纬一路
联银	5000万	二马路纬一路
中国银行	4000万	二马路纬一路
交通银行	4000万	二马路纬一路

上海商业储蓄银行	500 万	二马路纬一路
东莱银行	300 万	二马路纬三路
大陆银行	500 万	二马路纬二路
鲁兴银行	300 万	二马路纬三路

但是，最近设立的鲁兴银行资本金为 300 万日元，实际支付一半，联银承担一半资金。存款总额 600 万日元，贷款总额 3600 万日元。此外，外国银行还有比利时系的，内容不详。

中国、交通、上海、大陆、东莱五家银行已经开始营业了。

3. 日本方面的金融机构

在日德战争后的所谓日管时代，随着日本商人积极进入山东，其活动变得兴盛，与此相对应的金融机构也开始发展。正金、朝鲜等日本代表性银行也开始开设分支机构。另外，作为本土银行的济南银行虽然也成立了，但是，在日本返还山东后的大正 14 年，首先是朝鲜银行的撤退，之后紧接着在昭和 6 年正金分店也关闭了。在中国事变以前，作为日本银行只有济南银行一家孤独地在坚持了。以事变为契机，情况发生了转变。首先是朝鲜银行的进入，接着是日本人经济地位的巩固。但是，作为在留日本人的小额金融机构在事变以前有信用组合、金融组合等机构，作为中国老百姓的金融机构还有十几家当铺从业者存在，这点值得注意。

（1）济南银行

该行于大正 9 年 6 月由在济南有影响力的日本人设立，作为一家纯粹的地方银行有 20 余年的历史。在这期间，虽然由于中国的政治不稳定曾经历过很多的难关，但是经常为了日中人民的金融便利而努力。该行于大正12年在青岛设立支店，于昭和14年1月在张店设立出张所，以此来扩大势力。而且，近年随着中日间商业交易的增长，特别是该行通过附设日本商品陈列室等措施，对中日间的经济发展做贡献，现在作为名副其实的山东唯一的日本人当地银行，继续开展活动。而且，其创业之初的存款和贷款跟最近相比，如下所示的那样，已经发生了翻天覆地的变化。

	大正9年12月末	昭和13年12月末
存款	158967日元	3197330日元
贷款	282759日元	1529094日元

（2）朝鲜银行

该行于昭和13年2月成立。朝鲜银行进入济南是在大正14年该行撤退以来的第二次进入。现在该行管理着军队的金库，虽然民间存款的数额我们不得而知，但是存款总额在昭和14年末已经突破了1300万元（包含中国联合银行的存款金970万元）。现在，该行的营业所在二马路纬二路。当我们看以上济南、朝鲜两家银行的存款会发现，其性质自事变①以来随着日本人的存款激增，由于受资金浮动性和贷款限制的影响，贷款额济南银行为100万日元（仅限济南），朝鲜银行是200万日元，它们的金融功能没有被发挥，这一点很遗憾。

① “卢沟桥事变”。

(3) 中国联合准备银行

昭和13年4月8日该行在济南开设分行。成立当初，由于发行纸币的流通不太顺利，有识之士都对其持悲观态度。然而，8月份随着联银券的半强制使用，再加上鲜银券[①]的积极回收，此后其发行也逐步地增加，在昭和15年末突破了5800万元。但是，该行在成立之初仅仅是被当作一个发行纸币的机构，并没有发挥为金融提供便利的金融性作用，最多也就是尝试向盐业相关的人提供一些盐税的贷款，仅此而已。

(4) 其他的信用组合、金融组合、商业组合、储蓄会等虽然都为金融提供便利，但由于篇幅的关系，我们以后再进行论述。

4. 利率

济南的银行以及各银号的利率，大体上比其他地方要稍微高一些，特别是在物产的出货期，从9月到12月这四个月之间，利率会出现明显的上升。

(1) 日本方面

存款利率（事变后昭和14年2月调查的数据，下同）

类别	活期存款		特别活期存款		定期存款	
	事变前	事变后	事变前	事变后	事变前	事变后
银行	日息 三厘	日息 二厘至三厘	日息 五厘	日息 五厘	一年 四分八厘	一年 三分二至四分二

① 朝鲜银行券。

贷款利率

类别	贴现票据		票据抵押贷款		活期透支	
	事变前	事变后	事变前	事变后	事变前	事变后
银行	日息 二分五厘至 四分	日息 一分六厘至 三分	日息 三分五厘至 五分	日息 一分六厘至 四分	日息 三分五厘至 五分	日息 一分六厘至 五分

（2）中国方面

存款利率（事变后昭和14年2月调查的数据，下同）

类别	活期存款		特别活期		定期存款	
	事变前	事变后	事变前	事变后	事变前	事变后
银行	月 三厘	月 一厘二分	月 四厘	月 一厘二分	一年 七分	一年 五分
银号	月 三厘	月 三厘			一年 七分	一年 六分

贷款利率

<table>
<tr><th rowspan="2">类别</th><th colspan="2">定期贷款</th><th colspan="2">担保贷款</th><th colspan="2">活期透支</th></tr>
<tr><th>事变前</th><th>事变后</th><th>事变前</th><th>事变后</th><th>事变前</th><th>事变后</th></tr>
<tr><td>银行</td><td>月
一分三厘</td><td rowspan="2">月</td><td>月
一分二厘</td><td rowspan="2">月</td><td>一分三厘</td><td rowspan="2">月</td></tr>
<tr><td>银号</td><td>月
一分五厘</td><td>月
一分</td><td>月
一分</td></tr>
</table>

5. 当铺

(1) 日本方面的当铺

民国 17 年张宗昌失势前后，由于中国人不能轻易地开当铺，平民金融渠道的缺失往往使一般民众容易陷入一种非常的困境。这时，一些很早就看破时局的在留日本人开始经营当铺。一时间，当铺的数量达到了 18 家，其贷款额达到了 40 万元。这些当铺在对中国老百姓金融有实际成果的同时，也获得不少的收益，经营情况非常好，在济南呈现出了日本人独占的景象。但是，在民国 21 年，随着中国方面官营当铺裕鲁当的出现，日本人经营的当铺急转直下，陷入了经营不振的状态，数量减少到 16 家，放贷额也减少至十五六万元，逐渐没有了往日的名声。但是在事变后，由于日本人的两家店铺开始营业，数量重新增至 18 家。最近，城内东关设立的裕民福就是一家日中合办的当铺。这里，作为参考，我们将当铺的放贷方法做一说明。

第一，抵押合同期限：四个月。

第二，利息的算法：按月计算，不论日数多寡，只要超过了一天就按一个月算。

第三，利息：

银	20 元以内	6 分
银	50 元以内	5 分
银	100 元以内	4 分
银	100 元以上	3 分

在济南的日本人当铺从业者经营状况

商号	营业者	资本额（千日元）	抵押件数（一年）	金额（元）	变卖件数（一年）	金额（元）	利息收入（一年）
登茂荣屋	冈村荣忠	18	4938	84932	4309	77577	7542
ます屋	贵岛五一	30	733	14040	289	5022	390
朝日屋	佐藤ヨネ	15	3487	38687	3207	35671	7000
协茂当铺	稻垣松之助	25	33377	54524	31607	51231	7637
庆来当铺	冈本光次郎	20	20529	55436	19253	49002	7182
瑞丰当	佐藤宽吾	20	34789	79368	29865	65058	8950
广益当	竹内广记	20	32033	67358	28191	58596	8424
吉来当店	菅吉郎	30	13755	34737	12697	30364	4897
恒信当铺	浅野三郎	20	9100	41759	14697	30366	4505
仁德当铺	仁木忠治	20	18980	48756	18422	45162	5462
宝来当铺	樋口龙男	23	10998	27669	8313	18599	2753
瑞发当	田边广足	20	12788	20852	10083	15458	2573
共丰当铺	渡边嘉三郎	20	12435	24725	10949	21187	2978
福利当铺	安宝孝之辅	25	5231	15696	3732	11663	1807
泰东当铺	贞松龙夫	30	40075	96204	32480	71495	10687
万来当	服部祥男	20	18968	37589	27558	14106	3883
林丰当铺	小林宇一郎	15	23148	49610	45688	24173	6216
鲁华	久富龙六	15	30713	53673	26337	45498	6895

（2）中国方面的当铺

如前所述的那样，中国方面的同业者完全把当铺委托给日本人经营。韩复榘成为山东主席后，特别是从救济百姓的角度出发，于民国22年以白银30万元为资本金设立了官营当铺山东裕鲁当（总部设在城内东关，支店在商埠七马路），并且在市外还设立了二三十家的代理当铺，为老百姓提供方便。贷款额在当时的济南市内外合计30万元左右。事变以来，该当铺虽然停止营业，但是在当时的日本人同行却担心该当铺的停业，故当局权衡以后，最近计划开办一家名为株式会社裕民当（资本金为50万日元，实付一半）的日中合办当铺。

（三）青岛的钱庄、当铺

(1) 钱庄

大体和济南处于同一状态，如果把其资本和营业情况总结到一张表里的话，如下表所示：

在青岛的银号、钱庄营业状况一览（民国 29 年 4 月）

单位：日元

项目 \ 店名		立诚号协记（钱庄）	天和兴（烟台）	义成钱庄	福兴祥钱庄
存款	定期	62135.33			4000
	往来	53340		13110.64	1500676.19
	特别往来	—	583.58	—	291652.39
	本埠企业	92389.49	126159.05	4467.88	221566.13
	其他各种类	273186.42			
合计		401051.24	126778.63	17579.52	2017894.71
放款	定期	203786	—	—	—
	定期抵押	80723.43	—	—	—
	活期抵押	—	—	—	—
	往来透支	214412.45	36127.39	8422.84	955568.63
	往来抵押透支	6562.99	—	—	—
合计		509296.93	116199.40	8918.97	1862801.47

昭和15年4月

单位：日元

<table>
<tr><th colspan="2">店名
项目</th><th>义聚号</th><th>福聚和</th><th>福顺德银号</th><th>青岛商业银号</th><th>青岛裕昌银号</th></tr>
<tr><td rowspan="5">存款</td><td>定期</td><td>149943.93</td><td>48436.22</td><td>28108.84</td><td>14209.59</td><td>126972.1</td></tr>
<tr><td>往来</td><td>868269.01</td><td>1092096.29</td><td>1386348.61</td><td>1121987.97</td><td>833866.4</td></tr>
<tr><td>特别往来</td><td>219170.86</td><td>179683.82</td><td>58686.17</td><td>92147.74</td><td>4876.92</td></tr>
<tr><td>本埠企业</td><td>349600.00</td><td>30515.41</td><td>57840.87</td><td>30062.66</td><td>152185.1</td></tr>
<tr><td>其他各种类</td><td>104681.55</td><td>52660.88</td><td>46735.51</td><td>5565.05</td><td>17123.32</td></tr>
<tr><td colspan="2">合计</td><td>168966539①</td><td>1403392.62</td><td>1577772.00</td><td>1263973.01</td><td>1135024.1②</td></tr>
<tr><td rowspan="5">放款</td><td>定期</td><td>23200.72</td><td>115022.28</td><td>27000.00</td><td>194864.84</td><td>7190</td></tr>
<tr><td>定期抵押</td><td rowspan="2">787507.65</td><td>—</td><td>—</td><td>11166.11</td><td>—</td></tr>
<tr><td>活期抵押</td><td>—</td><td>—</td><td>2261.32</td><td>578888</td></tr>
<tr><td>往来透支</td><td>307502.58</td><td>940439.22</td><td>291975.49</td><td>967166.64</td><td>113795.4</td></tr>
<tr><td>往来抵押透支</td><td>—</td><td>—</td><td>—</td><td>—</td><td>—</td></tr>
<tr><td colspan="2">合计</td><td>1686665.38</td><td>1444312.39</td><td>910996.11</td><td>1421488.76</td><td>91481.5</td></tr>
</table>

* 利息42685.74日元，开支11271.27日元。

注：上表中的青岛裕昌很多相关数据在影印本中不全。原表参见《东亚同文书院中国调查手稿丛刊》第172册，第605页。

① 原文数字如此。

② 原影印体略去第二位小数点。

单位：日元

项目		立诚号协记（钱庄）	天和兴（烟台）	义成钱庄	福兴祥钱庄
库存现金		6352.64	13252.01	5307.73	3681.95
汇款	汇出	—	73132.85	—	—
	汇入	—	501604.87	—	—
项目		福聚和	福顺德（银号）	青岛商业银号	青岛裕昌银号
库存现金		43080.23	49064.15	66993.20	41152.84
汇款	汇出	—	—	—	—
	汇入	—	应付 143091.61	—	91481.50

（2）当铺

以前，青岛只有中国人的当铺，但是在连年的混乱中很多都遭到了掠夺。昭和元年开始出现了日本人的当铺。虽然是日本人的当铺，但其中很多都是以中国人为对象，针对日本人的只有料理屋町乃至盛场的一两家，仅此而已。之后中国人当铺的复活从昭和 7 年（1932）左右开始，据说在这期间生意非常的好。事变以前的日本人当铺受到排日思想的影响生意不景气。到了事变以后，开始呈现出良好的局面。但是，中国人当铺的质押期限为一年或者延期一个月，利息统一为 3 分。与此相对，日本人当铺的期限是三个月，利息一般为 100 日元以上为 3 分，50 日元以上 100 日元以下为 4 分，50 日元以下为 5 分，这个利息是同业组合制定的。但是，我们看一下其实际营业情况就可以发现，5 日元以上 10 日元以下利息是 5 分，10 日元以上 30 日元以下利息是 4 分，30 日元以上是 3 分。截至去年，经济很景气。进入今年以后由于物价原因，据说只需要以3万日元的资本就可以大概获得1000日元左右的收益。在日本人当铺中，以中国人为对象的有21家，以日本人为对象的有五六家，以中国人和日本人两者都为顾客的有两三家。此外，中国人的当铺以满一个月来计算，而为日本人的当铺以当月计算，从这点就可以看出中国人的经济思想从古代开始就比日本人强，事实也是如此。而且，日本人的当铺主要以日本人为顾客，利率也稍微高一些，显示出了一种矛盾。中国人当铺的资本金大体如下：

5万日元 —— 一家　　3万日元 —— 两三家

2万日元 —— 五六家　　1万日元以下—— 七八家

此外，中国人的当铺总共有17家，其贷款额平均约为3万元，日本人当铺从业者的总贷款额为50万日元左右。特别值得注意的是，这个当铺业者由于最近的物价原因，当品的流入一方获利很多。

（四）合作社、主要的金融合作社的营业状况如下表所示：

存款的部分

单位：日元

公司名称	各银行存款	一般存款	合计
青岛金融合作社	—	80655.04	80655.04
青岛船行金融合作社	—	215660.96	215660.96
合计	—	296316.00	296316.00

贷款的部分[①]

单位：日元

公司名称	各银行放款	一般放款	合计
青岛金融合作社	58221.55	118989.00	177208.55
青岛船行金融合作社	51883.78	400648.38	452482.16
合计	110105.33	519637.38	629690.71

其他，再来简单看一下农民合作社。

在以合作者为农村建设为根本的农村，农民合作社在金融销售、买卖利用等各方面能够促进其健全发展。同时农民合作社还有通过增进农民的福利来试图达到强化民众组织的目的，积极鼓励设立农民合作社（山东省公署）。

（1）山东省合作社辅导委员会

为了顺利全面推进全省的合作社事业，中日相关机构及有识之士组织设立合作社辅导委员会，制作设立指导纲要、省县乡镇合作社暂行规程、县交易业务暂行规程，作为各县合作社推进方案的基准。

（2）已经成立的合作社

综合合作社：9 家

棉花合作社：395 家（与棉产改进会相关）

（3）合作社指导人员的培养

在地方行政人员训练所附设合作班社系讲习，已经送出了第一期毕业生，共计 33 名。目前正在召集第二期学生。

① 原文数据如此。

（4）凿井贷款

为了防止旱灾，提倡凿井。今后计划每年从建设费中拿出20万日元逐步用于凿井运动，今年首先在20个模范县实施。

（5）春耕借款

去年由于旱、水、风、雹、虫灾接连不断，农民遭受了重大损失，导致今年的春季耕作无法进行。为了救济这种现象，华北行政委员会借款170万日元在新民会山东总会以及华北棉产改进会山东分会以非常低的利息贷给农民，希望实现农村的复兴。

第三章　通货和物价

对外价值为1先令2便士的华北通货联银券所表示的华北物价，不知何故涨到了日本的3倍乃至5倍的地步。这件事情说明了华北通胀所具有的特殊性质。

现在，我们在看华北主要城市物价指数的时候，如果把北京的批发物价指数1936年的平均值定为100的话，1939年5月是190，同年12月是262，本年2月是358。如果把1926年[①]全年的平均值设定为100的话，天津批发物价指数1938年1月为144，6月为173，12月是176，1939年1月是184，6月是251，12月是321，本年2月是434。而且，如果把1934年设成100的话，青岛、济南两地的批发物价指数：青岛1938年7月为158，12月是157，1939年1月是161，6月是191，12月是279，本年2月是

① 原文为1926年，疑为1936年。

369；济南1938年全年平均是197，1939年1月是198，6月是260，12月是340，本年2月是466。各项指数无一不在迅猛地上升。

这个物价高涨如上所示的那样，事变以后特别是从昭和14年年末开始到进入今年，一直在持续快速地增长。

相比1937年东京指数的132，天津、青岛的130，大体上处于同一水平。但是在今天，两者显示出不可同日而语的情况。一边是标榜对外价值统一为1先令2便士，但是为何产生了这么大的差距。如果联银券的对日汇兑行情跟日元成为组合的话，华北的物价水平就必须跟日本是大致一样的。这里，存在着华北物价的特殊性。

第一，华北流通经济面的狭小。

第二，构成流通物价面的商品大部分是贸易商品。

第三，物价受汇兑关系的支配。

第四，法币的支配性。

也就是说，像全部人口的九成是农民这件事情那么明了，华北的经济生产大部分由农业构成，工业生产水平极低。这件事情说明华北经济具有非分工的非社会经济的特点。但是，这个狭小的流通经济的大部分却被日本或者其他外国的贸易商品所占据着。因此，商品价格对物价的影响是支配性的。外汇行情的涨跌立即敏感地影响到华北的物价。而且我想支配物价的外汇行情是法币的汇率这一点，这件事情具有决定性的绝对性。

现实中，标价1先令2便士的联银券只有4便士的对外价值跟法币是等值的。正如法币是8便士的时候联银券也跟法币大概是同一价值那样，它是随着法币的变动而变动的。而且，联银券的价值已经跌到了法币汇率的位置。但是，在现实中越是下跌，华北的出口贸易才可能不完全被租界内的外国人贸易商给抢走，对于日本商人来说也是有可能的。

原本在天津租界，法币和联银券作为一个组合，通过法币以4便士或5便士的低汇率来进行出口。为了与其对抗，以1先令2便士的汇率进行出口的话是不可能的。如果要使这个变得可能，就必须把出口价格的计算变成像4便士或者5便士的法币汇率那样，除此以外别无他法。实际上，因为日本商人的汇率是以1先令2便士来进行的，汇率卖出所得的金额只是少了4先令和4先令1便士之间的差价，不得不在出口上承担这样的汇率差损。但是在进口方面，由于可以以1先令2便士的汇率来买入进口外汇，这时跟出口的情况刚好相反，可以获得汇率差额的利润。就是由于这个原因，所以，作为这个核算的基础的汇率只要出口和进口一致，不管从哪点来说，都没有什么，它在实际中经常是法币汇率。这样，非公认的联银券市场汇率的存在使得联银官方的1先令2便士的规定变成了名义上的东西，直截了当地证明了华北的物价就是法币物价。通常情况下，物价高的原因可以想到的是物资的不足和通货的过剩两种情况。

事变前在华北流通的法币据说有3.5亿到4亿左右。昭和13年联银设立以后，一部分被回收了，一部分流入到南方，剩下的残留在天津租界和匪区[①]。这些残留部分据说有1亿元或3亿元，

① 这里指共产党控制区或反日武装控制区。

专家的意见认为这是一个区区的东西，如果考虑到相当一部分流入南方的话，那么现在残留在华北的旧法币的数量约在1亿元左右，笔者认为不是一个大的金额。除此以外，“满洲国币”有两千五六百万元，河北省银行券、冀东银行券、鲜银券[①]、日银券等有7000万元左右在流通，其中大部分都被回收了。那么，事变以前，把在华北流通的法币以及其他的货币总的看作有大约5亿元，应该没有什么大的问题吧！

另外，从联银成立到今天的两年间，截至本年2月末，其发行额据说为5亿元（参考前面的表格），其大半如前所述，通过货币的回收被发行，剩余的大部分作为军部和日银存款的互换被发行。

这样，旧法币残留额1亿元加上联银券5亿元，合计6亿元。如果这就是现在华北的通货的话，就不能说眼下正在发生着不可想象的严重的通货膨胀。假如通货膨胀像现在这样停止的话，由通货的过剩导致的物价走高的原因不是一个大问题，问题主要在物资一方。但是，5亿联银券在所谓的点和线的联合地带流通，1亿法币流通范围宽广，由于在匪区地带，所以在今天的华北，联银券多少有些过剩，而法币不足。这种情况从内地法币对联银券的换算率就可以窥测出来。而且，这也造成了一种对联银券的默然的不安的人气。这不是最近才发生的问题，而是由当初控制了民心引发的问题。

但是，强烈刺激了这个问题的是新中央政府成立后的通货工作导致的联银券贬值的不安。这件事情强烈刺激了中国人的大

① 指朝鲜银行券。

脑，然后又传到了在留日本人的耳朵里。日本危险，联银券也危险。趁着还没有贬值，早点向日本汇款。所以相当多的钱被汇到了日本。这件事情又被中国人互相传送，流言产生流言，印在联银券上一元纸币上的人的手指折二个就会长出三个，那就是变成“三毛钱”的暗示。这样滑稽的流言被信以为真并散布开，联银券和日元被分离了。贬值这种空气的形成使得人心开始朝着“实物”的方向移动。就这样，一股换取实物的风潮发生了。与此相对，物资却是极端的不足。必须说比起通货过剩问题是出在物资不足上。现在造成华北物资不足的原因有：

- 战祸所导致的农村生产力的减退。
- 匪祸以及运输能力的收紧所造成的出货减少。
- 从日本以及海外或者华中方面的物资运入困难。
- 军方的当地调办。

在这种情况下，如果对华北实行完全的贸易管理的话，从日本进口的东西能够充分地供应华北的物资不足的话，只要联银券的对日汇率是一组，在华北也可以实现跟日本同一水平的物价。但是，现状是，要在现在的华北实行完全的贸易管理几乎是不可能的。能够证明联银券价值的物资因为前述的诸多理由现在正处于不足状态的时候向日本索求。日本由于9月25日的出口调整令，开始限制出口。如果向第三国索求的话，会受到货币价值的贬低和外汇管制的制约。而且，由于第二次欧洲大战的爆发，此事变得越来越难。另外，如果向华中方面索求的话，由于通货的不连续性，就不得不采取易货贸易的方式，这将会带来不便。如此一来，跟通货膨胀正好相反，物资不足变得严重起来。而且，进口来的极为少量的物资，在没有任何消费管理的华北，没有被有效利用。被进口到天津的物资一旦石家庄的价格高就立即如潮水一般流向石家庄。反之，如果天津的价格高，物资又像潮水一般涌入天津。

在前面我说过，联银券的膨胀不是什么大的问题。但是，如果跟上述种种相对重大的特殊性相比较的话，在截止到今天的这个时间来看的话则是一个问题。在今天以后，可以说是取决于联银券发行额的增加和新中央政府的政策取向吧。

从昭和 13 年 3 月联银设立以来到一年后的 14 年 2 月末，其发行额达到了 2.03 亿元，到 10 月发行额为 3.5 亿元，截至本年 2 月末为 5 亿元（去年 10 月以后的增发很明显，这是由于“九·二五”出口调整令和第二次欧洲大战的新要素交织，日本军队的现地调办加大，另一方面投机件质显著增加引起的）。也就是说，截至去年 10 月以前的通货膨胀过程相对表现出缓慢的步伐。在那个时间之前，联银券发行额的增加在和法币的角逐中处于胜利，这是因为其强大的渗透力。

以 9 月爆发的欧洲大战为契机，如前所述，我国的“九·二五”调整令加重，对通货的不安和物资进口困难的预测导致投机买卖加剧，联银券呈现出了急速膨胀的态势。物价的上涨进一步导致了军费开支的增大。本年 2 月末的发行额达到 5 亿元，比起去年 7 月的 2.7 亿万，仅仅在半年的时间里就增加了近一倍。而且，联银券的膨胀在城市和铁路沿线的茫茫的华北，仅仅只是在相当于点和线的范围内被关注。在“点”上，联银券今后的膨胀将会有进一步的更大的可能性。

在事变以前，占据进出口贸易 27%~35%的通货在事变以后增加到 65%~70%，开始依靠日元圈。在现如今的情况下，华北需要的物资以日元来填补的话根本不可想象，而且用第三国的商品来填补也是不可能的。也就是说，今后对于日元圈的依存度只能是越来越强了。

华北以前就是一个经常发生饥荒的地区。事变以前 3 日元的小麦粉现在是十四五日元，甚至一度突破了 20 日元。一人一个月至少需要一袋。不仅仅是小麦粉，总之粮食已经成为一个严重的问题摆在了我们的面前。

从这个意义上，从日本的意义上讲，如果日本的物资供给能被有效使用的话，那么在考虑其使用方法的同时即便将来跟日本生产会产生一些摩擦，这个时候也应该投入精力进行当地生产，尽快渡过危机。

第四章　从法币实际价格看贸易额

去年一年青岛港的贸易总额为 309417000 元。这个数字是仅次于 1931 年的 340073000 元的破纪录的数字。具体来看，对外贸易额 177007000 元，占比 57.21%（其中，进口额为 120997000 元，占比 39.10%，出口额为 56010000 元，占比 18.11%）。对内贸易额 132410000 元，占比 42.79%（其中，运入 55852000 万元，占比 18.05%；运出 76558000 万元，占比 24.74%）。但是，我们对于这个数字持怀疑的态度。也就是说，上面的数字与海关统计的进口贸易额的银元换算率存在着明显不合理的地方。中国的贸易统计，上海总税务司署统计课每月编纂发行的《海关内外贸易统计年报》是唯一的数据来源。

众所周知，海关统计中对外贸易进口使用金单位来表示，出口用银元来表示。但是，这两种不同的货币单位使得进出口的收支比较无法进行。要么将进口换算成银元，要么将出口换算成金单位，除此以外别无他法。而且，金单位表示的进口额之所以成为问题是因为把金单位表示的进口额换算成银元时的比率。金单位对法币的比价的计算方面根据前述的方法得出的一个金单位的先令行情除以上海的对英外汇行情，也就是对于金单位的法币行情。去年上海对英外汇行情的平均值为四先令三十二分九，同月金单位的先令行情为三九先令四分之一，可以得出一金单位对英的法币是九元一六八。但是，在海关统计上，法币依然维持对英一先令二便十二分之一的水准，以 2.707 元的比率来计算。

本次开战以后，中国在长达一年多的时间里维持一先令二便士二分之一的水平。以民国 13 年 3 月 10 日联银的开业为契机，法币开始动摇了，6 月已经跌落到 8 便士左右。由于蒋政权拼死维持外汇稳定，这个 8 便士直到第二年的民国 14 年 6 月 7 日的外汇停售，一直持续着。而且在这之前的 3 月，由于法币长期处于安定的状态，在这里对其进行积极的支援，将来也能维持这种稳定。为了使本国的对中投资能够处于安稳状态，英中共同出资，设立了 1000 万英镑的法币稳定资金。事变以来，英国对法币的援助主要是通过汇丰银行来进行的。虽然英国政府没有直接站在表面上，但是这笔安定资金确是直接站在明面上开始积极帮助法币。但是，这却没能够阻止大势。如前所述，6月7日外汇停售，之后蒋政权拼死维护外汇稳定的工作未有成效，法币不断地跌落。在9月，出现了3便士左右的行情。

也就说，像这样即使法币跌落，其进口贸易从金单位向法币的换算依然用的是一先令二分之一的汇率，并没有根据实际的法币汇率来进行换算。因此，这个结果比实际进口额过小的表示，在贸易收支上造成了过小评价。那么，金单位的法币换算官方汇率和实际的行情之间有多大的差额，下表可以很好地说明这个问题。

针对金单位的法币官方行情和实际行情的比较

	金单位的法币换算官方行情	金单位的法币换算实际价格	金单位的先令核算实际行情	法币的对英汇率实际行情
1938年				
1月平均	2.253	2253	$32\frac{3}{16}$	$14\frac{1}{4}$
2月平均	2.255	2255	$33\frac{1}{8}$	$14\frac{1}{4}$
3月平均	$32\frac{3}{4}$	2258	2341	$13\frac{15}{16}$
4月平均	$32\frac{23}{32}$	2256	2523	$12\frac{31}{32}$
5月平均	$32\frac{25}{32}$	2260	2890	$11\frac{11}{32}$
6月平均	$32\frac{29}{32}$	2270	3601	9—

续表

	金单位的法币换算官方行情	金单位的法币换算实际价格	金单位的先令核算实际行情	法币的对英汇率实际行情
7月平均	$33\frac{1}{2}$	2278	3735	$8\frac{27}{32}$
8月平均	$33\frac{5}{16}$	2297	4171	$7\frac{15}{16}$
9月平均	$33\frac{25}{32}$	2331	4174	$8\frac{3}{32}$
10月平均	$34\frac{3}{32}$	2350	4212	$8\frac{3}{32}$
11月平均	$34\frac{1}{4}$	2380	4313	8—
12月平均	$34\frac{13}{16}$	2401	4552	8—
1938年年平均		2298	3406	
1939年				
1月平均	$34\frac{27}{32}$	2403	4355	8—
2月平均	$34\frac{23}{32}$	2394	4340	8—
3月平均	$34\frac{23}{32}$	2394	4340	8—
4月平均	$34\frac{3}{4}$	2396	4343	8—
5月平均	$34\frac{3}{4}$	2396	4343	8—

续表

	金单位的法币换算官方行情	金单位的法币换算实际价格	金单位的先令核算实际行情	法币的对英汇率实际行情
6月平均	$34\frac{23}{32}$	2395	5050	$6\frac{7}{8}$
7月平均	$34\frac{3}{4}$	2396	6427	$5\frac{13}{32}$
8月平均	$35\frac{1}{32}$	2417	10003	$3\frac{1}{2}$
9月平均	$38\frac{31}{32}$	2687	10658	$3\frac{21}{32}$
10月平均	$39\frac{1}{4}$	2707	9588	$4\frac{3}{32}$
11月平均	$39\frac{1}{4}$	2707	8373	$4\frac{11}{16}$
12月平均	$39\frac{1}{4}$	2707	9168	$4\frac{9}{32}$
1939年年平均		2497. 5	6749	

注：原表有误。

通过上表，我们可以看到官方行情和实际行情之间的差距是何等之大。首先，我们来看一下海关的统计数据。在这里提到此问题的原因是，海关月报刊登的金单位换算率是上海的换算率，但是，上海的换算率和地方海关的换算率不一定一致，存在着1~2厘的差异。要说这种差异是因何产生的，本来金单位的决定是上海总税务司署来进行的，然后再用电报通知给各个地方海关。但是，如果金单位的变动在 5 个点以内（停止）的话，那么当天的比率决定权就交由各个海关自行裁量，这样就出现了行情。因此，本港的换算率就是根据本海关（青岛）的比率在本海关内换算和计算出来的。因此，按表一中的比率把银元反向换算成金单位的话，由于存在差异，所以结果也就有了差异。

青岛港对外进口额

	1938 年		1939 年	
月	金单位	法定外汇价格换算额	金单位	法定外汇价格换算额
1 月	70650	159174	3212769	7720284
2 月	209408	472215	2311153	5532900
3 月	195455	441357	3089427	7396088
4 月	493952	1114356	2971803	7120440
5 月	798409	1804404	5560971	13324087
6 月	1474084	3346171	4043369	9683869
7 月	1617375	3684380	4420656	10591892
8 月	2567810	2898260	4897323	11836830
9 月	2233690	5206731	5047205	13561840
10 月	1870837	4443467	4588935	12422247
11 月	4983580	11860920	5064827	13710487
12 月	3551438	8527003	2990757	8095979
合计	20086688	46958418	48199195	120996943

青岛港对外出口额

	1938 年		1939 年	
月	银元	金单位换算额	银元	金单位换算额
1 月	—	—	4020627	1672473
2 月	441770	195994	2035112	849379
3 月	92070	40820	2949797	1232162
4 月	1429656	633431	3813548	1592960
5 月	463960	205473	5959995	2489555
6 月	5849527	2575479	4702788	1964406
7 月	4831134	2122642	7044488	2942559
8 月	4041772	1759587	6646660	2759095
9 月	3798371	1637228	4831318	1809482
10 月	1857150	789604	4494066	1660164
11 月	5110919	3149276	5504441	2033410
12 月	3529079	1484053	4007247	1480327
合计	31445468	13593587	56010087	22485972

注：金单位换算是根据胶海关法定利率来换算的。

青岛港对内运入运出额

	运入额		运出额	
月份	1938 年	1939 年	1938 年	1939 年
1 月	63737	4028208	23613	6467218
2 月	70874	3771256	1745474	3182042
3 月	194904	3717771	765667	4515963
4 月	1065542	5254542	4998388	8491904
5 月	1465138	6714769	2712816	9282359
6 月	4514735	3307061	3141983	6487043
7 月	3942929	3525092	3794773	7210035
8 月	3419866	5491493	4730512	4693901

续表

	运入额		运出额	
月份	1938 年	1939 年	1938 年	1939 年
9 月	2646749	4527902	3452436	3419192
10 月	2070081	3802963	1910701	6704651
11 月	4609975	6093865	5835998	7349592
12 月	4323684	5617145	3614844	8753989
合计	28388214	55852337	36367205	76557889

根据法定汇率换算的对外贸易以及国内贸易收支，前者在1938 年度是 6492701 金单位（15512950 元），1939 年是 25713223 金单位（64986856 元），都是入超。后者在 1938 年是 7978991 元，1939 年是 20705552 元，各个出超的内容详见下表。

青岛港对外对内贸易收支

对外贸易

年份	进口					
	金单位	银元换算	银元	金单位换算	金单位	银元
1938 年	20086688	46958418	31445468	13593987	入超 6492701	15512950
1939 年	48199195	120996943	56010087	22485972	入超 25713223	64986856

对内贸易

年份	运入	运出	运入运出超额
1938 年	28388214	36367205	出超 7978991
1939 年	55852337	76557889	出超 20705552

在把这个换算成法币实际价格之前需要考虑的是，中国的贸易在事变以后变得非常复杂这件事情。经济单位在地区上有所不同。

联银券从设立之初开始很明显就与日元挂钩，其对外价值被锁定在1先令2便士半，但是它却不是以联银券，而是以法币来表示的。这个看上去给人以非常不可理解的印象。但是这件事情，由于关税成了对外债务的担保，跟非常复杂的对外关系交织在一起。因此，这会让人有“海关的接受是否还未完全的实行”这样的疑问。

但是，如前所述，华北的联银券和日元是等价的。由于对英镑是1先令2便士，所以先不说对外贸易，在对内贸易方面，会产生把联银券换算成法币这样的疑问。但是像这样麻烦的事情没有发生。也就是说，联银券1元作为法币1元出现。如果1先令2便士的联银券和1先令2便士半的法币等级相同的话，那么1先令2便士的联银券又和跌落到四先令左右的法币处于同一等级。如果华北的联银券实际上坚持1先令2便士的话，那么就不可能和4先令左右的法币是同一个比率。法币1元联银券1元之所以成为可能，是因为联银券的实际价值和法币相同，只能是这样。

过去的（昭和）14年3月11日，联银针对出口的12种商品按照1先令2便士的基准实施了华北外汇集中政策。而且，在日元区域内日元的裁决被允许，实际上要求外币汇率的成交，是因为面向第三国以及华中和华南。再者，同年7月17日，把它扩大到了所有的种类。在外汇集中政策实施的同时，虽然联银开始了以1先令2便士为汇率的外汇买卖，它在出口方面取得的外汇范围内，或者更加确切的说，从其取得的外汇中扣除一成集中到联银，在其余额的范围内进行外汇的卖出。因为联银的外汇买卖也是通过这样的方法进行的，所以联银券的实际行情总是被法币所牵制，产生了同一比率甚至是贬值。因此，在第三国贸易中，出口以和法币相同的汇率来进行，通过和进口相关联成为可能。这样做的话，华北的贸易就能不被外国的贸易商全部掠夺走。也就是说，联银的 1 先令 2 便士的汇率只不过是一个名义上的东西。

但是，稍微啰嗦一下，从华北六港出口或者运出到华中、华南的货物，如前所述，把其外汇卖给了联银，然后再把外汇卖给联银的确认书给海关出示，海关据此来给其发出口许可。但是，这个外汇金额却不是直接反映到海关的出口额统计上的。银联由于是 1 先令 2 便士的基准，在致力于外汇的情况下的出口价格为所谓的 1 先令 2 便士的名义价格这件事情，把法币价格按照复原到 1 先令 2 便士的价格来表示，由于海关视为课税对象，根据海关的市场价格这一原则来评定，就这样反映到统计面上。

在日元区域，日元和联银券是等价的。而联银券和法币，如前所述是等价的关系。所以，从日元区域来的进口，没有必要像第三国那样需要考虑。而且，从华中、华南运来的东西由于是用法币来表示的，这也是其不需要的原因。总之，华北贸易上一个应该指出来的大的谬误仅仅就是在对外贸易中从第三国进口的东西，这种情况和全中国都是一样的。

以下我们尝试着用法币实际价格来对青岛港的贸易额进行换算。

对外贸易进口额

1938 年				
		第三国		
	日元范围（元）	金单位	根据法币实际价格换算	合计
全年	38728327	（3233630）	11013744	49742071
1939 年				
1 月	6266158	（606214）	2640062	8906220
2 月	4479595	（441539）	1916279	6395874
3 月	6584304	（339091）	1471655	8055959
4 月	5616571	（625700）	2717415	8333986
5 月	10198301	（1301029）	5650369	15848670
6 月	7254701	（1013001）	5155655	12370356
7 月	7709180	（1200447）	7715273	15424453
8 月	8572752	（1338688）	13390896	21963648
9 月	9644609	（1434992）	15941447	25586056
10 月	10263952	（797681）	7648165	17512117
11 月	10975797	（1010229）	8458647	1943444
12 月	6267788	（675357）	5654764	11922552
合计	93832708	（10783968）	78320627	172153335

1938 年的日元范围是根据海关发布的金单位的年平均换算得出的，面向第三国的是根据法币实际价格的年平均换算出来的，1939 年的日元范围是根据海关发表的每月平均换算得出的，面向第三国的根据金单位进口额（括号内）加上之前所列的法币实际价格的每月平均来换算出来的。

根据此结果，本港的收支如下表所示。

根据法币实际价格换算的收支

	进口以及运入	出口及运出	合计	入出超额
1938 年				
对外贸易	49742071	31445468	81187539	入超 18296603
对内贸易	28388214	36367205	64755419	出超 7978991
合计	78130285	67812672	145942958	入超 10317612
1939 年				
对外贸易	172153335	56010087	228163422	入超 116143248
对内贸易	55852337	76557889	132410226	出超 20705552
合计	228005672	132567976	360573648	入超 95437696

根据海关法定汇率换算的对外贸易入超在 1938 年为 15512920 元，根据实际汇率换算的结果为 18296603 元。比起法定汇率换算，入超多出了 2783653 元。1939 年，根据法定汇率换算，入超为 64986856 元，而根据实际汇率换算的金额为 116143248 元，相比较法定汇率，入超多出了 51156392 元。接下来是日元范围占对外贸易的比例，昭和 10 年为 59.8%，昭和 11 年为 52.7%，昭和 12 年为 50.3%，昭和 13 年为 83.8%，昭和 14 年为 77.6%。事变以后，其比例显著增加。而且，在换算成法币实际价格时，从第三国进口的增加变为日元领域占比变低。这个从下表中的金单位表示金额的百分比和法币实际价格的换算额相比较就会知道。

青岛港按发货地划分的进出口额

（进口的下段表示根据法币实际价格的换算）

国家和地区	进口				出口	
	金单位	百分比	银元	百分比	银元	百分比
日本	28580379	59.3	71665740	41.7	19144871	34.1
朝鲜	1970518	4.1	4921360	2.9	1788919	3.2
台湾	6040611	12.5	15086426	8.8	441070	0.8
满洲	824694	1.7	2059173	1.2	6552043	2.7
英国	215266	0.4	1381661	0.8	9056505	16.2
美国	3185828	6.6	23490989	13.6	4585138	2.8
德国	940506	2	6239668	3.6	6184901	11
法国	16212		124283		661682	1.2
荷兰	11564		51515		2178832	3.9
印度	2573299	5.2	20060952	11.7	51525	0.1
印度尼西亚	486095	1	2932526	1.7	1030	
香港	269551	0.6	1751005	1	110613	
意大利	6250		49853		60	
加拿大	57976	0.2	251894	0.1	2876289	5.1
其他	3020446	6.3	21986281	12.7	2476118	4.4
合计	48199195	100.0	172153335	100.0	56010087	100.0

青岛港在全中国以及华北的地位

单位：千元

年份	进口			出口		
	青岛港进口额	占全中国%	占华北%	青岛港出口额	占全中国%	占华北%
1936 年	54670	5.79	38.79	51533	7.29	26.69
1937 年	49751	5.20	34.12	58038	6.91	26.90
1938 年	46159	5.25	14.42	31445	4.12	12.33
1939 年	120997	9.07	22.62	56010	5.45	27.88

青岛港按国家划分的贸易额

单位：千元,%

进口

国家和地区	1936年		1937年		1938年		1939年	
	金额	占比	金额	占比	金额	占比	金额	占比
日本	26254	48.0	20450	41.0	37070	80.3	71378	59.3
朝鲜	143	0.2	87	0.2	653	1.4	4921	4.1
台湾	737	1.3	1708	3.4	335	0.7	15086	12.5
关东州	1669	3.1	1490	3.0	670	1.4	2059	1.7
小计	28803	52.6	23735	47.0	38728	83.8	94444	77.6
英国	5513	10.1	2595	5.3	845	1.9	537	0.4
美国	4325	7.9	8580	17.3	2932	6.4	7956	6.6
德国	2058	3.8	4875	9.8	2027	4.4	2346	2.0
法国	58	0.1	88	0.2	48	0.1	40	—
荷兰	65	0.1						
印度	1206	2.2	45	0.1	31	—	29	—
印度尼西亚	4022	7.4	814	1.28	66	0.2	6426	5.2
香港	280	0.5	4505	9.1	420	0.9	1214	1.0
意大利		—	631	1.2	233	0.5	675	0.6
其他	26	15.3	41	0.1	39	0.1	15	—
合计	8337		3813	7.7	788	1.7	7688	6.5

出口

国别	1936年		1937年		1938年		1939年	
	金额	占比	金额	占比	金额	占比	金额	占比
日本	18728	36.3	16196	27.8	12284	39.0	19144	34.1
朝鲜	2670	5.2	1916	3.3	155	0.5	1789	3.2
台湾	1	—	1	—	—	—	441	0.8
关东州	5253	10.4	3727	6.4	5809	18.5	6552	2.7
小计	26652	51.9	21840	37.5	18248	58	27926	40.8
英国	3076	9.8	7348	12.7	3031	9.6	9056	16.1
美国	8839	17.2	7605	13.1	2045	6.6	4585	8.2

续表

国别	出口							
	1936年		1937年		1938年		1939年	
	金额	占比	金额	占比	金额	占比	金额	占比
德国	2375	4.5	12973	22.4	5067	16.1	6185	11.0
法国	319	0.6	295	0.5	48	0.2	661	1.2
荷兰	2495	4.6	1915	3.3	1455	4.6	2179	3.9
印度	312	0.6	—	—	—	—	51	0.1
印度尼西亚	1	—	5	—	—	—	1	—
香港	2899	5.6	2023	3.5	173	0.5	10	—
意大利	19	—	15	—	2	—	—	—
其他	2545	5.0	5018	7.0	1374	4.4	5352	9.5

也许会有一些重复，现在我们再来讨论一下华北外汇集中制度的成绩。也就是说，在华北，去年3月11日以后，除了从海关监督得到无外汇出口的许可外，出口和运出的货物必须以联银的官方汇率，即对英镑1先令2便士来进行全部外汇的计算。这个时候，从事外汇的银行开始选择出口和运出的从业者，如果没有卖给联银的证明，就不能通过海关。联银通过这样来集中出口外汇，把其一成的金额作为正币准备金来积存起来，通过这样来试图强化联银券，这是它采取的方针。与此同时，针对进口从业者，指定希望进口或者运入商品的品种，卖出进口外汇。这件事情从商人一侧来看的话，把8先令物价的商品以1先令2便士出口或者运出，几乎是不可能的。当然也就必须做好蒙受4先令的损失。因为出口的损失用进口可以充分抵消，所以并没有成为什么大的问题。但是，联银的管理商品品类（鸡蛋以及相同产品、胡桃、落花生、落花生油、杏仁、棉籽、烟叶、ヴマーミセリ及マカロニ、煤炭、羊毛地毯、

麦草草编、盐）向全品类的扩大（14 年 7 月 17 日开始实施），通过紧盯联银指定的进口品类和出口品类来进行对自己有利的贸易已经非常的困难，这方面好像商人的不满有很多。

但是，可以说实施外汇集中制后的 12 种重要商品的出口成绩，至少从青岛港来看是良好的。

青岛港管理的 12 种商品出口成绩表

单位：千元

品类 年度	1937 年			1938 年			1939 年		
	日本	第三国	合计	日本	第三国	合计	日本	第三国	合计
鸡蛋以及其产品	143	7588	7737	3	5105	5108	77	6660	6937
胡桃	2	4	6	3	—	3	9	8	17
落花生油	3	15805	15808	424	3764	4188	1209	6642	7851
落花生	495	5873	6368	744	2982	3726	1233	9852	11085
杏仁	—	77	77	2	14	16	—	46	46
棉籽	579	—	579	35	—	35	—	20	120
烟叶	4330	243	4573	5022	2	5024	4130	—	4130
ヴァーミセリ及マカロニ	—	1	1	—	1	1	2	—	2
煤炭	2057	266	2323	78	21	99	10592	—	10592
羊毛地毯	—	2	2	—	1	1	—	1	1
麦秸草编	251	85	336	58	47	105	64	7	71
盐	1616	—	1616	1766	—	1766	1759	—	1759
合计	9476	29944	39420	8135	11934	20069	19095	23416	42511
12 种商品占总口出的比重	67.9%			63.8%			75.9%		

特别是去年的对第三国贸易额，进口为 27958000 日元，出口为 28083000 日元，两者相减有 114 万日元的出超。与此相对，对日贸易进口为 97928000 日元，出口为 27928000 日元，有 2561 万元的

入超。如果从百分比上看的话，出口中对日贸易占49.9%，与此相对第三国贸易占50.1%，几乎都是对半。进口的对日贸易为77.6%，第三国贸易为22.4%，对日贸易占了压倒性的比例。接下来，如果把昭和14年度青岛港的对日贸易成绩列出来的话，如下表：

昭和14年度青岛港的对日贸易成绩

地域	出口		地域	进口	
	金额（千元）	比例（%）		金额（千元）	比例（%）
日本内地	19126	34.2	日本内地	71451	59.3
朝鲜	1811	3.2	朝鲜	4926	4.1
台湾	441	0.8	台湾	15102	12.5
关东州	6550	2.7	关东州	2062	1.7
合计	17928	49.9	合计	93541	77.6
总出口额	56010	100.0	总进口额	120996	100.0

但是，不能因此就乐观地认为对日贸易的前途是无障碍的。为什么这样说呢？因为对于现在的日本来说，日元集团贸易的发展对日本自身的经济力产生了非常重的负担乃至压迫。昭和14年度我国对日元集团贸易的成绩如下表所示，有12.6亿日元的出超，跟上一年相比取得了增加近7亿日元的出超这一非常好的成绩。

我国的日元集团贸易成绩一览表

	出口		进口		出超额（千日元）
	金额（千日元）	较去年增长率（%）	金额（千日元）	较去年增长率（%）	
昭和12年	90007	—	547904	—	352175
昭和13年	1355733	50.7	672394	22.6	683439
昭和14年	2078730	53.2	818579	21.7	1260151

备注：来源于政府向议会提交的资料。包含除了南洋的外地。

上述的出口出超额不必说是适应了“满洲国”和华北经济建设与军事上的需要，更是从日本供给的物资。但是，要对其进行具体说明的话，有小麦粉、精糖、罐头、水产品、食品、纸类、木材、铁制品、机械车辆乃至棉纱布、丝绸织物等。其中，上个年度出口减少的有小麦粉和棉织物类，其他的商品都是表现出了激增的态势。特别是像机械类和砂糖，最近有90%~100%都是面向日元集团地域的。

与此相对，从大陆方面面向我国的进口商品主要有棉花、羊毛、麻、盐、煤炭、铁等工业原料品。但是由于事变的关系，这些东西的生产额显著降低，现在只能满足进口总额的二成五六分左右。

今后，随着治安的恢复和农产品出货的促进，再加上经济开发的进行，铁矿和煤炭等基本工业原料品的生产额增加的话，日满中之间的依存性会大大增加。作为我国来说，能够确保大陆市场，大量出口食品和工业制品。现在，由于军需物资大部分不得不从第三国进口，所以也就理所当然不能一概而论，认为（等同于饥饿出口的）日元集团贸易是受欢迎的。

那么，像使用外国原料品的工业制品那样，虽然很早就禁止其向日元集团地区出口，但是随着事变的进展，终于到了有必要强化向日元集团出口限制的时候。从去年9月开始终于实施了面向满、关、中①的出口调整令。这个命令的宗旨不外乎是改变由于大陆物价高所导致的地域出口的异常倾向，同时试图振兴第三

① 满洲、关东洲、中国。

国贸易。但是，由于缺乏外币，把第三国贸易从中间打断的满洲和华北由此蒙受的打击非常严重。特别是在青岛，由于面临背后拥有4000万人口的山东市场，在对日贸易依存性急速上涨的今天，如果日本商品的进口被严苛限制的话，那么日本商人的势力将会大大地降低，外商的势力将会浩浩荡荡风靡山东市场吧！

特别是青岛从以前开始，对上海、香港甚至第三国的依存度相当的大。外商要想挽回其势力的话相对的容易，但是日本商人的前途却不容乐观。现在，把去年一年青岛港进口的外国商品的内容列一个表如下，铁矿金属、机械车辆、油脂、木材、肥料、药品、染料类等占了进口总额的94.5%。

青岛港对第三国的贸易成绩表

单位：千元

出口品	昭和13年	昭和14年	进口品	昭和13年	昭和14年
猪毛	814	1860	金属钢铁类	437	1410
冷冻鸡蛋	5105	6346	油类	836	2393
落花生	2982	6642	菜品类	230	973
落花生油	3763	9852	木材	1116	2853
烟叶	2	—	机械类	986	673
卷烟	2	—	车辆类	347	323
其他	529	3383	染料	1164	1155
合计	13197	28082	其他	2319	17178
			合计	7438	26958

今后，如果我国面向日元集团的出口限制进一步强化，商品不断地通过外商进口（运入）的话，会给大陆的经济复兴也

带来非常不利的影响。在外国人商社中，已经有人预测将来物价会走高。据说在天津，有人开始大量囤积诸如此类的复兴物资。这对于他们来说是一个获得华北市场的绝佳机会吧！问题是如何防止这个情况，但是关于这个问题的对策却在我们的调查范围之外。

图书在版编目(CIP)数据

东亚同文书院对华经济调查资料选译：1927-1943 年. 金融卷 / 周建波主编. -- 北京：社会科学文献出版社，2020.8

ISBN 978-7-5201-5030-9

Ⅰ. ①东… Ⅱ. ①周… Ⅲ. ①经济史-史料-汇编-中国-1927-1943 ②金融-经济史-史料-汇编-中国-1927-1943 Ⅳ. ①F129.6 ②F832.96

中国版本图书馆 CIP 数据核字(2019)第 115502 号

东亚同文书院对华经济调查资料选译（1927~1943 年）·金融卷

主　　编 / 周建波
副 主 编 / 张亚光

出 版 人 / 谢寿光
责任编辑 / 陈凤玲　宋淑洁

出　　版 / 社会科学文献出版社·经济与管理分社（010）59367226
地址：北京市北三环中路甲 29 号院华龙大厦　邮编：100029
网址：www. ssap. com. cn
发　　行 / 市场营销中心（010）59367081　59367083
印　　装 / 三河市龙林印务有限公司

规　　格 / 开 本：889mm × 1194mm　1/32
印 张：15. 625　字 数：350 千字
版　　次 / 2020 年 8 月第 1 版　2020 年 8 月第 1 次印刷
书　　号 / ISBN 978-7-5201-5030-9
定　　价 / 128. 00 元

本书如有印装质量问题，请与读者服务中心（010-59367028）联系